불탑의 아시아 지역 전이양상 4

미얀마의 역사문화와 불탑

불탑의 아시아 지역 전이양상 4

미얀마의 역사문화와 불탑

천득염 · 최정미 · 염승훈 · 김소영 지음

오희옥 사진

전남대학교출판문화원

황금빛 신비의 나라 미얀마의 의미 탐색

옛 이름이 버마였던 오늘의 미얀마, 즉 미얀마연방공화국(Republic of the Union of Myanmar)은 어떤 나라인가?

아직은 좀 낯설지만 신비로움과 다양한 호기심으로 가까이 할 가치가 충분히 있는 나라다. 동남아의 다른 나라 보다 여행경비가 좀 비싸고 비자를 받아야 하는 불편함도 있지만 이제는 직항기도 있고 볼거리가 너무 풍부한 곳이기에 감히 권할 만하다. 유럽처럼 청정함은 없지만 이게 사람 사는 모습이고 독특한 곳이라 생각하면 오히려 매력이다.

한 때는 태국 땅의 전역을 지배하고 인도와 대적할 정도로 강력한 힘을 가졌던 오랜 역사를 지닌 나라이다. 또한 '황금 불탑의 나라' '황금의 땅' '아시아의 마지막 남은 요새'라고 불리던 곳이지만 군사독재정권의 정치적 봉쇄로 40여년간 외부의 발길이 끊겼던 미지의 세계였다. 그런 미얀마가 근자에 열리면서 닫힌 땅, 불교의 신비를 찾아오는 여행자들의 새로운 명소로 떠오르고 있다. 뿐만 아니라 엄청난 천연자원을 가진 미개발지이기 때문에 선진국들이 눈을 돌리고 있는 대상이기도 하다. 그러나 최근에는 전 세계의 관심이 모아지면서 각종 투자와 원조, 관광이 마구 늘어나 좀 혼란스러운 나라이기도 한다.

미얀마는 동남아시아에서 두 번째로 면적이 큰 나라이다. 전국토의 면적이 67만 6천 평방 킬로미터로 우리나라의 3배가 조금 넘는다. 그러나 인구는 5천4백만명 정도로 우리 남한보다 조금 많으니 인구밀도가 낮은 편이다. 국토의 모양은 가오리와 같은 마름모 형태인데 동서 폭이 935km, 남북 길이가 2,015km이며 꼬리부분만 해도 840km이니 전체 길이는 3천킬로에 가깝다. 남서쪽은 바다에 접하고 나머지는 산악으로 둘러싸여 있다. 멀리 히말라야로부터 내려오는 산맥은 미얀마를 감싸 영토의 57%에 이른다. 국경은 모두 다섯 나라에 접한다. 북서쪽으로는 인도와 방글라데시에 접하고 북동쪽으로는 중국과 국경을 접한다. 동남쪽으로는 라오스, 태국과 경계를 맞대고 있다. 중국의 운남성에 접하고 있는 동쪽 산맥과 인도와의 국경을 이룬 서쪽의 산악은 마치 말굽모양으로 중간의 넓은 평야지대를 감싸고 있는 형국이다. 이 평야지대를 따라 미얀마의 젖줄이라고 할 수 있는 에야와디(Ayeyarwady, Irrawaddy)강이 북에서 남으로 흘러내려와 인도양으로 빠져나간다. 장장 2,170km에 이르는 장대한 강은 수로였고 농사짓기에 적합한 평야를 살찌운 젖줄이었다. 물길이 만들어 낸 퇴적토는 비옥한 삼각주를 이루었다. 그러니 이 강 주변에 고대로부터 도시들이 생겨 흥성하고 부침 하였던 것이다. 또한 농업국가로의 면모를 잃지 않고 있다.

민족적으로는 버마족의 국가이지만 여러 종족들이 연합하여 구성된 연방국가이다. 다수 종족인 샨족, 몬족, 라카인족, 꺼인족, 까친족, 친족이 있고, 소수종족을 포함하여 전체 135종족이나 된다. 이처럼 다수의 종족으로 이루어진 나라이기 때문에 언어의 수는 242종류나 된다. 물론 미얀마어가 있고 정부에서는 공식어로 미얀마어를 지정해 보급하고 있지만 각 산간지역에 소수 종족들이 흩어져 살고 서로 교류가 없다보니 의사소통이 안 되어서 종족 수보다 언어 수가 많은 것이다.

타나까를 바른 소녀의 웃음

종교적으로는 근본불교라 할 수 있는 상좌부불교의 중심국가로 불교를 신봉한 다종족, 저개발 농업국가이다. 문화적으로는 당연히 불교적 요소가 아주 강한 나라이지만 다섯 나라와 국경을 맞대고 있어서 여러 나라의 특징이 모아진 나라이다. 오히려 중국과 인도, 태국과 영국의 영향을 고루 받아서인지 고유한 매력과 유사성이 함께 있는 나라이기도 하다.

이러한 표현으로 미얀마를 다 설명할 수 없다. 천진하고 아름다운 미소들이 가득한 나라가 미얀마이다. 불국토 미얀마의 아름다운 모습이 아우러지는 풍경과 불교신자가 실행하는 참된 삶의 실천을 알아야 한다. 그곳에 가면 자연이 주는 풍요와 대평원의 아름다움을 느낄 수 있다. 특히 미얀마는 세계에서 소득 대비 가장 많은 기부를 하는 나라이다. 한국을 너무 사랑하였고 한국인 4명에게 새 생명을 주고 떠난 미얀마 천사 윈툿쏘처럼 미얀마인들은 신체를 기증하고도 당연하다 생각하는 자비로운 마음을 지니고 있다.

대부분 한국의 나이든 이들은 아웅산 폭파사건을 떠올리며, 불교를 믿는 사람들은 다양한 불교성지를 생각한다. 또한 아웅산장군과 그의 딸 아웅산 수지여사의 민주화를 위한 투쟁을 연상하고 군사독재국가라 이해한다. 그러나 최근에는 최고지도자 수지가 이슬람 이민족인 로힝야족을 인종청소라 할 정도로 배척하고 냉대하는 모습까지 보인다. 그런 이유때문에 그녀가 받은 국제적 인권상들이 취소되기도 하였고 '광주인권상'도 취소되었다. 오히려 미얀마 국내에서는 용기 있는 지도자라고 응원을 보내는 양상도 있다.

그간 나는 수차례에 걸쳐 미얀마를 순례하듯 걷고 바라보았다. 불교유적을 탐사하기 위함이었다. 그러나 미얀마의 또 다른 의미들에 빠져 미얀마를 사랑하게 되었다. 넓은 농토, 풍요로운 산물, 국민 대다수가 불교를 믿는 상좌부 불교국가, 불상에 지극 정성하는 금박, 끝없는 평원에 가득한 불탑의 장관, 웃음이 해맑은 소박한 국민, 남자라면 누구나 치루어야 하는 신쀼의식, 새해맞이 축제 띤잔, 치마 바지 롱지, 씹는 담배 꽁야, 얼굴에 바르는 타나까, 긴 목의 카얀족 여인, 타투 문신, 수상주거, 그림처럼 아름다운 인레호수의 삶, 조그만 배와 통발로 물고기를 잡는 인타족[1], 토마토와

인타족의 신기한 한발로 노 젓기

1 인타족의 독특한 노 젓는 방법에 대해 매우 신기하다. 카누처럼 생긴 가늘고 긴, 작은 배를 타고 다니는데 배 위에 우뚝 선 채로 발로 노를 젓는다. 한 발은 배의 중심을 잡고 다른 한 발로 노를 젓는 묘기는 좁은 수로를 잘 보며 다녀야 하는 필요 때문에 몸에 익히게 된 것이다. 인타족이 물고기를 잡는 방법도 특이하다. 그물이나 낚시를 이용하는 것이 아니라 대나무로 만든 커다란 통발 모양의 대나무 망을 조심스럽게 물 속에 밀어 넣는다. 그리고 긴 막대기로 주위를 휘저어 갈 갈을 잃은 물고기가 대나무 망에 걸리면 날쌔게 잡아 올린다. 박호진, 사진작가 박호진의 지구촌 오지여행, 〈지구촌 오지여행-미얀마 자유여행〉 인레호의 풍경- 통발로 고기를 잡는 인타족에서 참고함

인레호수의 수상농장(좌)
이른 아침 승려들의 탁발과 불교신자들의 보시(우)

오이 등 수경재배[2], 멋진 칠기그릇, 전통 인형극…… 그 정도의 단편적 이미지가 내가 쉽게 생각하는 미얀마이다. 그러나 결코 지워지지 않은 강한 인상은 오랜 잔영으로 남아있다.

미얀마에서 가장 쉽게 시각적으로 나타나는 것은 불탑과 불교사원이다. 원리적인 근본불교(상좌부불교)국가이고 그들의 가장 중요한 공간인 불교사원과 불탑을 어떻게 이해하고 느낄까? 그들의 영혼에 깃들어 있는 불교적 삶을 어떻게 해석하여야 할까? 나는 그간 지속적으로 수행해왔던 미얀마에 대한 조사 연구를 근간으로 이런 질문에 대한 답을 찾아보고자 한다. 물론 정답은 없으나 가까운 근사치에 접근하고자 한다. 결국 미얀마 탐색은 관광지를 보는 수준을 넘어 역사와 문화를 심미적, 학구적 눈빛으로 바라보며 그들의 전통문화를 이해하고 이를 통해 우리의 지평을 조금씩 넓혀가는 과업으로 삼아야 한다.

특히 미얀마에서 가장 흔하게 그리고 가장 많이 보는 것은 불탑이다. 사원 안에 불탑이 있다 하기 보다는 불탑자체가 사원이 되는 경우가 대부분이다. 미얀마에서 불탑은 단순히 예불을 드리는 곳이 아니라 마을의 랜드마크이다. 동네에서 가장 크고 불탑을 중심으로 동서남북을 가로 지른다.[3] 불탑은 부처 그 자체다. 그의 몸을 불사르고 남아 온 우주에 광명과 깨달음의 지혜를 준 것이다. 물리적 공간이 아니라 중생에 대한 가늑한 사랑과 진리가 내재되어 있는 존재이다. 불멸의 부처가 계신 곳이다.

2 인타족이 경영하는 수상 농장을 만드는 방법은 참 독특하다. 호수 위에 작은 섬처럼 떠다니는 수초더미를 모은 다음 호수 밑바닥의 진흙을 퍼 올려서 수초 위를 덮는다. 이 떠 있는 수초 위에 채소 작물을 심으면 흙의 풍부한 영양분으로 잘 자라난다.

3 송유림, 미지의 땅 미얀마가 다가온다!, Begun, 2014년 12월호

중생들의 삶과 애욕이 스며드는 곳이 아니라, 번뇌도 사랑도 태워버려 모든 것이 완전히 소멸된 열반의 의미가 농축된 곳, 진리 그 자체인 곳, 불멸의 부처님이 머물고 계신 곳이 바로 탑인 것이다.

이 많은 장소와 장소마다 경외로움과 신비스러움 그 자체이다. 왜 미얀마인들은 이렇게 수많은 곳에 이다지도 깊은 불심으로 가득 채웠을까? 목숨도 재화도 다 바치고 순수함으로 가득 채웠을까? 이런 모습은 부처가 설파한 가르침일까?

칠기그릇 만들기

나에게 불탑이란 존재는 무언가? 어쩌다 불탑연구라는 대명제를 가지고 오랜 세월을 붙잡고 있다. 학위논문을 비롯하여 수십편의 불탑논문 그리고 하바드대학과 교토대학에서 연구년을 보내면서 나름 여러 나라의 불탑에 대하여 살필 수 있었고 그 때 나의 연구의 지평을 넓게 잡는 계기가 되었다. 그러나 목조건축을 중심으로 공부하는 한국건축역사 전공자가 건축사에서 국외적인 불탑을 연구하는 과정은 참 외롭고 힘든 것이 사실이다. 그래도 불탑연구는 언제나 내 생애를 보람되고 행복한 시간들로 가득하게 해주었다.

그러던 과정에서 20년 전쯤 '불탑의 발생과 의미, 전래와 변모양상'이라는 큰 주제를 설정하고 열심히 달려 왔다. 그 첫 번째 성과로 '인도불탑의 의미와 형식'(2014년)을 출간하였고 이어서 '동양의 진주, 스리랑카의 역사와 문화'(2017년)을 내 놓았고, 이를 다시 정리하여 지난 2018년에는 '인도불탑의 형식과 전래양상'이라는 책을 출간하였다. 정년을 앞두고 낸 이 책은 '인도불탑의 의미와 형식'을 스리랑카와 미얀마, 태국 등 불교전래국가의 불탑을 더하여 보완한 것이다. 그러나 가끔 부질없는 일을 하고 있다는 생각에 후회도 하지만 스스로의 사명감에 다시 또 다시 필을 들고 다짐하곤 한다. 이번 미얀마에 대한 글이 마무리되면 다시 간다라와 신장위그르지역의 불교유적에 대한 연구를 이어가려 한다.

그러나 나름 정리를 위해서는 이런 나라들을 최소한 3회 이상은 다녀야 무언가 보인다. 미얀마는 4회 다녀왔으니 시간과 돈을 해결하는 것이 힘든 일이다. 전남대학교와 한국연구재단의 연구비는 나에게 너무나 큰 도

■ 아난다 불탑(상)
대평원에 숲을 이룬 바간의 불탑(하)

움을 준 은혜이다. 특히 영예롭게도 전남대학에서 정년퇴임 이후 다시 연구를 지속적으로 수행할 수 있도록 연구석좌교수라는 소임을 주었으니 감사하고 감사 할 일이다. 여러 나라의 불교사원과 불탑에 대하여 연구서를 낸 다는 것은 참 어렵고 또한 어찌 보면 무모하기 까지 한 일이다. 그럼에도 불구하고 나름 연구의 완성도를 높이고자 노력하였으나 깊게 천착하지 못한 부분이 많이 있음은 언제나 나를 누르는 무게가 되고 있다.

나의 불탑을 향한 긴 여정은 인도와 스리랑카, 네팔과 티베트, 파키스탄의 간다라, 미얀마, 라오스, 태국 등의 불교국가를 대상으로 하고 있다. 이제 겨우 인도, 스리랑카, 미얀마 세 나라를 어느 정도 마무리한 것이다. 사실 이제야 겨우 조금 알게 된 것 같다. 이를 가지고 만용처럼 책을 자꾸 내니 부족한 부분이 많음을 느끼고 부끄럽기도 하다. 구태여 변명하자면 각국의 불탑은 원형을 거의 잃고 있으며 과거 100여 년 전의 연구결과에 의지하고 있기 때문에 정확한 자료가 없으니 결국은 현재의 모습을 중심으로 살피는 것이 한계라는 것이다. 또한 연구 자료가 대부분 서양학자들이 현장발굴을 통하여 얻은 기초자료이거나 이를 중심으로 다시 개론적인 미술사에서 간단히 언급한 것이고 100년 가까이나 된 것이다. 결국 지금의 눈으로 보는 것은 허상일 수도 있으나 그 자리에 대부분 그 모습을 유지하고 있다고 보면 또 다른 의미가 있다.

인도불탑이 스리랑카로 전래되었을 것이라 보는 것은 학계의 상식처럼 되어 있다. 미얀마로의 불교전래는 이미 아소카왕 때 이루어졌다고 하나 불교의 구체적인 모습은 12세기 이후이다. 이다지도 다양한 불탑이 미얀마에 건립되었는데 그 뿌리를 어디에서 찾을 것인가? 혹시 인도에서 스리랑카로 또 미얀마로 이어지는 것이 아닌가 하는 의문을 찾고자 노력하였다.

이런 맥락에서 미얀마의 불교사원과 불탑에 대하여 수 차례의 답사와 몇 편의 논문을 중심으로 전후의 맥락과 주변국가간의 전래양상을 고려하여 정리한 것이다. 이 또한 많이 사라져 버린 흔적을 찾아 현재와 과거를 오고 가고 해야 하니 추정에 의한 부분이 많다. 그러나 미얀마의 사원과 불탑에 대한 건축사적 연구가 부족한 우리 땅에서 불탑의 원류를 찾고 이들의 변모양상에 대하여 연구를 수행하는 것은 나의 소명이라 감히 생각한다.

다만 좀 더 쉽고 다소 재미도 있어야 한다는 바람에 적응하려고 노력하였다. 따라서 전반부인 〈제1편 미얀마의 역사와 문화〉에서는 웃음 가득한 미얀마인들의 일상적 삶과 미얀마의 역사, 문화를 좀 평이하게 소개하고 후반부인 〈제2편 미얀마의 불탑〉에는 독특한 불교문화를 배경으로 한 미얀마의 불교사원과 불탑에 대한 관심을 집중하고자 하였다. 미얀마 불탑에 대한 연구도서로는 이 책이 처음이라 생각되나 부족한 부분이 많을 것이다. 학문적 질타를 기대한다.

담마얀지(Dhamma Yan Gyi) 불탑

특히 이 연구를 수행하는데 미얀마를 연구하거나 아름다운 글을 쓴 분들의 결과가 큰 도움이 되었다. 수차례의 미얀마 답사에 도움을 주신 서성호선생은 미얀마에 대한 순례자이다. 그가 집필한 두 권의 책은 여러 가지 내용을 쉽게 망라하고 있어서 큰 도움이 되었다. 미얀마의 역사, 종교와 사회에 대한 김성원교수의 여러 가지 책들은 가장 교과서적인 내용을 포괄적으로 잘 담고 있어서 참으로 귀하고 공부하는 내 입장에선 보물 같았다. 미얀마의 역사와 문화, 불교유적을 잘 정리한 차장섭교수와 이은구교수의 책과 정기선선생의 학위논문 역시 미얀마를 이해하는 데 귀한 자료가 되었다. 이들의 역작이 없었으면 나의 연구는 불가능했을 것이다.[4]

나의 사랑하는 제자들에게도 감사의 정을 표한다. 그들이 내 옆에 있어 나의 연구결과가 있는 것이다. 미얀마를 함께 다니고 글을 썼던 최정미와 염승훈, 김소영에게 감사한다. 정년을 앞둔 지난 2019년 초 미얀마 답사를 함께 했던 '울앎'의 후배들을 오래 기억할 것이다. 특히 이승룡 아우는 큰 경비를 쾌척하여 많은 수가 함께 할 수 있었으니 더욱 고마울 뿐이다. 또한 오지 곳곳을 다니는 과정에서 늘 함께 하였고 묵묵히 지원하였던 아내에게도 고마움을 전한다.

나에게 미얀마 전통문화탐색은 큰 축복이고 행복함이다. 하나하나씩 찾아내고 정리하는 과정이 좀 지루하고 피곤하였지만 너무나 좋았다. 관광지를 여행하며 답사하고 그 나라의 역사와 문화를 호기심 어린 눈으로 바라보며 그들의 삶과 의미를 찾아내는 것이니 더욱 그렇다. 그런 과정에서 불교문화의 전래양상에 대하여 식견을 넓혀 가는 것이다. 이러한 나의 관심과 탐색의 결과가 연구자들에게 조금이나마 도움이 되기를 소망한다. 또한 이 책의 출간을 통하여 미얀마에 대한 이해의 폭을 넓히고 아시아 문화 공동체가 공유하는 연대를 희망하며, 행여 있을 수 있는 정서적 간극을 좁힐 수 있는 장이 되기 바란다.

이런 나의 노마딕한 불탑 여정이 신장 위그르와 파키스탄 간다라, 또 중앙아시아로 이어질 수 있기를 기도한다.

2020년 2월

천 득 염

4 미얀마 불교연구 업적은 그래도 많은 편이다. 미얀마 불교의 역사를 알아보기 위하여 이은구의 『버마 불교의 이해』, 김성원의 『미얀마의 이해』와 『미얀마의 종교와 사회』, 신봉길의 『시간이 멈춘 땅 미얀마』, Niharranjan Ray의 『Theravada Buddhism in Burma』, Roger Bischoff의 『Buddhism in Myanmar』, 박경준의 『동남아시아의 불교수용과 전개』, 정기선의 석사학위논문 『미얀마 불교의 역사와 사회적 위상』 등 국내외 미얀마의 불교와 관련된 저술 등이 있고, 정치와 경제에 관련된 내용은 David I. Steinberg Burma의 글을 장준영이 옮긴 『Myanmar What Everything Needs to Know(Oxford University, 버마/미얀마 : 모두가 알아야할 사실들』 등 기존의 저술과 연구논문이 많이 있어서 참고할 수 있다. 그 외에도 미얀마의 모든 것을 쉽게 소개한 서성호의 『골든 미얀마』, 차장섭의 『아름다운 인연으로 만나다 미얀마』, 조용경의 『뜻 밖에 미얀마』 등이 있다.
특히 미얀마 연구의 원전은 "The Glass Palace Chronicle"(유리궁전연대기, 유리궁전왕조사)이다. 이 연대기는 1829년 버마의 왕 King Bagyidaw이 학자들에게 버마왕조의 연대기를 쓰게 한 것이다.

차례

제3장 미얀마의 종교

제4장 미얀마인의 삶과 문화

제2편 미얀마의 불탑

제5장 미얀마 불교와 불탑의 전래양상

제6장 미얀마 불교건축의 종류와 유래

제7장 미얀마 불탑의 양식적 특징

제 1 편

미얀마의 역사와 문화

제1장

불국토 미얀마와 미얀마인

1. 미얀마에 대한 이해
2. 미얀마인의 미소와 선행
   1) 한국인에게 새 생명을 주고 떠난 미얀마인
   2) 미얀마 사랑, 조용경의 〈뜻밖에 미얀마〉

제1장

불국토 미얀마와 미얀마인

1. 미얀마에 대한 단편적인 이해

① **국호(국명)** : 미얀마의 국호는 'Republic of the Union of Myanmar'로 '미얀마 연방공화국'이라 한다. '빠르고 강하다'라는 의미를 담고 있는 '미얀마'라는 말은 미얀마 국명과 국민, 그리고 민족명을 동시에 일컫는 말이다.[5] 원래의 국호는 식민지 시대 영국이 버마족의 이름을 따 버마연방(흔히 버마, The Union of Burma)이라 하였다. 버마는 인구의 68%가 버마족이기 때문에 부른 명칭이었다. 1948년 영국으로부터 독립할 때까지도 버마였다. 1962년 네윈의 쿠테타로 정권을 장악한 군사정부가 1989년 국호를 미얀마로 바꾸었다. 당시 군사정부는 버마라는 이름이 영국 식민지시대의 잔재로 135개 민족 전체를 아우르지 못하고 특정 다수종족을 일컬을 수도 있어서 국내 여타 소수종족들의 위화감을 사기 때문에 미얀마로 바꾼다 하였다. 그러나 실상은 1989년 대대적인 민주화운동으로 인한 분위기를 전환하고 개혁의 의지를 보여주기 위한 방편이었다. 그동안 군부는 미얀마 역사에서 미얀마를 의도적으로 사용했고 Burma, Burmese(형용사 또는 국민), Burman(다수종족, 군부는 바마Bamah로 사용)을 사용하지 않았다.[6] Burmans는 종족을 이르는 말이고 Burmese는 현재 미얀마에 살고 있는 Burmans을 포함하는 모든 종족을 총괄하는 '미얀마국민'이다.[7] 한자문화권에서는 예로부터 면전(緬甸)이라고 표기해왔다.

아무튼 1989년 이후 미얀마에서는 '미얀마인가 버마인가'의 문제가 끊임없이 논쟁의 대상이 되어 왔다. 1989년 이후 군사정권에 저항하여 투쟁해

5 김성원, 미얀마 왕조사, 부산외국어대학교 출판부, 2010, p.11

6 David I. Steinberg Burma/Myanmar What Everything Needs to Know (Oxford University, 2010), 장준영 역, 버마/미얀마 : 모두가 알아야 할 사실들, 높이깊이, 2011, p.23

7 최병욱, 동남아시아사-전통시대, 도서출판 산인, 2018, p.137

미얀마의 국기

온 아웅 산 수지 등 민주세력은 미얀마를 인정하지 않았으며 미국과 영국 등 서방국가들은 계속하여 버마라는 이름을 사용하고 있다.

그러나 국호를 버마로 되돌리기는 쉽지 않았다. 2008년 새로운 헌법이 제정되며 미얀마연방 공화국으로 바뀌었고, 이 국명이 유엔 회원국으로 공식명칭일 뿐 아니라, 2015년 11월 총선을 승리로 이끈 아웅 산 수지 역시 현행 헌법 체제를 존중한다는 전제하에 선거에 임하였기 때문이다. 그 후 아웅 산 수지는 새 정권이 출범한 2016년 4월 미얀마와 버마를 함께 사용할 것이라고 선언하였다.[8]

8 서성호, 골든 미얀마, 두르가, 2017, p.14 조용경, 뜻 밖에 미얀마, 메디치, 2018, p.74

9 Steinberg, 장준영 역, 버마/미얀마 : 모두가 알아야 할 사실들, 높이깊이, 2011, p.35

예전에는 미얀마라는 나라 이름보다 오히려 아웅산 수지라는 한명의 이름이 더 알려진 기간이 많았다. 미얀마국민들과 지도자 수지가 풀어야 할 숙제가 너무나 많다. 국민들이 잘 살 수 있도록 경제적으로나 인도주의적으로 해결하여야 할 일이 많다. 그래서 미국인들은 이곳을 '부티크 이슈 Boutique Issue'라고 한다.[9] 즉 국제적으로 중요한 문제로 다루어지지는 않지만 인권, 국외추방 문제 등 세계사적 유행을 따르는 쟁점이 미얀마에 산재해 있다는 것이다.

미얀마의 지도(구글)

② **지리, 자연적 환경** : 국토 전체 면적은 676,577km^2로 한국의 3배가 넘는다. 전체적인 모습은 가오리와 같다. 마름모 꼴 몸과 꼬리가 길어서 가오리 모습이라 한다. 몸체의 동서 길이가 935km, 남북은 2,015km이고 꼬리부분이 840km로 전체 남북의 길이는 총 3,000km가량 된 아주 넓은 영토이다.

위치는 북위 10° - 28°, 동경 92° - 101°에 자리한다. 그래서 한국보다 표준시간이 2시간 반이 늦다. 중심도시 양곤은 홍콩, 만달레이는 베트남의 후에와 같은 위도이다. 북쪽은 중국의 티베트자치구에 접하고, 동은 태국과 라오스, 북서는 인도와 방글라데시에 접하여 5개국과 경계를 이룬다. 국경선의 길이는 2,185km나 된다. 국경지역을 따라 북동쪽으로 산악지역이 형성되어 있으며, 北高 南低 형태의 지형이다. 국토의 57%가 산림

지대이며, 서쪽의 벵갈만을 따라 서남쪽에는 1,930km의 긴 해안선이 있다.

미얀마는 국토가 넓고 남북으로 아주 길어서 기후가 다양하다. 대부분 지역은 고온다습한 열대성 몬순 기후이다. 반면 만달레이 이북의 중북부지역은 온대기후이고 겨울에는 건조기후 지역의 특성이 함께 나타난다. 북쪽의 산악지대에는 겨울에 서리가 내리기도 한다. 연평균 기온 27.4℃로 지역별로 기온 차이가 크다. 5월부터 10월까지는 우기로 하루에 한번 정도 비가 온다. 강우량은 남부지역에서 2,500㎜, 산간지역에서는 5,000㎜에 달한다. 특히 바다 쪽인 라카인과 양곤이 있는 남부지역은 많은 양의 비가 내린다. 반면 건기는 11월에서 4월까지인데 북동계절풍이 불기 시작하면서 비가 거의 오지 않는다.

③ **국가체계와 행정조직** : 1885년 영국이 미얀마 만달레이 성을 정복한 이후로 미얀마의 수도는 양곤이었다. 1948년 영국으로부터 독립한 후 버마연방공화국으로 시작할 때는 다수당에서 수상을 내는 의원내각제였다. 그러나 1962년 군사 쿠테타로 실권을 잡은 군부의 군사위원회에서는 입법, 사법, 행정을 장악하였고 사실상 사회주의체제로 전환하였다. 1973년 제정된 헌법으로 민간정부를 표방하긴 했으나 권력은 여전히 군부에 있었다. 8888 사건 이후 1990년대 또 한번의 헌법제정이 있었으나 선거에서 패한 군부에서는 헌법을 정지시키고, 1991년부터 20여년간 헌법을 기초할 준비를 한다는 명목으로 헌법 없이 과도적 성격의 군사위원회가 통치하였다.

그 후 2010년 신헌법이 제정되었다. 신헌법은 대통령 중심제로 상원에서 추천 하는 1명, 그리고 의회 내 군부 쪽 의원들이 추천한 1명 중에 국회의원들의 선거를 통해 대통령이 선출된다. 이 헌법이 발효된 후 군인 출신의 테인세인이 초대 대통령이 되었다.

오랜 군부 독재시기를 지나 현재는 2015년 11월 총선에서 아웅 산 수지가 이끄는 민주국민연합이 압도적으로 승리하자 민간정부로 출발하였다. 외국인 가족이 있는 자는 대통령이 될 수 없다는 법령에 따라 우띤조가

10 조용경, 위의 책, p.76
11 서성호, 위의 책, p.16

대통령이 되었고 수지는 외무부장관이 되었다. 그러나 미얀마는 현재 국가 고문이라는 직분으로 사실상 수지여사가 이끌고 있는 나라다.

미얀마는 연방국가로 전 국토는 7개의 관구(region)와 7개의 주(state) 등 14개의 행정단위로 이루어졌다.[10] 그래서 예전의 미얀마 국기에는 14개의 별이 있었다. 한편 행정단위를 7개의 도(Division)와 7개의 주로 나누어져 있다고 하는 경우도 있다.[11] 관구 혹은 도는 미얀마어로 인(Yin)이라고 한다. 이는 버마족 미얀마인들이 주로 사는 중앙정부 직할지역인데 7개의 행정구역으로 나누어졌다. 이들 대부분의 인(Yin)은 에야와디 강 주변에 형성되어 있으며 양곤도와 따닌타리도는 바다에 접해 있다. 그래서 7개의 인(Yin)은 곡창지대이다.

상대적으로 州는 미얀마어로 파인(Pyine)이라고 한다. 주에는 소수민족이 많이 거주하며 일정 부분 자치가 허용된다. 주 이름도 해당 다수 종족의 이름을 따서 부른다. 이 들 7개의 주는 주로 미얀마의 산악지역과 외곽에 위치하고 있다. 따라서 다양한 종족 및 언어집단과 함께 다양한 방언이 있다.

정부는 135개의 종족집단을 고수하고 있다. 2010년에 승인된 헌법에 따르면 이들 14개의 행정조직 이외에도 소수종족 6개 집단의 거주지도 존재한다.

옛 미얀마 국기

예전의 미얀마의 국기는 흰색, 적색, 청색으로 이루어 졌었다. 흰색은 청순과 미덕을 나타내고 적색은 용기와 단호함을 뜻하며 청색은 평화와 성실을 상징한다. 흰색으로 된 톱니, 2개의 벼이삭은 사회주의 체제의 양대 세력인 노동자와 농민 또는 산업, 농업을 나타낸다. 14개의 별은 연방을 구성하고 있는 14개주, 그리고 특별구를 나타낸다.

④ **인구** : 미얀마 정부가 약 6개월에 걸쳐 조사하여 2014년 발표한 바에 따르면 총인구는 5,100만명에 이른다. 2017년에 집계된 총인구는 5,737명이다. 그러나 현재 인구는 최소한 6,000만명 정도 될 것이라 생각하는 자들이 많다. 특히 양곤에는 전체 인구의 10% 정도인 500만명 가량이 살고 있

어 과밀한 지역이고 만달레이도 130만명에 이른다.

미얀마인들 이외에 방글라데시인은 100만에 육박하며, 인도인은 50만명을 넘고, 중국인과 파키스탄인들도 많이 살고 있다.

⑤ **종족과 언어** : 미얀마는 여러 종족들이 연합 하여 구성된 연방국가이다. 공식적으로 인정되는 종족은 135개 족으로 그 중에서 미얀마족이 68% 정도로 대부분을 차지한다. 주 종족인 버마족은 에야와디江 주변의 평야지대에 주로 살고 있다. 버마족을 제외한 나머지 다수 민족은 25%(샨족 9%, 카렌(꺼잉Kayin)족 7%, 라카인(여카잉Arakan)족 4%, 몬족 2%, 친족과 꺼야족, 그리고 까친족이 5%) 정도이고, 소수 민족으로는 빠오족, 와족, 나가족, 라시족, 라후족, 다누족, 아카족 등이 있다. 이들 소수 민족은 산악지대와 일부 해안가에 살고 있는 종족으로 체계화된 국가형태를 이루지 못하고 부족 단위의 생활을 영위하였다. 기타 나머지는 방글라데시인, 중국인, 인도인, 파키스탄인, 그리고 동남아시아인들도 있다. 따라서 이렇게 수많은 종족간에 민족적 동질성을 어떻게 유지하여야 할 것인가가 큰 과제이다.

다수의 종족으로 구성되어 있기 때문에 언어 수는 242종류나 된다. 어순은 한국어와 같다. 최초로 미얀마어로 쓰여진 기록은 1,113년에 조성된 석조 비석에 나타난 것이다. 둥글둥글한 곡선이 많은 미얀마어가 공식어이지만 종족 마다 자신의 종족어를 사용한다.

언어는 미얀마어가 공용어로 전체 인구의 90% 정도가 미얀마어를 이해하고 있다. 미얀마는 4년제 의무교육제를 채택한지가 오래지 않기 때문에 소수 종족이 다수를 점하고 있는 지역에서는 미얀마어가 부분적으로 소통되지 않는다. 미얀마어 이외에 영국 식민통치의 영향으로 영어가 폭 넓게 통용되며, 대도시를 중심으로 인도어와 광동어가 부분적으로 소통된다.

버마족을 중심으로 약 90%의 미얀마인들이 불교를 신봉

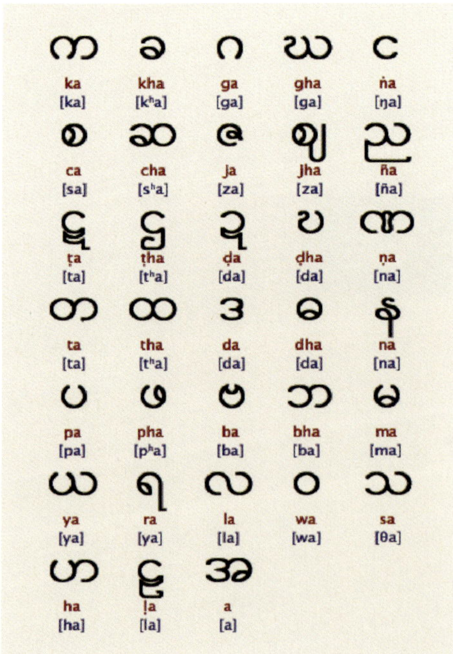

■ 미얀마어 알파벳

하고 있으며 이 밖에도 북부 산악지대를 중심으로 5% 이상의 기독교도들이 분포되어 있는데 영국 식민통치의 영향이다. 인도 접경 지역에 분포된 소수 민족 중에는 이슬람교도(약4%)도 많이 있다. 기타 힌두교와 토속 신앙을 신봉하는 사람들(약1%)도 있다.[12]

12 양승윤 외, 미얀마, 한국외국어대학교 출판부, 2010, p.3

- **버마족**(Burman)

아주 많은 미얀마의 민족 중에서 가장 대표적인 다수 민족이다. 그래서 과거 버마라는 국호도 여기에서 비롯된 것이다. 미얀마의 서북쪽인 히말라야 산맥부근에서 내려온 민족으로 중부의 평야지대 및 동부 고원지대에 많이 거주했으며 일부는 곡창 지대인 에야워디 강 유역에 많이 거주해 오고있다. 버마족은 11세기에 바간 왕국을 건설하기도 했으며 19세기 영국 식민지시절에는 박해를 가장 많이 받은 민족이기도 하다.

버마의 중심부는 대다수를 차지하고 있는 버마족이 자리하고 있다. 또한 지형적으로는 버마족은 사방으로 다른 민족들에 의하여 둘러싸여 있

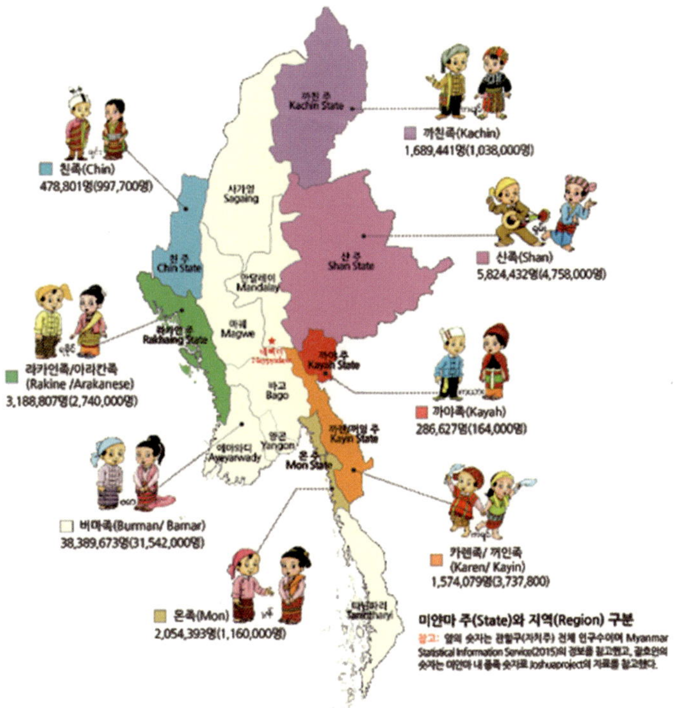

미얀마의 주요 8대종족과 거주지역-UPMA

는 형국이다. 동쪽으로는 샨족, 서쪽으로는 친족, 남쪽의 몬족 북쪽으로는 카친족, 그리고 동남부에는 카렌족이 자리하고 있다.

• **꺼잉족(카렌족, Kayin)**

카렌족(Karen)이라고도 불리는 꺼잉족은 주로 미얀마 동남부 고원지대, 태국과의 국경 지역에 거주하며 태국 밀수무역품에 대한 자체 관세를 받기도 하였다. 샨족이 서부고원지대에 살고 있는데 그 아래인 동남부에 거주한다. 영국 식민지 시절인 19, 20세기 초에 기독교 선교사들이 집중적으로 선교를 하여 크리스천이 많다. 고원지대에 살고 있으므로 주로 광물을 생산하거나 화전으로 밭을 일구어서 농사를 짓는다. 코끼리를 길들여서 목재 벌목이나 운송 수단에 이용하기도 한다. 태국과 미얀마의 국경에서 밀수품에 대한 통행세를 받기도 한다. 자칭 '신의 병사(God's Army)'라 불리는 군대를 보유하고 있고, 미얀마로부터 독립하기 위해 반군활동을 계속하고 있다. 지금은 미얀마 정부군에 의해서 태국 국경 지대까지 밀려나 있는 상태이다. 특히 카렌족Karen의 한 갈레인 카얀족은 긴 목의 여인으로 유명하다.

긴목의 카얀족 여인

• **샨족(Shan)**

북동쪽으로는 중국과 라오스, 남동쪽으로는 태국과 국경을 마주하고 있는 넓은 지역에 살고 있다. 타이 계통의 샨족이 주로 살기 때문에 샨주라고 하는 것이다. 샨은 '자유로운 사람들'이라는 뜻이다. 이들이 거주하는 지역은 대부분 해발 고도가 1,000m 이상의 고원 지대가 많다. 주로 농업에 종사하며 고원의 평지나 저지대에 거주한다. 태국이나 라오스와 국경을 접하고 있어서 무역이 성했다. 험한 산악과 협곡, 밀림 지대가 많아서 국경 밀수무역품 중에는 아편 등 마약도 많이 거래되고 있다. 샨족은 주로 중국계에 가까워서 피부가 하얗고 키도 큰 편으로 미남, 미녀가 많다고 한다. 34개의 소종족이 살고 있고 시뻐마을이 중심지역이다. 이곳에서는 분홍빛 승복을 입는 비구니, 띨라신들은 한낮이나 오후에 생쌀을 공양하는 습관이 있다. 샨족의 국수가 맛있다.

13 김성원, 미얀마의 이해, 부산대학교 출판부, 2014, p.51

- **친족(Chin)**

미얀마 북서쪽 친주의 구릉지대와 친드윈강가에 주로 거주하며 총 인구가 100여만 명인데 이들의 반 이상이 방글라데시와 인도 접경에 많이 흩어져 산다. 산악 구릉지대에 마을을 이루고 생활하며, 화전을 이용한 밭농사 조, 쌀, 옥수수를 짓고 돼지, 염소, 소, 닭 등을 기르며 산다. 외부의 영향을 가장 적게 받은 종족이다 보니 부계적 친족 공동체가 발달했다. 친주 역시 카렌족과 마찬가지로 19세기 영국의 식민지 시절 기독교 선교사들의 집중 선교 지역으로 크리스천이 많은 편이다. 오래된 전통으로 친족 여자들은 보통 12~13세가 될 때 얼굴 전체에 거미줄 모양의 문신을 한다. 적의 침입에 포로가 되면 자신을 보호하기 위함이라고 한다. 지금은 전통이 거의 사라져서 극소수 여성만이 얼굴에 문신을 한다.

- **카친족(Kachin), 징포어족**

카친족들은 미얀마 최북단에 위치한 까친주에 집단을 이루며 거주한다. 버마족의 북쪽, 샨족의 동쪽에 해당한다. 중국에 지리적으로나 문화적으로 가까워 중국에서는 자국 내 소수종족어로 인정하고 있다.[13] 미얀마의 최상부 산악지대에 분포되어 있는 많은 소수의 고산족들은 대개 까친족에 포함된다. 이들은 동물숭배인 애니미즘에 가까운 종교관습을 가지고 있다. 거주지는 넓지 않고 인구도 많지 않다.

정령신앙이 남 다르며 막내가 아버지의 상속을 받는다. 최후의 자식이 혈통을 잘 간직하고 있다고 믿기 때문이다.

- **몬족(Mon), 딸라잉족**

3세기경 고대 도시국가가 뚜원나부미를 중심으로 남부 미얀마 전역에 퍼졌다. 몬족의 인구는 약 130만명 가량이며 미얀마의 중남부 해안지역에 무리지어 살고 있다. 이들은 대체적으로 버마족에 동화된 것으로 보이나 버마족에게 불교문화와 벼 농사법을 전파한 종족이라고 전해지고 있다. 상좌부불교가 스리랑카를 통하여 남부해안 몬지역으로 들어온 후 다시 북쪽 방향으로 올라갔으니 불교전래의 통로 역할을 한 곳이다.

• **라카인족**

버마족과 계통상 같은 티벳-버마어족이지만 독자적인 언어를 가지고 있고 외형적으로는 버마족 보다 살갗이 더 검어 인도인에 유사하다. 험준한 라카인산맥으로 인해 내륙보다는 인도와 빈번한 접촉이 있어 그러한 인체 외형을 갖게 된 것이다. 그럼에도 종교적 관습이나 식생활 습관은 내륙의 에야와디강 유역을 따라 거주해 온 버마족과 큰 차이가 없다. 단지 협소한 평야와 바다에 연해 있어 배와 어로가 주된 경제원이 되고 있는 점 정도가 농업을 주로 하는 버마족과 차이가 있다.[14] 종교는 불교도가 대부분이고 무슬림도 일부가 있다.

⑥**산업구조와 자원** : 대부분의 동남아국가들이 그렇듯이 65% 정도의 인구가 1차 산업인 농업과 수산업에 종사한다. 그 외에 제조업이 10% 내외, 기타 상업, 임업, 광업, 서비스업 등이 25% 이상을 차지하고 있다. 농업의 경우 대표적인 작물로는 쌀이 대부분을 차지하고 옥수수, 밀, 수수, 콩, 땅콩, 참깨, 해바라기 씨, 목화, 황마, 고무, 담배 등이 주를 이룬다. 어업은 긴 해안선에 닿아 있는 나라이지만 영세성을 면치 못하여 어획량이 적다. 아세안에서의 전통적인 천연가스 수출국이다.

1인당 국내총생산 GDP는 1,200달러(2018년 IMF 기준 1,264달러) 남짓이다. 다만 1989년 사회주의 경제체제를 포기하고 나서부터는 개방과 시장경제체제가 이루어져 경제발전이 뚜렷다. 그래서 근자에는 매년 7-8%에 이르는 경제성장율을 보이고 있다. 미얀마는 전체 인구 중 15세 이상의 생산인구가 약 60%이며, 30세 미만의 젊은 인구가 약 50%를 차지하는 젊은 노동력이 풍부한 국가이다. 풍부한 천연자원에도 불구하고, 50년째 군부가 통치하고 사회주의 계획경제가 실패하며 서방국가로부터의 경제 제재 조치로 인하여 오랜 기간 최빈국에서 벗어나지 못하고 있다. 최빈국이기 때문에 제조업 생산직 월평균 임금이 2018년도 기준 110달러 미만으로 아세안에서 최저 수준이다. 이제야 중산층이 태동하는 단계에 있으며 구매력과 소비시장도 지속적으로 성장 중에 있다.[15] 최근에는 미얀마 최대 도시인 양곤의 북쪽에 68만 평 규모의 대규모 산업단지가 조성될 예정이며 여기에

14 김성원, 미얀마의 이해, 부산대학교 출판부, 2014, p.49

15 통상교섭본부, 공동체로 이룩한 눈부신 성장, 아세안 한국과 말레이시아, 미얀마의 통상관계

우리 기업의 진출이 매우 활발하게 이루어질 것으로 예상된다.

미얀마는 열대몬순기후로 긴 영토를 형성하고 있어 다양한 지질학적인 구조를 가지고 있어서 천연자원이 풍부한 나라이다. 미얀마의 수출품은 넓은 농토에서 생산된 쌀, 산악지대의 원목, 루비와 비취, 사파이어 등 보석류, 콩, 수산물, 고무 등이다. 대륙붕과 중부 내륙지방에서는 원유와 천연가스가 풍부하게 매장되어 있다. 철광석, 은, 납, 동, 석탄 등도 전국적으로 매장되어 있다. 특히 모곡지역에는 루비와 사파이어, 자수정 등의 비싼 보석이 생산되는데 루비와 비취는 세계적인 명품으로 인정받고 있다.

아직 빈국이라 생각하는 나라에서 미얀마의 맥주는 맛있기로 소문 나 있다. 알콜 도수 5%의 라거 맥주인 미얀마맥주는 벨기에에서 개최되는 맥주품평회에서 여러 차례나 연속으로 금상을 획득하기도 하였다. 미얀마의 대표 브랜드가 된 셈이다.

2. 미얀마인의 미소와 선행

미얀마인들은 동양적인 대가족 제도 하에서 농업생산과 불교를 믿으며 살고 있다. 따라서 조부와 조모, 손자와 손녀까지 보통 3대가 한집에서 같이 사는 가족이 대부분이다. 미얀마인들은 효를 중요하게 여기는 오랜 규범으로 부모를 극진히 공경하고 가족 간의 우애가 끈끈한 편이다. 또한 대체적으로 연장자를 존중하며, 외향적이라기보다는 내성적이어서 본인의 감정을 잘 표현하지 않는 편이다. 특히 언제나 웃음을 잃지 않지만 직선적으로 잘못을 지적하면 마음의 상처를 받는 자존심이 강한 사람들이기도 하다. 따라서 지적할 사항이 있을 때는 직설적인 방법보다는 우회적으로 부드럽게 지적하는 것이 효과적이다. 미얀마 사람들은 체면을 중시하고 인간의 기본적인 도리를 지키는 것을 사회적으로 중요하게 여긴다.

그리고 머리 만지는 것을 금기시하기 때문에 귀여운 어린이라 할지라도 머리를 만지면 싫어한다. 특히 스님의 몸을 만지는 더욱 금하고 커다란 결례이다. 불교는 오랜 세월동안 미얀마인들이 의지하는 가장 큰 보호막이다. 승복을 만지지도 않는다. 스님에 대한 절대적인 존경심이 있다.

재래시장의 상인들은 대부분 순박하고 정직한 사람들이다. 외국 여행자라고 바가지를 씌우거나 비싸게 파는 일은 드물다. 재래시장에서 물건을 살 때는 특별히 비싸지 않으면 깎지 말기 바란다. 다만 대형 쇼핑센터나 양곤의 보족 아웅산 시장, 만달레이의 제조 시장 등지의 가게에서는 될 수 있으면 물건 값을 많이(40~50%) 깎아야 한다.

■ 장기를 기증해 한국인 4명을 살린 미얀마 근로자 윈톳쏘 (중앙일보 사진)

1) 한국인에게 새 생명 주고 떠난 미얀마인[16]

미얀마에서 온 40대 근로자가 장기를 기증해 4명의 목숨을 살리고 세상을 떠났다. 주인공은 미얀마 양곤 출신의 윈톳쏘(사진)다. 한국을 제2의 고향으로 여기던 고인의 뜻에 따라 경남 밀양에 안장된다. 또 한국정부의 장례·진료비 지원금(540만원)을 아픈 한국의 어린이 돕기에 기부한다고 한다. 1인당 국내 총생산인 GDP가 1,300달러 남짓인 나라에서 희생자의 가족이 이렇게 큰돈을 기부하기로 한 것이다.

밀양 공장에서 추락사한 노동자 윈톳쏘를 위한 장례 지원금도 아동복지기관에 가족이 기부하였다. 가족들은 "나눔을 실천했던 고인이 기뻐할 것"이라 하였다.

윈톳쏘는 2018년 1월 21일 밀양의 자동차 부품 공장에서 작업하다 추락하면서 뇌를 크게 다쳤다. 일요일인데도 쉬지 않고 일하다 변을 당했다. 사고 직후 윈톳쏘는 부산의 한 대학병원에서 뇌수술을 받았다. 수술 후 상태가 호전돼 지난달 12일 한 요양병원으로 옮겼다. 하지만 다음 날 새벽 심장정지가 발생해 심폐소생술을 받은 후 대학병원으로 후송되어 2주일 동안 집중치료실에서 치료를 받았지만 상태가 나빠져 결국 뇌사 상태에 빠졌다. 동생의 심정지 소식을 듣고 윈톳쏘의 누나는 지난달 27일 의료진이 의학적 상태를 설명하자 먼저 "장기를 기증하겠다"고 밝혔다. 윈톳쏘의 심장과 간, 신장(2개) 등 4개의 장기가 3일 4명의 국내 환자에게 이식됐다. 국내에서 장기를 기증하는 외국인은 한 해 1~2명에 불과할 정도로 매우 드물다.

누나가 선뜻 장기 기증을 결정한 이유는 평소 동생의 삶을 존중해서다. 미얀마에선 어린이가 10살이 되면 신쀼라는 불교의식[17]을 치르는 전통이

16 한국인 4명에 새 생명 주고 떠난 미얀마인, 신성식 기자(ssshin@joongang.co.kr), 중앙일보 2018년 3월 31일~4월 1일자. 이 신문기사를 전제함은 미얀마를 알기 전에 미얀마인의 감동적인 아름다움을 느껴야 하기 때문이다.

17 단기간 출가해 불교 정신과 계율을 배우는 의식

18 중앙일보 2018년 5월 1일자, 유성운 기자 pirate@joongang.co.kr 의 기사를 전제함. 윈톳소의 한국을 사랑한 이야기처럼 미얀마를 이해하려면 우선 조용경이사장의 미얀마 사랑도 함께 알아야 할 것 같다.

있는데 이 의식엔 돈이 든다. 윈톳쏘는 형편이 어려운 아이들이 의식에 참여할 수 있도록 도왔다. 고모의 신장 수술 비용도 지원했다.

결코 여유롭지 않은 가족들은 고인의 나눔 정신을 기려 정부의 장례 지원금과 진료비 지원금 전액을 아동복지기관에 기부하기로 했다. 윈톳쏘의 누나는 "불교 문화권의 미얀마 국민은 종교적 신념이 강해 장기 기증이 낯설지 않다. 생전에 좋은 일을 하면 다음 생에 좋은 인연으로 태어날 수 있다고 믿는다"며 "동생이 평소 자신이 가진 것을 어려운 사람들과 항상 나누려 했기에 누군가의 생명을 살리는 일을 매우 기뻐할 것"이라고 말했다.

2) 미얀마 사랑, 조용경의 <뜻밖에 미얀마>[18]

기부지수 세계 1위 미얀마 ....4년간 16번 방문
'가난해도 걸인 돕는 미얀마인들에게 반했어요.'
위의 글은 미얀마에 반한 기업인 조용경이 쓴 책, 〈뜻밖에 미얀마〉의 중심어로 미얀마인에 대한 이해를 담는 말이다.

찌는 듯한 더위에 '황금의 나라 미얀마'라는 간판을 보자 자신도 모르게 헛웃음이 나왔다. 1인당 국내 총생산인 GDP라고 해 봐야 1,200달러(2018년 IMF 기준 1,264달러) 남짓이다. 북한보다 조금 나은 정도인 나라가 '황금의 나라'라니…. 2013년 8월 미얀마에 처음 발을 디뎠을 때 조용경 글로벌 인재 경영원 이사장에게 다가온 미얀마의 첫인상이었다.

조용경 이사장은 4년간 미얀마 전역을 누빈 행적을 〈뜻밖에 미얀마〉 한권에 담았다. (중앙일보의 글과 사진 인용)

그런 그가 4년 만에 『뜻밖에 미얀마』라는 책을 펴냈으니 제목처럼 뜻밖이다. 그는 "미얀마 짝사랑에 빠져버렸다"고 말했다.

조 이사장은 지난해까지 4년간 '쥐뿔도 없는' 나라

를 16차례나 찾았다. 미얀마 전국 14개 주(州) 중 12개 주를 돌아봤다. 전기 보급률이 35% 정도에 그치는 미얀마에서 번듯한 도로나 철도를 기대하는 건 언감생심이다. 소설 『정글북』의 배경으로 추정되는 고대 사원의 도시 므라욱 우에 갈 때는 6시간이나 배를 타고 차오프라야강을 거슬러 올라가기도 했다. 현지인들도 "12개 주나 가본 사람은 우리 대통령 외엔 당신뿐일 것"이라며 놀라워했다. 『뜻밖에 미얀마』는 그가 4년간 누빈 활동이 압축된 여행서이자 미얀마 소개서다.

그는 국회의원 보좌관, 당 총재 비서실 차장을 지냈다. 이후 굴지의 기업 대표이사, 건설사업 본부장 등을 지냈다. 이런 이력 때문인지 그의 책에도 미얀마의 정치, 사회 문제에 대한 언급이 적지 않다. 로힝야족 인권탄압으로 논란의 중심에 선 아웅산 수지 여사에 대한 시각도 오히려 조금 다르다. "수지 여사가 온건책을 폈다가 여론이 안 좋아지면 군부가 그 틈을 노려 언제 치고 들어올지 모릅니다."라는 견해도 내놓고 있다.

조용경이 말한 미얀마의 매력은 "때 묻지 않은 자연과 고대 유적"에 더해 "가장 감동적인 것은 사람들"이다. "본인들도 가난한데 거리에서 걸인이나 걷기 힘든 노인을 보면 그냥 지나치지 않아요. 길을 물으면 바쁘게 가던 이들이 지인에게 물어가면서까지 목적지에 데려다줍니다." 라고 말하고 있다.

영국 자선지원재단(CAF)이 발표한 2016년 세계 기부지수 보고서에서 미얀마는 조사대상 140개국 가운데 1위였다. 한국은 75위다. 이게 웃음이 가득한 미얀마이고 부끄러운 우리의 민낯이다.

■ 제2장

미얀마의 역사

1. 미얀마의 역사
   1) 선사시대
   2) 고대왕국과 도시국가
   3) 최초의 통일국가 바간왕조
   4) 바간왕조 이후의 왕조
   5) 영국 식민시대와 해방
2. 영국으로부터 독립과 현대
   1) 영국으로부터 독립
   2) 버마연방공화국과 우누정권
   3) 네윈의 버마식 사회주의
   4) 독재와 변화모색
   5) 아웅 산 수지와 수많은 과제

제2장

미얀마의 역사

1. 미얀마의 역사

1) 선사시대

미얀마 땅에는 언제부터 어떤 종류의 인간이 살아 왔을까? 미얀마인의 유래에 대해서는 현재까지도 단정적으로 말하기 어렵다. 다만 상식적으로 잘 이해가 되지 않으나 대표적인 고고학적 유적인 뽄다웅(Pondaung)과 뽄냐 지역에서 약 4,000만년 전으로 추정되는 영장류(靈長類, Homo Sapiens)의 흔적이 발견되었다고 한다.[19] 흔히 아프리카의 오스트랄로피테쿠스(Australopithecus)[20]가 약 500만년전쯤이라고 하니 그 어느 인류의 조상보다 더욱 더 오래된 것이니 놀랍다. 상식의 범주에서 이제까지의 고고학적 지식과는 너무나 다르기 때문이다. 뽄다웅과 뽄냐지역의 유적은 1914년 영국 신민통치 당시 미얀마 중북부 먀잉지역의 판킨 마을에서 유인원 턱 부분이 최초로 발견되면서 알려졌다. 그 후에는 유인원의 턱과 함께 조개껍질, 나뭇잎, 과일, 씨앗 등의 화석이 발견되자 학계의 관심이 집중되었다.[21]

또 한편 미얀마에는 기원전 75만년에서 7만 5천년 사이에 직립원인이 살았으며 기원전 1만 1천년 무렵에 현 인류가 살았던 흔적이 보인다 하였다.[22] 그렇게 되면 뽄다웅 유인원이 최초 인류조상이 되는 동시에 미얀마인의 뿌리가 된다. 또한 미얀마 중부지역의 파다린(Padah Lin) 동굴[23] 벽화에서는 신석기 시대인 기원전 1만년에서 기원전 6,000년 사이에 가축을 키우고 돌 연장을 사용한 자취가 발견되었다.

19 http://bit.ly/1KBmxHf, Old Bagan Temple in Burma

20 오스트랄로는 「남쪽의」, 피테쿠스는 「원숭이」이란 뜻이다. 즉 아프리카 남쪽 지방의 원숭이라는 뜻.

21 김성원, 위의 책, p.13

22 조용경, 위의 책, p.77

23 http://bit.ly/1KBmxHf, Old Bagan Temple in Burma

The Pondaung primate fossil

Primate Fossil of 40-million years of Burma (Myanmar)

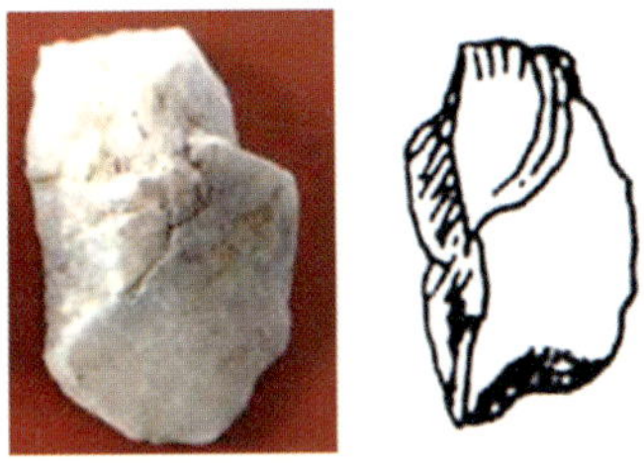

Mesolithic blade in Shinma-daung Area
Central Myanmar

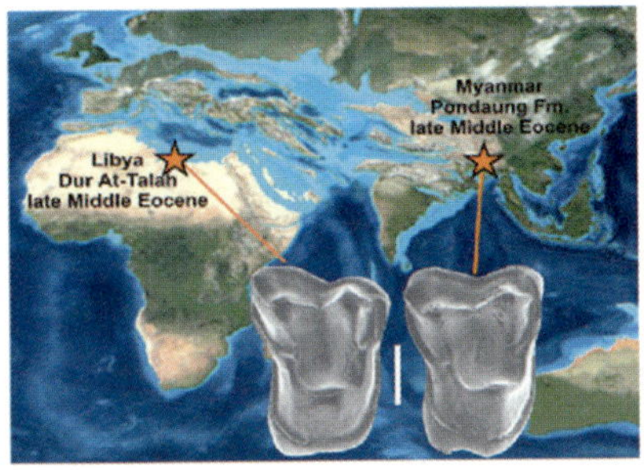

4,000만년전의 미얀마 폰따웅 화석 (구글이미지 인용)

미얀마인들의 선조는 대체적으로 구석기시대라 할 수 있는 1만년전에는 에야와디(Irrawaddy)강을 중심으로 살았으며 동굴에 거주하였다. 그들은 에야와디강 주변을 따라 수렵생활을 하였고 많은 석기와 조개무지 흔적들을 남겼으며 그 후에는 정착생활을 하였을 것으로 보인다. 인류학자들은 이들을 아냐티안(Anyarthian)으로 분류한다. 그들은 에야와디강 유역을 따라 고대문화를 발전시켰는데, 후에 다른 지역에서 온 이주자들과 동화되었는지 아니면 소멸되었는지 알 수 없다.[24] 이들 이후에도 동남아시아의 섬에서 나타나는 네그리토(Negrito)계가 미얀마에서 살았던 흔적도 나타나는 것으로 보아 미얀마에는 다양한 고대인들이 생활하였던 것으로 보인다.

그 후 신석기시대인 기원전 5,000년 전부터 미얀마의 평원에는 곡식을 재배하면서 사람들이 정착하여 살았다. 신석기에 이어 사가잉주의 몽유와 지역에서 청동기 유적을 찾아 볼 수 있다. 특히 최근에는 냐웅간에서 청동기유물이 발굴됨으로써 미얀마에서 청동기가 존재하였음이 확인되었다. 즉 청동으로 만든 도끼, 창, 화살 등 무기와 손잡이가 달린 토기 등을 사용하였다.[25] 청동기에 이어서 철기연장을 사용한 흔적은 기원전 500년에

24 서성호, 위의 책, p.18

25 차장섭, 아름다운 인연으로 만나다 미얀마, 역사공간, 2013, p.16

서 기원후 200년 사이에 만달레이 지역에서 발견되었다. 철기문화는 고대 도시국가들에 의하여 이루어졌다. 이들 도시국가는 크지 않은 집단으로 일정한 지역에 집단으로 거주하는 부족단위의 공동체로 마을이나 도시를 중심으로 형성되었다. 마을의 지도자가 왕이 되었고 뚜렷한 정치체계는 없는 것으로 보이며 집단의 경계가 있었는지 불분명하다.

이러한 다양한 고고학적 유적으로 보아 미얀마에서도 인류의 조상격인 영장류에서부터 석기, 청동기, 철기시대에 걸쳐 인간의 거주가 계속되었다고 보는 것이 타당하겠다.

2) 고대왕국과 도시국가

현재 미얀마에서 나타난 종족들은 본래 미얀마에서 영장류로서 수 백만 년 전에 태생되었거나 인도나 중국에서 이동한 것으로 이해한다. 그러나 영장류는 너무 오래된 고고인류학적 존재라서 논외로 하고 현생 인류의 입장에서 보면 몽골리안의 이동에 의하여 중국 남부지방에서 살고 있었던 종족들이 남으로 내려와 미얀마에 이르게 된 것으로 보는 경우가 일반적이다.

고대사회에 인류는 살기 좋은 곳으로 다양한 통로를 통하여 이동을 계속하였다는 것은 당연하다. 아시아의 북반부에 살고 있었던 몽골리안들은 수차례에 걸쳐 남쪽으로 이동하였다. 1차 이동으로 중국의 남부지방에 거주하게 되었기 때문에 아직 미얀마에 영향을 주지 않았다. 그러나 기원전 2세기경에는 2차 이동을 하여 남쪽 바다 쪽으로 더 내려와 말레이족이 되었고, 다른 일부는 메콩 강과 메남 강 유역에 자리를 잡아 몬-크메르족이 되었다. 이때 다수 종족의 하나인 몬족이 미얀마 남부에 자리하였다. 그 후 기원전 1세기경인 3차 이동에 의하여 미얀마의 주요한 종족인 버마족들이 오늘날의 미얀마 북부와 중부에 실질적으로 유입하게 되었다. 원래 그들은 북쪽 티벳산맥 남동 경사면에서 거주하고 있었는데 에야와디 강을 따라 내려오고 강 주변에 정착한 것이다. 아무래도 따뜻하고 풍부한 남부지방으로 강을 따라 내려오고 강 주변에 정착하였다. 그 후 12세기경 몽골리안의 마지막 4차 이동은 중국 남부 난차오 지역에 살고 있던 타이족에 의하여 발생했다. 그들은 메남강을 따라 내려와 오늘날의 태국을 장

미얀마에 불교를 전래한 인도의 아소카왕

악하였다. 몽골리안의 4차 이동에 의하여 동남아시아 전체에 지각변동을 가져왔고 미얀마는 태국이라는 숙명적 라이벌을 맞이하게 된다.[26]

한편 미얀마의 고대역사에서 인도의 영향을 소홀히 말할 수 없다. 지리적으로 가까이 있고 문화적으로 앞서 많은 교류가 있었고 그들의 영향을 많이 받았다. 특히 농업기술의 전수를 비롯하여 종교적으로도 힌두교와 불교의 전래는 미얀마인들에게 커다란 종교적 안정과 국민정서의 통일을 가져왔다. 특히 인도를 통일하고 불법에 귀의하여 불교를 널리 전파시킨 아소카(Asoka)왕이 불교 전법사를 여러나라로 널리 보낼 때 미얀마에도 실질적으로 불교가 전래되었다고 알려지고 있다.

• **미얀마 중북부의 쀼족왕국**

미얀마 고대 도시국가는 중북부의 쀼(Pyu)족 왕국, 남부의 몬족 왕국 그리고 서부의 라카인(Rakhine) 왕국 등이 있다. 연대순으로는 몬족왕국, 쀼족왕국, 라카인왕국의 순으로 건립되었다. 특히 특히 중국 역사서에 표(驃)라고 불리는 쀼족은 버마족과 같은 언어를 사용했고 역시 북쪽에서 내려왔다. 1-2세기경부터 이라와디 강의 중상류에 살기 시작했다.[27] 쀼족왕국은 뜨가웅(Thagaung)을 비롯하여 베익따노(Beikthano), 뜨예케뜨야, 한린 등의 왕조가 있다. 미얀마연대기[28]에 의하면 미얀마 최초의 왕국은 북부 미얀마에 위치한 뜨가웅이다. 힌두교 성전인 푸라나[29]에도 같은 기록이 있어서 이를 뒷받침한다. 뜨가웅이라고 칭하게 된 시기는 기원전 6세기이나 뜨가웅을 증명할만한 유물이나 문헌은 나타나지 않고 다만 인도의 몰락한 소왕조의 왕자가 건너와 미얀마북부에 세운 것으로 추정하고 있다. 한편 미얀마연대기에는 뜨가웅 주민들은 부처와 같은 석가족의 후손이라 기록하였다. 이러한 내용은 실체적 유물이 없어 전설에 가깝지만 인도 또는 불교와 연계되어 있음을 알 수 있다.

또한 연대기에는 뜨가웅왕조의 한 왕이 서부의 라카인지역과 중부의 버간지역까지 세력을 확대하였고 이것이 계기가 되어 라카인왕조와 버간왕조가 시작되었다고 기록하고 있다. 아무튼 뜨가웅왕국의 주민들은 쀼족이었는데 이들은 중국과 인도를 거쳐 에야와디강 유역을 따라 미얀마에

26 서성호, 위의 책, p.19

27 최병욱, 앞의 책, p.139

28 "The Glass Palace Chronicle"(유리궁전연대기, 유리궁전왕조사)는 1829년 버마의 왕 King Bagyidaw이 학자들에게 버마왕조의 연대기를 쓰게 한 것이다, 이에 관한 해설서로서는 "The Glass Palace Chronicle Of The Kings Of Burma", Pe Maung Tin과 G.H. Luce 번역, Rangoon University Press, 1960년. 이 있다.

29 산스크리트어로 쓰인 고대 인도의 신화, 전설, 왕조사를 기록한 힌두교 성전이다.

들어와 왕국을 세웠거나, 부처와 같은 계통의 종족이 인도에서 미얀마로 이주해 왕국을 세웠을 수도 있다고 추정된다.[30]

30 김성원, 위의 책, p.22
31 차장섭, 위의 책, p.18
32 김성원, 위의 책, p.22

뜨가웅에 이어서 미얀마 최초의 도시로서는 기원전 3세기에 건립된 '베익따노'를 들 수 있다. 힌두교의 신 '비슈누의 도시'라는 뜻이고[31] 종종 '베익따노묘'라고도 한다. 여기에서 '묘'는 미얀마어로 도시라는 의미를 지니고 있어서 베익따노(묘)가 국가라기보다는 도시적 성격이 강하다 하겠다. 베익따노는 방사성연대측정 결과 기원전 3세기경에 건립된 것으로 파악된다. 특히 이곳에서 고고학적으로 증명할 수 있는 각종 유적들이 발굴됨으로서 역사적으로 미얀마 최초의 도시국가로 정의되고 있다.[32] 성벽을 쌓았으며 출입문을 나무로 만들었고 성벽을 따라서 호를 파 놓았다. 베익따노의 뿌족은 농사용 관개를 위하여 큰 호수를 구축하였고 농업과 무역을 주로 한 것으로 짐작된다. 무역의 대상은 멀리 중국과 인도에 이르렀다고 추정된다. 베익따노는 현재 마그웨지역에서 따웅드윈지 방면으로 18km 떨어진 곳에 자리 잡고 있었다.

이 베익따노에 이어서 미얀마에는 뜨예케뜨야(Thayekhittaya, 오늘날의 삐Pyay), 한린(Hanlin), 외딸리, 뚜원나부미 등의 도시국가들이 있었다. 이들의 공통점은 뿌족이나 몬족으로 농사를 지었고 불교를 믿었으며 주변의

삐 지역의 풍경

스리 크세트라의 보보지불탑 : 미얀마 불탑의 원형

소국가들과 무역이 성행하였다는 점이다. 특히 뜨예케뜨야는 쀼족 왕국들 중에서 가장 규모가 크고 강력한 도시국가였다. '행운의 땅'이라는 의미를 갖는다. 대략 3세기경에 건립되어 9세기경까지는 존재하였던 것으로 보인다. 에야와디강 하구를 통해 인도양으로 향하는 관문의 역할을 하였다. 중국과 인도의 중간역할을 하였고 말레이반도를 연결하였다. 쀼족이 남긴 유적 중에서 비크라마왕조의 수도였던 스리 크세트라(Sri Ksettra)에는 46미터 높이의 보보지(Bawbawgyi)불탑을 비롯하여 3기의 거대한 불탑이 있는데 이들이 미얀마불탑의 원형이 된다. 쀼족이 사라졌지만 그들이 남긴 문화적 자취는 여러 가지 형태로 전해지고 있다. 바간의 도상, 건축, 문자를 비롯하여 경제적 기반, 종교적 성실성, 심지어 교육열까지도 쀼족의 전통이다.

• 미얀마 남부의 몬족왕국

정확한 이주시기를 알 수 없으나 몬족은 오스트로(Austro) - 아시아계의 한 분파로 태국으로부터 미얀마에 유입되어 가장 먼저 정착한 종족이다. 이라와디 강 중류에 쀼족보다 먼저와 살고 있던 종족이 몬족이다. 쀼족은 선주민인 몬족을 밀어내고 산 것이다. 메콩강 하류로 가버린 크메르족과는 달리 몬족은 미얀마 남부지역에 뚜원나부미(Thuwannabumi)라고 부르는 도시국가를 건설했다. 그들은 동남아로 진출하는 인도인들과 교류를 통해 상업을 발전시키며 미얀마남부지역을 장악하였다. 특히 7세기 이후엔 해양무역도시로서 더욱 발전하여 번성하였다.

'황금의 땅'이라는 의미를 가진 뚜원나부미는 현재의 타톤(Thaton)을 중심으로 미얀마남부로 세력을 확장하였다. 서쪽으로 에야와디강 삼각주까지 동쪽으로는 태국의 서북부지역까지 위세를 떨쳤고 바고, 다곤(양곤), 뜨완떼, 씨리암, 바세인 등 에야와디강 입구와 삼각주까지 영역을 넓혀 많은 도시국가를 건설하였다.

정글 속에서 옥수수와 콩 등으로 살았던 미얀마인들에게 몬족은 처음으로 벼 재배방법을 전수하였다. 또한 기원전 3세기경에는 인도 아소카대왕과 교류하여 미얀마에 최초로 불교를 도입하였고 미얀마의 상징으로 여겨지는 양곤의 쉐다곤 불탑을 건립하였다. 특히 후기에 들어와서는 상좌부불교가 전래되어 세력을 크게 확대하였다. 특히 해상권을 장악했던 캄보디아의 초기왕국 푸난이 멸망한 7세기 이후에는 해상무역도시로서 비약적인 발전을 이루었고 9세기까지는 동남아에서는 가장 강력하고 번성한 시기를 맞이하였다. 그러나 몬족은 종족간의 결집을 이루지 못하였고, 그 결과 11세기에는 바간왕조에 귀속되고 말았다.

33 서성호, 위의 책, p.20
34 차장섭, 위의 책, p.22

• 미얀마 서부의 라카인 왕국

라카인(Rakhine) 왕국은 미얀마의 서쪽 라카인산맥 너머에 기원전 2세기 전후에 건립되었다. 라카인 인들은 기원전 5세기 이전에 석가모니가 라카인 왕국을 방문했다는 전설과 그 이전부터 시작하는 왕들의 연대기를 이야기하지만 근거가 희박하다. 그러나 프톨레미(Ptolemy)의 기록과 발굴된 유물들은 동남아에 인도의 문화가 전파되는 기원전 2세기 이전에 이곳에 왕국이 있었다는 것을 보여주고 있다.[33] 인도와 지리적으로 가깝고 불교가 전래된 곳이고 여러 왕국이 다 불교와 관련이 있었을 것이다.

므라욱우 지방의 불탑

이 라카인족은 4세기경 미얀마의 가장 서쪽에 외딸리(Vesali)왕국이라고 알려진 고대도시국가를 건설하였다. 산드라왕조의 아난다 산드라(Ananda Sandra)왕에 의하여 건국되었다. 외딸리라는 이름은 부처의 유적이 남아있는 북인도의 중심도시 바이살리(Vaisali)에서 가져온 명칭으로 추정된다. 즉 인도 아소카왕이 사용하였던 나가리 문자가 새겨진 석문과 함께 산스크리트어와 팔리어 석문이 발견됨으로써 불교를 통한 인도와의 교류가 빈번하였음을 알 수 있다.[34]

결국 라카인은 인도인들의 중요 교역도시 중에 하나로서 발전하였고 인도의 영향을 받으면서도 나름의 자체문화를 형성한 왕국이었다.

3) 최초의 통일국가 바간왕조

미얀마에는 수많은 종족과 그들이 세운 왕조가 있다. 그 중에서 미얀마 인구의 70%에 이르는 버마족이 세운 최초의 왕조가 바로 바간왕조(Bagan, 혹은 Pagan, 849-1287)이다. 바간왕조는 히말라야에서 발원하여 미얀마의 최남단까지 흘러내려 가는 에야와디강의 중간 정도인 바간에 자리한다.

미얀마는 흔히 지명으로 왕조의 이름을 정하였는데 차욱스(Kyaukse) 평원 외곽에 자리한 바간이 바간왕국의 중심지였다. 미얀마인들이 불교라는 정신세계로 품은 바간의 대평원에 현재도 수천기의 불탑이 있으니 당대 불교가 얼마나 번성했고 경이로웠는지 짐작할 만하다. 이들은 대부분 11세기 이후부터 건립된 것인데 현재도 2,300기 정도가 남아 있어 장관을 이룬다. 그래서 유네스코 세계유산으로 지정된 캄보디아의 앙코르와트, 인도네시아의 보르부드르와 함께 세계 3대 불교유적으로 손꼽힌다.

버마족은 지금의 미얀마 땅에서 처음부터 살았던 종족이 아니었다. 오래전 그들은 중국 북서부지방인 감숙성에서 남으로 이동을 시작하여 티벳과 운남을 거쳐 기원후 2세기경에는 현재의 버마 지역까지 도착해 작은 나라들을 만들기 시작했다. 때문에 최초의 왕조를 시작한 때를 108년으로 삼기도 하는데 이는 단지 후세에 이르러 소급한 상한연대일 뿐이고 분명한 형태를 지닌 고대국가가 버마 땅에 성립된 것은 11세기에 들어서였다.[35] 즉 11세기 중엽 바간왕조의 영명한 군주 '아노라타(Anawratha)'라는 왕이 등극하면서 미얀마의 주된 종족인 버마족이 통일왕조를 이루어 역사의 전면에 등장하게 된 것이다. 한편 미얀마력의 시작은 서기 638년을 기준으로 하여 지금까지 사용하고 있다. 그러니까 서기 638년이 미얀마력 1년, 서기 2020년은 미얀마력으로 1383년이 된다.

그러나 바간왕조의 시작은 849년부터이다. 8세기경 티벳-미얀마족 계통의 미얀마족이 히말라야 산 부근에서 남쪽으로 이주하여, 849년 '삔뱌'왕 때 미얀마 중북부의 흩어진 쀼족을 흡수하면서 바간지역에 버마족 최초의 왕조를 세웠다. 한편 버마인들이 638년을 원년으로 삼고 있는 것을 보면 그 이전에도 이미 일부 버마족들이 들어와 부족국가 형태가 성립되었을 것으로 추정된다.

그 후 강력한 통일국가 형태의 왕조 설립은 1044년 '아노라타'왕에 의하여 시작되었고 비약적인 발전을 이루었다. 그가 통치한 시기에 미얀마는 본격적으로 통합을 시작하였다. 이웃 국가 타톤을 정복하였고 바간에만 해도 5,000여기의 탑과 사원이 들어서는 경이로운 불국토를 세웠다. 당시까지 바간에는 버마인이 이주하는 과정에서 받아들인 대승불교와 인도

35 최병욱, 앞의 책, p.139

아노라타 왕과 버강의 풍경

로부터 들어온 힌두교, 낫(Nat) 신앙, '아리(Ari)'라고 하는 마술적 수행집단, 그리고 일부 소승불교 등이 섞여 있었다.[36] 아노라타왕은 남부지방에 주로 살고 있는 몬족출신의 승려 신아라한(Shin Arhahan)의 건의를 받아들여 상좌부불교(소승불교)를 발전시켜 국교로 정하였고, 이를 통한 국민의 정신적 통일을 이룬 뒤 몬 왕국들 중에서 가장 강성했던 타톤왕국을 시작으로 남부의 여러 왕국들을 하나씩 흡수하여 영토를 확장하였다. 타톤왕국은 버마 하부지역에 위치한 신아라한의 고향이었으며 불교문물의 보물창고와 같은 곳이었다. 귀중한 팔리어경전, 30개의 장경, 그리고 약 30,000명의 몬족 승려와 기술자가 바간으로 옮겨왔다. 버마족은 몬족의 부와 문화를 옮겨와 바간을 강화 발전시켰다. 아노라타왕과 승려 신아라한의 적극적인 노력으로 바간에는 빠르게 불교가 퍼져나갔고 주변의 여러 나라에도 소승불교가 확산되었다. 특히 아노라타는 소승불교의 중심지인 스리랑카가 전쟁으로 파괴되자 승려와 불경을 보내 불교문물의 재건을 지원했고 그 답례로 부처의 치아를 얻어 왔다. 이 보물을 모시기 위한 쉐지곤(Shwezigon)불탑을 건설하는 등 많은 불사가 행해졌다. 또한 불교를 관장하는 조직인 상가(승단)도 정비되었다. 상가는 이후 왕조의 교체와 상관없이 존속하며 미얀마인의 정신세계를 지배하는 구심점이 되었다.[37]

한편으로 아노라타왕은 미얀마에서 오래전부터 유행하였던 정령, 즉 낫

36 김성원, 미얀마학 입문, 부산외국어대학교 출판부, 1999, pp.17-18 ; Hall(1958), p.124.

37 최병욱, 위의 책, p.144

38 Than Tun, "A History of Burma down to the End of the Thirteenth Century", New Burma Weekly, Sep.27, 1958, p.187
최병욱, 위의 책, p.145에서 재인용

(Nat) 신앙을 정리하여 버마사회를 통일하려고 노력하였는데 이는 미얀마에 불교가 들어오기 전부터 사람들의 생활 속에 있었던 낫 신앙과 새로운 종교인 불교를 결합시키는 절묘한 시도로 성공적이었다. 또한 아노라타왕은 현세적으로는 왕이면서 최고의 낫 보호자, 불교집단인 상가(僧伽)의 후원자, 종교의 전파자로서 불법의 세계를 구현하는 전륜성왕(轉輪聖王)으로 자처하였다.[38]

바간왕조에서 아노라타왕을 계승하여 불교적 지배력을 이어간 인물은 찬싯따(Kyanzittha)라는 이름으로 널리 알려진 틸루인 만(Thiluin Man, 1084-1113)왕이다. 그는 아노라타 왕의 사후에 일어난 반란을 진압하고 왕위에 오른 후 몬 왕실을 달래고자 타톤의 왕위 계승자에게 자기 딸을 시집보냈다. 또한 그는 외국과의 관계에서 개방적이고 적극적이어서 자신이 직접 인도에 가서 석가모니가 깨달음을 얻은 성도지 부다가야를 방문했고, 중국에 까지도 사절을 보내어 무역로를 확보하여 했다. 이러한 찬싯따 왕의 첫 사절 방문이 계기가 되어 〈송사(宋史)〉에는 바간을 '포감국(蒲甘國)'이라는 이름으로 기록하였다.

찬싯따 왕의 뒤를 이은 왕이 깐수 1세이고 그 다음이 깐수 2세이다. 이때 바간왕국은 비교적 안정된 발전을 이루었고 버마화가 크게 이루어졌다. 즉 버마어가 공용어로 정착되고 강 주변과 평원에 수리시설이 확대되었으며 개간지를 넓혀 생산력이 증대되었다. 또한 실론에서 소승불교를 직접 받아들여 불교의 순수성이 고양되기 시작하였고 불교국가로의 기틀을 다지게 되었다.

쉐지곤 불탑 (상)
아난다 사원 (하)

특히 바간의 역대의 왕들은 불교 후원자였으며 적어도 한 개 이상의 거대한 불교사원을 건설하는 것은 기본이었다. 부처의 치아, 흰 코끼리 등의 보물을 모으는 일도 왕의 중요한 업적으로 간주되었다. 그런 결과 바간 왕조는 약 4,400개의 불교 유적을 건설하는 등 불교문화와 건축, 예술이 화려하게 꽃을 피웠던 시기가 되었다. 아노라타왕의 쉐지곤사원과 찬싯타왕이 세운 몬 양식의 화려한 아난다(Ananda)사원은 대표적인 사원건축이다. 이는 사원인 동시에 불탑이다. 황금색의 웅장한 쉐지곤파고다는 바간의 유적 중에서 제일로 꼽힌다. 미얀마 불탑의 표본이 된 이 탑은 부처님의 치아와 머리 뼈가 봉안된 곳이다. 한편, 미얀마의 옛수도인 양곤에는 쉐다곤 파고다가 위용을 자랑하고 있다.

현재까지도 장엄하고 매혹적인 자태로 솟아 있는 바간의 사원과 불탑을 보면 그 자체가 불국토(佛國土)이고 경이로운 신비이다. 끝이 보이지 않은 넓은 들판 바다에 섬처럼 자리하고 있는, 아니 넓은 벌판에 기러기가 날아 앉아 있는 모습을 하고 있는 쉐산도 파야와 탓빈뉴 사원, 부파야 파고다를 보고 느끼는 감흥을 어떻게 표현할 수 있을까. 어찌 미얀마인들은 이다지도 불국토에 대한 정성과 염원을 다하였는가? 생애의 모든 것을 다하여 사후의 열반처로 준비하지 않았을까?

그러나 세월이 흘러 13세기가 되면서 바간왕조는 급격하게 쇠퇴해갔다. 강성하였던 제국의 왕들은 교만하였고 통치는 게을렀다. 사원에 과도한 토지를 주어 세입은 줄었고 불교는 여러 종파로 나뉘어져 분쟁하였다. 국가의 재화를 쏟는 대규모 불교건축 조성이나 토지 및 인력의 공급은 국가 운영에 필요한 재정을 고갈시켰다. 이처럼 미얀마 최고의 왕국, 바간은 겨우 200여년이 지난 후 국가경영에 실패하고 내부적 분열로 인하여 중국을 장악한 몽고족, 즉 원(元)의 세조 쿠빌라이 칸에게 정복당하여 역사 속으로 사라지고 말았다. 깐수 4세는 대륙을 평정한 쿠빌라이 칸의 복속요구를 거절하였고 사절을 처형했고 이런 이유로 바간은 원나라에 접수되었고 깐수 4세는 살해되었다. 또한 몬족 뿐 만 아니라 서부 아라칸, 동부 샨족이 반란을 일으켰으니 바간의 버마에 대한 지배권은 순식간에 무너졌다.

그 후 원 세조는 버마 영역을 분할하여 두 개의 성으로 만들어 중국에 병합시키려 하였다. 당시 미얀마에 대한 지배권을 갖고 있던 바간왕조가 무너지고 난 후 차욱스 평원에 자리하고 있던 샨족 삼형제가 몽골의 지원을 받은 바간왕조의 지배권을 부정하고 원 군대에 항전을 전개했다. 1301년 원의 원정대가 다시 버마로 처 들어 왔으나 삼형제가 지휘하는 군대는 이를 물리쳤다.[39]

아무튼 바간왕조 이후 미얀마는 샨족에 의한 인와 왕조와 몬족에 의한

39 최병욱, 위의 책, p.131

바고 왕조로 이어지고, 다시 따웅구 왕조와 꼰바웅 왕조로 계속되어 신비로운 불국토의 모습이 나름대로 지켜져 왔다. 그러나 근대에 이르러 안타깝게도 바간의 헤아릴 수 없는 불교유적은 1975년에 발생한 진도 6.5의 지진에 의하여 커다란 손상을 당하였다. 다행히도 한국을 비롯한 세계 여러 나라의 도움으로 많이 복원되어 오늘에 이르고 있다.

4) 바간왕조 이후의 왕조

• 인와 왕조와 바고 왕조

강력했던 통일 바간왕조의 쇠퇴 후, 14세기 무렵 미얀마의 중북부 지역에는 샨족에 의한 인와 왕조가 설립되었으며, 남부지역에는 몬족에 의한 바고 왕조가 들어섰다. 이런 과정에서 약 40년간 두 왕조간의 전쟁을 치르게 되는 등 미얀마 전역이 혼란과 분열의 시기를 보내었다. 그 후 200여년간 샨의 인와왕국과 몬의 바고왕국은 미얀마를 양분하여 남북시대를 이끌어 가게 되었다.

두 왕조는 전쟁을 이어갔으나 나름 국경을 정하고 수로공사를 통하여 농업생산이 많아지고 왕권의 안정을 기하였다. 인와왕조에 비하여 바고왕조는 더 오래 지속되었고 강성하였다. 바고왕조의 신소보 여왕과 그의 후계자 담마제디 왕은 왕국의 풍요함과 평화로운 시기를 문화적으로 승화시켰다. 스리랑카와 불교사절단을 교환하였고 상좌부불교를 재건하여 종족간의 통합을 이루었으며 법전도 제정하였다. 16세기에 들어서면서 유럽 상인들이 동남아로 밀려들면서 바고왕국은 더욱 풍요로워졌다.

• 따웅우 왕조

인와왕조와 바고왕조가 서로 대립하면서 두 왕조가 약화된 시기, 바로 윗 쪽에 있던 따웅우 왕국이 군사력을 증강하고 주도권을 행사하기 시작하였다. 따웅우왕조는 작은 왕국이었으나 1531년 미얀마 전역을 통일한 후, 바간 왕조에 이은 두 번째의 통일왕조를 이루었다. 따웅우는 큰 강에 접하지 않았고 자원도 많지 않았으며 사방으로 열려 있어서 적의 침입으로 노출되어 있는 지역이었다. 바간왕국의 멸망이후 위축된 버마족들은 따웅우로 모여들기 시작함으로서 버마족이 재도약하는 왕국으로서 면모를 갖추게 되었다.

따웅우 왕국은 태국의 아유타야와 수코타이를 정벌하는 등 동남아의 새로운 강자로 등장하기도 했다. 그러나, 유럽 국가들이 식민지를 찾아 동남아에 본격적으로 진출하는 시기와 맞물려 수도를 항구도시 바고에서 외부와의 접촉이 적은 중부 내륙지역의 인와로 옮긴 후 100여년간 따웅우왕조는 점점 쇠퇴의 길로 접어들었다.

• **꼰바웅 왕조**

혼란과 분열의 시기인 18세기 중엽, 알라웅파야Alaungpaya에 의하여 미얀마 전국은 통일 되었다. 그는 따웅우왕조 말기의 혼란스러운 상황을 수습하고 영국과 프랑스 등 서구 제국주의 국가들과 연합하거나 공격을 하는 양면외교를 구사하여 또 한번의 통일왕국을 이루어 낸 사람이다. 중북부지역에 힘의 공백이 생긴 사이 버마족 출신 알라웅파야가 신임을 얻어 권력을 지니게 되었다. 새로운 왕조 '꼰바웅' 시기엔 한때 강력한 군사력으로 태국을 침략하고, 미얀마의 서부 산악지역인 라카인 왕국을 영토에 병합시키기도 하였다. 또한 남부 몬족의 도시들을 점령하고 몬왕국을 멸망시켰다. 이 때 몬족들은 국경을 넘어 타이족의 아유타야로 도주했다. 당시 통일에 가장 걸림돌이었던 몬족을 병합한 것이 주효하였다. 알라웅파야는 자신이 바로 뜨가웅, 버간, 잉와, 버고, 따웅우를 잇는 미얀마의 새로운 왕이라 선언했다. 왕국은 통일되고 영토는 바간시대에 버금갈 정도로 융성하였다.

18세기 중엽 신뷰쉰왕은 태국을 정벌하여 태국이 수도를 방콕으로 옮기게 하는 원인을 제공하였다. 1782년 보도페야왕은 라카인을 완전히 정벌하여 미얀마에 편입시켰다. 하지만 이를 피해 당시 영국령이었던 아삼(Assam)으로 불법 이주한 라카인인들의 문제는 영국과 미얀마 사이에 전쟁을 야기시키는 계기가 되었다.

1819년 왕위에 오른 바지도는 미얀마군대로 하여금 라카인 도망자들을 추격하도록 명령하였다. 그러자 1824년 영국은 미얀마군대가 자국령인 아삼지역을 침략한 것으로 간주해 즉각 대응했으며 2년간 치루어진 전투에

18세기 미얀마를 통일한 알라웅파야Alaungpaya (구글사진)

서 미얀마는 패하고 영국과 얀다보조약을 체결하는 굴욕을 당했다. 이 조약에 따라 영국에게 라카인과 떠닌다리를 할양하는 한편 영국군이 잉와에 주둔하는 것을 허용하였다.[40] 이러한 국경문제를 미얀마가 야기시킨 것은 사실이지만 영국은 미얀마를 접수하고 이미 영국의 영토인 싱가포르와 미얀마, 인도 사이의 벵갈만을 자기나라의 호수로 만들려고 하는 생각을 가지고 있었다. 영국은 자신들의 방식대로 제국주의 정책을 펴 나갔다. 식민국가들을 즉각 합병하기보다는 지역의 왕을 옹립하여 영국의 보호령으로 삼는 정책을 편 것이다. 미얀마에서도 남부에 몬족의 왕을 옹립하여 이를 중심으로 왕국을 만들려 하였다.

이런 과정 속에서도 1851년 양곤의 영주는 영국인에 대한 치안과 무질서, 밀수 성행과 항구세 및 관세의 미납에 대한 조치를 시행하였다. 이에 영국인들의 항의는 지속되었고 미얀마를 능멸하는 사건이 발생하여 2차 전쟁이 발발하였다. 전쟁은 영국의 승리로 끝이 났고 영국은 오히려 미얀마의 3개 항구를 포함하여 기름진 삼각주를 차지하게 되었다. 바다로 향한 모든 지역을 장악하였고 군량미를 충분히 조달 할 수 있는 농토도 얻게 되었다.

1872년 평화주의자 민돈 왕 당시에는 세계 제5차 불자대회[經典結集]를 개최하며 자주국가로서의 국난 극복을 위하여 노력하였지만, 서구 제국주의 패권국가 영국과 세 차례에 걸친 전쟁에서 모두 패한 후 잠차 국력이 쇠퇴하여 결국 꼰바웅 왕조는 1885년 무너지고 말았다. 왕의 가족은 우마차에 실려 인도 봄베이로 추방되었고 미얀마는 영국의 식민지가 되어 인도의 한 주(州)로 편입되는 운명을 맞았다.

5) 영국 식민시대와 해방 : 1885-1947

(1) 영국 식민시대

15세기 대항해시대[41] 이후 군사적으로 강성해진 유럽의 열강들은 인도나 동아시아의 영토에 관심이 많았다. 이전에는 중국의 원나라가 세계의 중심국가였으나 포르투칼이나 스페인, 영국이 인도양을 드나들었고 지배권을 확보하였다. 그들의 관심은 개발되지 않은 나라들의 영토와 물산에 대한 제국의 탐욕이다. 천진난만하지만 후진적인 나라들을 하나씩 수중

40 김성원, 미얀마의 이해, 부산외국어대학교 출판부, 2014, pp.110-111.

41 15세기가 열릴 무렵 세계 해양무역의 주도권은 중국과 이슬람 세계가 쥐고 있었다. 세계의 중심국가인 원나라의 뒤를 이은 명나라는 이슬람 출신 환관 정화를 앞세워 인도양을 드나들었고 중국의 문화를 앞세워 지배권을 확보했다. 그러나 15세기가 저물어 갈 무렵 세계의 바다를 누비는 주역은 유럽의 탐험가들이었다. 컬럼버스와 바스코 다가마는 유럽의 바다를 넘어 인도와 동양에까지 항해하여 그들의 활동범위를 넓혀 나갔다. 이처럼 바다의 주역이 교체된 것은 그대로 세계역사에 있어서 장차 누가 주인공인가를 생각하게 한다. 결국 유럽인들에 의한 동양의 침탈이 이루어지게 된 것이다.

전쟁을 치르는 미얀마군과 영국군

에 넣고 그들의 식량 공급지, 천연자원의 채굴지, 물산의 생산지이면서 재생산된 제품의 판매지로 삼았다. 오래된 왕조를 해체하고 군인을 주둔 시키며 국민을 능멸하였고 결국은 식민지로 만들었다. 그런 과정에서 아시아의 국가들이 겪는 피해는 형용할 수 없는 것이었다. 해가 지지 않은 나라가 된 대영제국 역시 마찬가지였고 오히려 더 앞서 침탈을 자행하였다.

1세대 미얀마 연구자인 스타인버그(Steinberg)교수는 3번에 걸친 영국과 미얀마의 전쟁 중 제1차 전쟁(1824-1826년)은 미얀마가 영국 통치지역인 동벵골과 마니뿌르 등 서부로 팽창하면서 발생했고, 2차 전쟁(1852년)은 버마 중부의 티크삼림을 비롯한 천연자원에 접근하고 상업분쟁을 일으킨 욕심이었다고 하였다. 또한 3차 전쟁(1885년)은 직접적으로 미얀마를 식민화하려고 하는 것이 아니었으면 프랑스와 중국을 견제하기 위함이었다고 분석하였다.[42]

1885년 콘바웅 왕조를 멸망시키고 미얀마를 식민지로 만든 영국은 미얀마를 영국령 인도의 한 주(州)로 편입시켜 버렸다. 영국 총독은 인도에 있었고, 미얀마에는 인도 총독부에서 파견된 영국인 최고 행정관이 다스리게 하였다. 영국에 병합된 4년간, 영국 식민통치에 반대하는 많은 국민봉기가 전국적으로 일어났으나, 그 때마다 정규군 병력으로 무자비하게 진압하였다.

42 Steinberg, 장준영 역, 버마/미얀마 : 모두가 알아야 할 사실들, 높이깊이, 2011, p.68

영국 지배 초기의 양곤 시내의 모습

그런 와중에도 1890년부터 1920년까지는 대체적으로 평온한 시기였다. 영국인들의 통치는 미얀마의 전통적인 사회를 서서히 서구화시켜 나갔다. 불교사원을 중심으로 하던 기존교육은 영국인이 설립한 학교로 대체되었다. 또한 왕족과 관료 등의 기존 지배층이 붕괴되면서 영국 행정부에 임명된 미얀마 관료들이 중산층을 형성하였다. 그들의 자녀들은 양곤이나 인도, 영국의 대학에 진학하면서 사회 지도층으로 진출하였다. 철도, 도로, 그리고 수로가 개설되면서 원유와 목재를 비롯한 각종 자원들이 채굴되어 교통망으로 운송, 수출되었다. 운영 선박의 수는 1,000여 척에 이르렀고 도로도 건설되었다. 루비 광산 채취를 비롯하여 1886년 버마석유회사 창설로 석유산업의 급속한 발전을 이루었다. 1890년 경 광산개발과 원목벌채는 또 다른 이익을 영국인들에게 주었다. 식민지 시대의 경제상황은 통계상으로야 급속히 발전하였으니 영국의 착취로 미얀마인들의 생활은 과거와 다를 바 없는 답보상태였다.

그러나 농촌의 경우, 1930년대에는 에야와디강 하류의 삼각주에 대규모의 농경지를 개간하여 한 때 미얀마는 세계 제1의 쌀 수출국이 되기도 하였으나, 농민들에게는 헐값에 싸서, 높은 가격으로 수출하여 이중 착취를 당하였으니 점차 도시에 비하여 상대적으로 빈곤이 심해졌고 불만은 팽배

영국식민시절에 건립된 대법원건물

하였다. 전국적으로 화폐 경제가 확산되고 유통업에 인도인들의 단합이 시작되면서 농촌 경제는 피폐하게 되었고 도시와의 격차는 더욱 더 벌어졌다. 식민지 사회체계가 고착화되어 정서적 박탈감은 더욱 커질 수밖에 없었다.

(2) 민족주의 운동의 대두

억압과 질곡의 식민지시대, 미얀마에서는 자연스럽게 1900년대 초부터 미얀마인들에 의한 민족주의 운동이 싹트기 시작하였고 점차 독립을 요구하는 국민운동이 전개되면서 차츰 군사적 행동으로 확산되어 갔다. 이는 식민지 국민들이 해방을 요구하는 세계적인 추세이기도 하였다. 1906년에는 미얀마에 불교청년회가 구성되어 민족주의운동의 싹이 트였고, 인도에서는 독립운동이 활발하게 전개되면서 이들을 미얀마로 추방하게 되자 인도 해방운동자들과 미얀마인들의 접촉으로 민족의식이 고취되는 계기가 되었다.

1919년에 이르러서야 영국은 마침내 인도에 제한적 범위 내에서 자치권을 주기로 결정하였다. 그럼에도 불구하고 당시 동남아의 맹주였던 미얀마가 인도의 한 주(州)로 전락하여 여전히 영국 총독의 통치하의 신민지로 남아 있었다. 그런 가운데 1920년경 미얀마의 민족대표자와 애국단체들은 조직을 만들어 자치권을 주장했지만 요구는 역시 관철되지 않았다.

이 무렵 영국인들의 불교사원 내 착화(着靴) 문제에 대한 불만도 컸었다. 미얀마인들은 사원 내에서 당연히 맨발로 다니는데 영국인들은 신발을 신은 채 들어가니 분개할 수밖에 없었다. 또한 자연스럽게 영국 상품을 불매하자는 운타르느(Wuntharnu) 운동도 일어났다. 이 운동의 여파는 컸고, 영국은 상업적으로 큰 손실을 보았다. 결국, 영국은 부분적으로나마 자치권을 이양하는 양두체제를 제시하게 된다. 이는 외교와 국방, 경제 등 주요한 사안은 총독부에서 관장하고 나머지 교육과 보건, 농업 등 국민의 생활에 관한 것은 미얀마인들에 의한 자치적 의회에서 운영하는 것이다.

운타르누 운동으로 결집된 민족주의적 운동은 양곤대학에까지 파급되었다. 인도 캘커타대학 부속 전문학부로 설립된 양곤 전문학부는 1920년 12월에 대학으로 개편되었는데, 공식적으로 문을 열자마자 학생들의 수업거부운동이 벌어졌다. 원인은 대학의 행정과 학사관리가 모두 영국인들에 의해서 식민지적 사고로 이루어졌기 때문이었다. 학생들의 수업거부는 미얀마인들의 호응을 얻었고, 결국 대학에서는 미얀마인들이 포함된 위원회를 발족하게 된다. 단순한 대학행정에 관한 운동이었지만 그 내부에는 운타르누 운동의 의미가 들어있는 것이다.

그럼에도 불구하고 1932년에 이르러서야 영국은 약속대로 양두정치를 실시했다. 외무, 국방, 내무, 상업, 재무 등은 영국총독부의 관할에 두고 교육, 보건, 농업 등은 선출된 미얀마 의회 정부하에 두었다. 의회도 소수민족 대표와 총독이 임명한 의원을 빼면 전체 의석 중 60% 가량이 된, 미얀마 인들이 직접 참여하는 정부의 시대가 열린 것이었다. 하지만 이 양두 정치는 여느 식민국가와 마찬가지로 미얀마의 국정운영 방향을 놓고 서로 이견이 충돌하여 민족주의 세력들을 사분오열로 나누는 결과를 가져오기도 하였다.

1937년 새로운 헌법이 발효되어 미얀마는 인도에서 분리하게 되었다. British India에서 분리되어 British Burma로 격상된 것이지만 아직도 영국 식민시대였다. 아무튼 민족주의자들의 의견은 갈라졌어도, 합법적인 틀 안에서 운영을 논의 할 수 있었고 책임내각도 구성하게 되었다.

양곤 시청사 건물 전경. 미얀마 도심에는 영국 식민지시대의 과거를 보여주는 서양식의 건축물들이 자리하고 있다.

(3) 일본의 침공과 민족지도자 아웅 산

1939년 독일의 폴란드 침공으로 시작된 제2차 세계대전이 발발하자, 영국의 미얀마 총독부에서는 사회불안을 야기할 수 있는 모든 정치 지도자들을 체포하게 되었다. 그 대표적인 인물이 보죠케 아웅 산(Bogyoke Aung San, 1915년 2월 13일- 1947년 7월 19일)이다. 보조케란 장군이라는 뜻이다.

버마 중부의 마그웨(Magwe)에서 태어난 아웅산은 1933년 랑군대학에서 공부했다. 대학시절 학생회장을 거쳐 1938년 버마 전국 대학생회(All-Burma Students Union)회장이 된다. 아웅 산은 랑군 대학교(현 양곤 대학교)에 재학하는 동안 1936년 2월 우누와 함께 동맹휴학을 이끌었다.

이후 학생운동을 넘어 정치인이 된 후 영국식민통치에 저항하는 과정에서 민족운동가로 1939년 버마 공산당(Communist Party of Burma) 창립을 주도하며 초대 사무총장을 지낸다. 이처럼 학생운동의 지도자로 이름을 알렸던 아웅 산은 나중에 미얀마 독립을 위하여 군인이 되었고 독립운동을 이끌어 나간 정치인으로 미얀마의 민족 지도자가 되었다.

1940년 영국의 식민지배가 심해지고 아웅 산에 대한 수배령이 내려지자

보조케 아웅산

아웅 산은 미얀마에서 탈출하여 독립운동을 보다 적극적으로 전개하기 위하여 중국에 있던 일본 정보부와 연결되어 도쿄로 가게 된다. 당시 아웅 산의 입장에서는 일본을 대안으로 생각하고 선택한 것이다. 즉, 2차대전 초기에 영국령 식민지를 공격해 오는 일본에 호감을 갖고 있었던 청년 지도자 아웅 산은 차제에 1941년 일본의 자금 지원을 약속 받고, 중국 하이난다오(海南島)에서 일본군의 교육을 받게 되었다. 1941년 일본은 그들을 일본군에 편입시켜 태국에서 '버마 독립의용군(Burmese Independence Army'을 창설하였는데, 이 군대는 본국으로 들어왔고 많은 지원병들로 인해 점점 커져나갔으며 미얀마 전선에 투입된다. 미얀마 전선이라 하면 영국과 일본의 싸움터이지만 결국 소수종족 중심의 영국편과 버마족 중심으로 아웅 산이 참여한 일본군의 싸움이었다. 한편 영국군은 싱가포르에서 패배 후 전선을 인도에 집중하였기 때문에 일본군은 남부 미얀마와 양곤, 그리고 1942년에는 만달레이마저 함락시켰다.

그럼에도 불구하고 일본은 미얀마를 독립시키려 하지 않았다. 그 후 일본 공군은 미얀마 곳곳에 무차별 폭격을 감행했으며, 미얀마를 완전히 장악하였다. 아웅 산은 일본에 배신감을 느꼈다. 그러자 그는 인도에 있던 영국총독부와 비밀접촉을 하게 되고, 자신을 따르는 군대 및 소수 종족들을 결집하였다.

일본의 군사통치 기간은 단지 3년이었지만, 미얀마 인들에겐 영국의 60년 통치보다도 더 괴로운 시기였다. 그들은 점령자로 행동했고, 미얀마 인들을 능멸하였다. 혐의자는 고문을 일삼았고 전쟁으로 도시들은 파괴 되었으며, 물자는 부족했고 경제는 마비되었다. 더욱이 일본이 제한 없이 발행한 군사 지폐는 생필품 가격을 100배가량 폭등시켜 국민의 생활을 어렵게 만들었다.

아웅 산은 그 무렵 친치(Khin Kyi)를 만나 결혼해 훗날 아웅산 수치 등 3명의 자녀를 두게 된다. 1943년 일본은 자신들이 점령한 버마의 독립을 선언하고 아웅 산은 국방장관의 자리에 올랐지만 일본의 약속에 회의적이었다. 그러자 1945년 육군 소장이었던 그는 자신을 따르는 세력을 규합해 전쟁에서 몰락 중인 일본군을 떠나 연합군 세력에 합류한다. 아웅 산은 영국보다 잔인한 방법으로 통치하는 일본에 대항하기 위해 30인의 동지와 함께 '반파시스트 인민자유동맹(AFPFL)'을 결성하여 일본에 저항운동을 시작했다. 1945년 3월, 영국 정부의 연락을 받은 아웅 산은 자신의 군대를 이끌고 일본에 대항했으며 시민들의 반란이 전국적으로 일어났다. 1945년 5월에는 랭군이 수복되었고 영국군이 해방군으로 돌아왔다. 즉 일본이 당초 약속한 미얀마의 독립을 불이행하자 아웅 산 장군 등은 영국의 힘을 빌려 일본에 대항하고, 2차대전 후 다시 영국군이 미얀마를 통치하게 되었다.

2. 영국으로부터 독립과 현대

1) 영국으로부터 독립

다시 돌아온 영국인들은 군사 행정부를 형성하고, 아웅 산과 그의 군대를 영국군에 흡수하는 등 순조로운 협조관계를 갖게 된다. 그러나 전쟁이 끝난 후, 영국 의회에선 다시 총독을 임명했고, 총독은 자신만의 내각을 구성했다. 그리고 일본 통치기에 군법회의 책임자로 있었던 아웅 산을 살인죄로 체포하려 하였다. 이에 국민들은 항의하였고, 무장 하기 시작했다. 사태의 심각성을 깨달은 영국 의회는 미안먀인들에게 우호적인 새 총독을 파견하였다.

아웅 산 장군

1946년 9월, 새 총독은 아웅 산과 '반파시스트 민중자유연맹(AFPFL)'을 주축으로 새 내각을 구성하고 미얀마의 미래에 대한 의견을 모았다. 1947

년 1월, 내각에서 마련한 독립 합의서가 런던에 전해졌고, 영국정부와 미얀마 대표단은 합의서에 서명을 했다. 이제 독립은 가시화 되었고, 국가의 헌법을 만들 제헌의회와 헌법 제정과 같은 독립을 진행하는 과정만이 남게 되었다. 제헌의원 선거에서는 아웅 산이 이끄는 반파시스트 민중자유연맹이 거의 모든 의석을 차지했다. 32세의 젊은 아웅 산은 국민적으로 광범위한 지지를 받았다. 제헌 의원들은 '버마 공화국'을 선택했고, 영국 연방에서는 빠지기로 결정했다.

그러나 안타깝게도 1947년 7월 19일, 내각 회의실에서 회의 중이던 아웅 산과 그의 전 관료들이 정적인 우소(U Saw)가 보낸 3명의 암살단에 의해 살해되는 사건이 발생한다. 총독은 정치적 동요를 막기 위해 즉시 제헌의회 의장으로 있던 우누(U Nu)를 새로운 내각 수반으로 추천하였고, 후에 우소는 체포되어 사형에 처하게 된다. 영국은 일본에 붙었던 이력 때문에 아웅 산을 싫어했고 엘리트 원로 독립투사들에게는 미움의 대상이었다. 아웅 산이 32세의 젊은 나이로 암살당하였을 때 그의 딸인 아웅 산 수지는 겨우 2살이었다. 아웅 산은 영국 식민지 미얀마의 독립에 결정적 공헌을 했으나, 그 자신은 독립 달성 6개월 전에 암살되었다. 수치는 영국인과 결혼한 주부였고 인도와 영국에서 오래 살았다. 그러나 그녀는 모친의 병간호를 위해 운명적으로 미얀마로 다시 돌아왔고 아버지 아웅 산의 후광으로 미얀마국민들의 정신적 지주가 되었다. 그후 오랜 세월동안 미얀마 군부독재의 억압에 항거하면서 국민을 이끌어 결국은 미얀마가 민주적 국가로 진입할 수 있는 촉진제 역할을 하였다.

2) 버마연방공화국과 우 누(U Nu)정권

미얀마는 62년간의 긴 영국 식민시대를 끝내고 1947년 자주적인 독립국가가 되었지만, 새로운 독립국가체제로의 출발은 순조롭지 않았고 커다란 정치적 혼란을 오래 겪게 되었다. 여느 신흥독립국가와 마찬가지로 독립을 전후한 때 정치적 견해 차이는 더 심화되었고, 집단 간의 충돌과 무력을 동원한 실력행사로 나타났다. 공산주의자들은 선동과 폭동을 일삼았으며, 자치권을 요구하는 소수종족들의 무장폭동과 시위가 잇달았다. 초

독립기념탑. 양곤

대 수상이던 우누는 공산주의자들을 회유하여 정치권으로 불러들이고, 소수 종족들에게도 자치권을 허용하겠다는 약속으로 국정을 안정시키려 하였지만 실패했다.

그런 이유로 독립을 이룬 후 얼마 되지 않은 와중에 내란이 발생하였다. 우선 미얀마족 중심의 새 공화국 정부에 소수민족이 반발하여 제각기 독립과 자결을 요구하였다. 또한 새로운 정권을 탄생시킨 미얀마족 출신의 독립운동가들 중에서 일정 부분을 차지하고 있는 공산주의자들이 신정권 주류파의 친서방적 노선을 반대하고 반발하면서 결국 내전을 야기시켰다. 그러나 미국과 영국의 도움으로 정상을 되찾았고, 이 때 우누정권은 나약함을 보인 반면 네윈 총사령관이 이끄는 미얀마 정부군은 점차 그 지배력을 확대해 갔다.

국가 분위기 쇄신과 발전을 도모하기 위하여 우누 정부는 국내정치적 안정을 배경으로 경제개발을 이루려고 노력하였다. 그러나 게릴라전은 계속되고, 국가 주도형 경제개발은 잘 진전되지 않았으며, 농촌에서의 토지개혁도 제대로 진전되지 않았다. 특히 우누정권의 불교식 사회주의에 바탕을 둔 경제정책의 실패와 국정운영은 국민들의 불신을 받았으며, 여당은 나누어졌다. 우누는 사태를 수습하지 못하고 당시 군사령관인 네윈(NeWin)에게 내각을 맡기고 물러났다. 네윈은 일본군이 미얀마에 진격하자 귀국해 미얀마 독립군 장교로 영국군과 싸웠으며, 후에는 아웅 산과 함께 일본군에 항전했다. 28세 때인 1941년 아웅 산이 이끄는 무장단체 「30명 동지그룹」에 합류했으며 1947년 아웅 산이 암살되자 스스로를 『아웅 산의 계승자』로 불렀다.

2년간 위기관리 내각을 맡았던 네윈 군사령관은 폭동을 진압하고 국정을 안정시켰다. 그리고 선거를 치르고 재집권한 우누에게 정권을 이양한 후 다시 군대로 복귀했다. 이럴 경우 대부분의 나라에서는 군사정권이 들어서고 독제적 장기집권으로 나아가는 모습인데 좀 이례적인 예이다.

다시 집권한 우누는 불교를 통해 국민을 하나로 묶기 위해 불교를 국교로 하려는 정책을 입안하였다. 그러나 이는 불교를 믿지 않은 소규모 종족들과 믿는 종족간의 불화를 키웠으며, 무장 봉기로까지 번져나갔다. 종교적 갈등은 여타의 분쟁보다 더 심한 것이었다. 거기에 소수 종족들의 자치권을 허용하는 법안을 준비하자 연방분열 및 국토분열의 불가를 주장하는 군부들의 반발을 사게 되었고, 이런 이유로 결국 1962년 3월 총사령관 네윈장군이 주도한 군부 쿠테타를 일으켜 군정 독재에 들어갔다. 無血(무혈) 쿠데타를 성공시킨 네윈은 미얀마 군부 내에서는 전설적 존재다. 군부 내에서 그는 네윈 장군이라 하기 보다는 「No.1」으로 통한다. 네윈의 군정은 1당 독재체제를 구축하여 장기집권을 하였다. 네윈은 수지여사가 이끈 민주화에 의해 1988년 실각한 후에도 군부에서 막강한 영향력을 행사하며 실세로 군림해 왔다. 그러나 미얀마에서 민주화의 바람이 불자 그 중심에 섰던 수지여사와는 당연히 원수와 같은 사이였다.

■ 네윈

3) 네윈(NeWin)의 버마식 사회주의 : 1962년 - 1988년

1962년 쿠테타로 정권을 잡은 네윈은 이전의 헌법을 그대로 둔 채 군사혁명위원회를 중심으로 국가를 독재적 방식으로 통치해갔다. 혁명위원회의 의장인 네윈이 대통령과 수상을 겸임했고, 위원들은 내각의 각료가 되어 행정을 장악했다. 또한 그는 '버마식 사회주의'를 내세워 대외적으로는 외국의 간섭을 벗어나려는 폐쇄 정책을, 대내적으로는 대부분의 사업을 국유화하여 정부주도형 경제정책을 폈다. 이런 정책들은 독재체제를 구축하는 데는 성공했지만, 국제사회의 외면과 미얀마 경제 및 국민생활의 피폐를 가져왔다. 결국 경제난에 대한 국민의 항의와 민주화 시위가 발생했고, 시위는 결국 군사정부의 무력 대응으로 제압되었다.

억누르기만 한 불만 폭발의 기폭제는 양곤의 작은 찻집에서 비롯되었다. 1988년 3월, 음악 신청문제로 찻집 주인과 시비를 벌이던 양곤 대학생이 경찰에 구타당하면서 학생들의 항의시위가 이어졌고, 이 시위를 진압하며 사상자가 발생하자 시위는 확산되었다. 수많은 희생자가 발생했고, 시위는 군부독재타도로 바뀌었다. 네윈은 당 의장직에서 사임하였으며 다당제 도입과 총선을 약속했지만 국민들은 즉각적인 총선을 요구하며 1988년 8월 8일 대규모 시위를 전개했다. 진압군의 무차별 발포로 수 천 명의 사상자가 나왔다. 여론에 밀린 정부는 결국 계엄령을 해제하였고, 즉각적인 총선을 약속하게 된다. 이를 흔히 8888 항쟁이라고 한다. 그러나 아쉽게도 1988년 민중항쟁은 네윈의 독재체제를 붕괴시키고 다당제 총선까지 치루게 하였지만 민주주의 상징인 민선정부의 구성에는 실패하였다. 민주화항쟁의 실질적 지도자는 수치여사였다. 이 무렵 우리나라에서도 10월 항쟁이 일어나고 직선제가 도입되어 대통령선거를 치른 후 올림픽이 열렸던 때이다.

4) 독재와 변화모색 : 1988년 - 2011년

총선을 앞두고, 다시 군부의 구테타로 '국가법질서회복위원회SLORC'가 정권을 담당하게 된다. 군사령관 쇼 마웅(Saw Maung)을 위원장으로 한 이 위원회는 가까운 시기에 다당제를 실시하겠다고 천명하였다. 또한 국명을 '미얀마 연방'으로 바꾸고, 식민지 시대에 영국인들에 의해 붙여진 지명들은 미얀마식으로 개명하면서 위원회의 의지를 보여주었다.

1990년 제헌의원을 선출하는 총선이 있었다. 총선은 군부와 구여권을 중심으로 한 민족연합당(NUP)과 아웅 산 수지를 중심으로 한 반체제 단체들이 결성한 야당 '민주국민연합(NLD)'의 대결이었다. 1990년 5월, 총선은 실시되었고 민주국민연합이 과반 이상의 표를 차지하고 제헌의석의 총 485석 중 392석을 차지하는 압승을 거두었다. 그러나 무력으로 정권을 잡고 있던 국가법질서회복 평위원회는 민주국민연합의 의원들을 국가내란죄라는 명목으로 구속하고 헌법을 제정할 국회의 활동도 제한하였다.

1991년 5월 '국가법질서회복 평위원회'는 헌법이 제정될 때까지 위원회가 정권을 유지한다고 발표하였다. 1992년에는 딴 쉐(Than Shwe)가 권력을 승계하였고 기존의 사회주의 노선을 버리고 자본주의 경제체제로 전환했으며, 국제사회와의 교류의 폭도 넓혀나갔다. 1997년에는 ASEAN에도 가입했으며, 외국인의 관광유치도 적극적으로 나서기 시작했다. 위원회의 명칭도 '국가평화발전위원회'로 바꾸어 개혁의 의지를 표명하였다. 특히 2005년, 분위기 쇄신을 위해 미얀마정부는 막대한 경비가 소요되는 수도 이전을 강행한다. 중부지방에 위치한 신수도는 네피도(Nay Pyi Taw), 왕의 도시라는 이름이 붙게 된다. 군사정권의 천도는 왕정시대의 향수를 느끼게 하는 도시이다.

그 후 2007년에는 급격한 유류 값 인상에 항의하는 시위가 발생했다. 이 시위는 승려를 포함한 15만 명이 참가하는 민주화운동으로 이어졌고, 군부의 강경 대응으로 많은 희생자와 구속자가 발생하였다. 이듬해인 2008년에는 유래 없던 태풍 나르기스가 미얀마 남부를 휩쓸어 13만 명 이상의 사상자와 엄청난 재산피해를 입혔다. 민주화의 좌절과 태풍의 피해로 국민의 희망과 삶이 끝없이 추락해 가던 그 해, 군사정부는 그 동안 미루어 왔던 신헌법을 제정했고, 2010년 11월에 신헌법에 따라 선거가 이루어졌다. 일반 대중과 야당인사들의 정치활동이 막혀 있던 이 선거에서 군부에서 만든 '통합 단결발전당(USDP)'이 80% 이상의 의석을 확보하여 승리 했다. 미얀마 민주화의 상징인 수치 여사는 선거 일주일 후에야 가택 연금이 해제되었다.

2011년에는 '통합 단결발전당(USDP)'의 선거승리로 군부정권은 퇴진하고 또 군사령관 출신의 테인세인이 의회에서 대통령으로 선출되었다. 진보적이고 합리주의자였던 테인세인은 아웅산 수지를 비롯하여 정치범을 포함한 수천 명의 수감자를 석방하였다. 드디어 새로운 시대로의 시작은 그해 12월에 있었다. 미국 클린턴 국무장관이 미얀마의 경제 제제를 푸는 조건으로 미얀마의 민주화를 요구하였고, 테인세인은 이에 동의하면서 본격적인 개방의 물결이 일기 시작했다. 이제 개방된 미얀마는 마지막 남은 동양의 블루 오션으로 간주되어 수많은 외국의 투자자들이 쇄도했고, 많은 국가들이 정부 간 교류를 위해 미얀마의 수도인 네피도로 밀려들었다.

그리고 오랜 독재정권의 압제와 민주화의 열망 속에서 드디어 2015년 11월 아웅산 수치가 이끄는 민주주의 민족동맹(NLD)이 선거에서 압도적인 승리를 거두면서, 진정한 민간 정부가 출범하게 되었다.

5) 아웅 산 수지와 수많은 과제

미얀마가 영국과 일본으로부터 독립을 얻고 다시 민주화를 이룬 것은 아웅 산이라는 민족지도자와 그의 딸 아웅 산 수지 때문이라 해도 과언이 아니다. 최근의 몇 차례 선거에서 민주진영이 승리한 것은 민주주의를 열망하는 아웅 산이라는 신화에 기인한 것이다. 보죠케 아웅 산(Bogyoke Aung San, 1915년 2월 13일- 1947년 7월 19일)은 미얀마의 독립운동 혁명가이고 정치인이며, 군인이다. 미얀마의 독립에 결정적 공헌을 했으나, 독립 달성 6개월 전에 암살되었다. 그는 현재까지도 미얀마 국민들로부터 변함없이 "민족의 영웅"으로 추앙받고 있다.

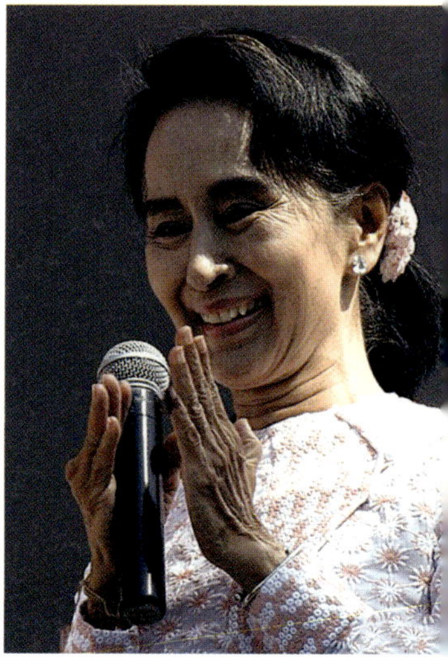

미얀마 야당 지도자인 아웅산 수지 여사가 총선 다음날인 양곤의 야당 당사에서 연설중 지지자들에게 감사를 나타내고 있다. (2015년 11월 뉴시스사진)

아웅 산 수지(Aung San Suu Kyi)는 1945년 6월 19일 버마의 국부인 아웅 산 장군과 어머니 킨 지 여사, 즉 전 인도 대사의 고명딸로 태어나 15세 때인 1960년에 영국으로 유학했다. 수지의 아버지인 아웅 산 장군은 영국 식민지였던 버마를 독립시키는데 큰 역할을 해 국민적 영웅으로 추앙을 받았다. 그러나 1948년 미얀마 독립 2년 만에 정적 우소(U Saw)에 의해 암살당했고, 수지는 어머니를 따라 인도에서 살다가 영국으로 건너가 1964년 옥스퍼드 대학에 진학하여 철학과 정치학, 그리고 경제학을 공부했다. 그녀는 대학에서 영국인 마이클 에어리스 교수와 결혼해 평범하고 모범적인 전업주부로 생활했다. 남편은 티벳 불교의 권위자로 이른 나이에 교수로 발탁되었고 달라이라마도 알고 지내는 티벳 불교의 권위자였다. 그들 사이에는 두 아들이 있다.

아웅 산 수지에게 있어서 1988년은 운명의 해였다. 15살 때부터 시작하여 30여 년에 이르는 외국 생활 동안 그녀는 학자로서, 또한 평범한 주부로서의 삶을 살아왔었다. 그러나 운명의 1988년, 어머니가 뇌졸중으로 쓰러졌고 영국에 머물던 수지는 어머니의 병간호를 위해 미얀마로 돌아왔다. 군부는 돌아온 아웅산 수치가 국민 영웅인 아웅산 장군처럼 민족의 영웅이 될까 두려워 가택에 연금 하였다. 2010년 가택 연금에서 완전히 해제되기까지 20년 동안 무려 15년을 집에 갇혀 지낸 아웅 산 수치는 외로운 투쟁 속에서 세계인들에게는 간디의 뒤를 잇는 비폭력 저항의 상징이 었다.

당시 버마는 오래 동안 계속된 군부독재와 이에 따른 경제파탄과 인권유린으로 신음하고 있었다. 당시 권자에는 아웅 산과 함께 독립 운동을 했고 독립 후 군부의 수뇌가 된 '네윈'이 자리하고 있었다. '네윈'은 1962년 군사쿠데타를 일으켜 정권을 장악했다. 네윈과 권력자들은 1960년대 대외적으로 쇄국정책을 폈다. 동양적 가치관과 불교가 습합된 버마식 사회주의 경제체제를 표방하였으며, 서방사회를 적대시하며 중립외교정책을 표방하였다. 시기적절하지 않은 정책들과 독재권력의 부정부패는 경제파탄을 가져왔다.

특히 1988년 8월 8일 수도 양곤의 대학생들을 중심으로 하여 불교 승려와 시민들이 대거 참여한 8888항쟁이 일어났고 이 항쟁이 기폭제가 되어 더욱 확산되었다. 그러나 아쉽게도 1988년 민중항쟁은 네윈의 독재체제를 붕괴시키고 다당제 총선까지 치루게 하였지만 민주주의 상징인 민선정부의 구성에는 실패하였다.

버마의 국민들은 건국의 아버지 아웅 산의 딸 수지가 자신들을 위해 행동해주기를 소망했다. 그저 '평범한 여자'의 인생을 살고 있었던 40대 중반의 수치는 안온했던 삶을 뒤로 한 채 가시밭길 같은 운명을 받아들일 수밖에 없었다. 군부는 쿠데타라는 정당하지 않은 방법으로 정권을 잡았기 때문에 국민적으로 강한 지지를 얻고 있는 수지의 존재는 위협적이었다. 그러기에 자유롭게 둘 수도 없고 그렇다고 제거할 수도 없는 존재인 수지는 그렇게 버마 군사정권에 의해 정치활동 기간의 2/3를 감금당한 채 보내야 했다. 감금은 그녀의 정치 인생의 끝이 아니었다. 오히려 그 기간이 길어지면 길어질수록 버마 국민들의 더 강한 지지와 세계적인 명성을 이끌어 내었다.

그러자 군부도 국민들의 민주화 의지에 어느 정도 양보를 하는 모습을 보였다. 일당 독재를 폐지하고 다당제 정치와 선거를 약속했다. 수지는 군부정권에 맞서 민주지사들과 함께 '민주민족동맹(NLD)'를 창설하고 사무

총장직을 맡았다. 그녀는 전국을 돌며 새로운 미얀마에 대한 희망을 연설하고 군부 독재의 종식을 촉구하였다.

그런 가운데 노벨상 위원회는 1991년에 아웅산 수지의 미얀마 민주화 운동에 대한 공로를 인정하여 노벨 평화상 수상자로 결정하였다. 그러나 미얀마 군사 정부가 출국을 허용하지 않는 바람에 영국에 있던 남편과 아들이 대신 상을 받았다. 1999년에는 남편 아리스가 전립선암 말기 선고를 받고, 마지막으로 아내를 만나보겠다며 미얀마 입국 비자를 신청했으나 미얀마 정부가 이를 거부하였다. 군사 정부는 대신 수지에게 미얀마를 떠나 남편을 만나라고 압력을 넣었다. 수지는 조국을 떠났다가는 다시는 돌아오지 못한다는 사실을 알고 남편이 위독해도 출국하지 않았다. 1999년 남편 아리스는 아내가 임종을 하지 못한 채 끝내 쓸쓸하게 숨졌다.[43]

그후 수지는 2012년 4월 1일에 치러진 미얀마 국회의원 보궐선거에 출마하여 85%라는 압도적 득표율로 하원의원이 되었다. 또한 그녀가 이끄는 NLD은 45개 선거구 중 43곳에서 승리하였다. 그러나 아직까지도 친군부계열의 '통합단결발전당(USDP)'이나 정부군이 다수의석을 차지하고 있었다. 수지는 2012년에야 처음으로 해외 순방에 나선다. 노르웨이를 방문하여 노벨평화상 수상 21년 만에 감격의 수상 연설을 했다. 오바마 대통령 등을 만나며 세계적으로 미얀마의 민주화 지지를 얻어 나갔다. 2013년 1월 수지는 대한민국을 방문했다. 한국은 그녀와 같이 군부독재의 쓰라림을 겪었던 나라여서 어느 나라보다 친근감을 가졌다. '광주인권상'을 받고 518묘지에 참배해 외국인으로서는 처음으로 추념식수도 했다.

드디어 미얀마에 민주화의 봄이 왔다. 지난 2015년 11월 미얀마에서 총선이 실시됐다. 그 결과 수지가 이끄는 미얀마 민주주의 민족동맹이 상하원 전체의석의 절반 329석을 훨씬 넘어 348석을 차지해 단독집권이 가능해졌다. 더불어 외신들은 군부도 총선 패배를 인정하여 지난 1962년 이후 53년 간 이어져온 미얀마 군부의 '독재가 종식될 가능성'이 보인다고 전했다. 가능성이라고 함은 지난 1990년 총선 때처럼 군부가 또 불복을 선언할 수도 있다는 것이다.

43 [Daum백과] 아웅산 수 지 - ENJOY 미얀마, 류영수, 넥서스

미얀마는 헌법상 외국인 배우자, 자녀를 둔 자는 대통령 출마를 금지하고 있다. 그래서 그녀는 사실상 미얀마를 수렴청정 하고 있는 최고의 권력자이고 대통령 위에 존재하는 지도자이다. 공식적인 아웅산 수지의 직함은 미얀마 국가고문 겸 외교부장관이다. 국민적 지도자인 그녀가 통치를 하고 있지만 아직까지도 수많은 문제와 갈등 속에서 고민하고 있음이 나타나 보인다. 세계 최저의 국민소득, 종족간의 갈등, 군부와의 내부적 암투는 지속되고 있다. 무엇보다 현재까지도 많은 권력을 쥐고 있는 군부와 관계를 잘 유지하여 민주화를 완성해야 한다는 과제를 안고 있다. 국민들이 성급한 개혁을 요구하여 소란이 야기될 경우 자칫 역풍을 맞을 가능성도 있는 것이 현실이다. 일부 국민들은 수지가 과연 정치와 경제 재건에도 능력을 보일 수 있겠는가를 의심하는 눈초리도 있다. 그런 이유인지 몰라도 2015년의 선거 압승에 비하여 2019년 조그만 보궐선거에서는 반의 승리를 할 정도로 소극적 지지를 하고 있다. 미얀마에 봄바람은 불고 있는데 산적한 짐을 진 수지의 어깨가 무거운 것 같다.

특히 최근 유럽에선 미얀마의 지도자로서 노벨평화상을 수상한 그녀의 상을 박탈하자는 주장이 나오고 있다. 지난 11일 네덜란드 헤이그의 국제사법재판소(ICJ) 법정에 선 수지의 표정은 단호했다. 국제사회가 '인종청소'로 규탄하고 있는 미얀마 군의 로힝야족에 대한 탄압이 사실과 다르다는 주장을 단호하게 하였다. 이 장면은 국제사회에선 '아웅 산 수지의 변절'의 상징처럼 됐다. 심지어 뉴욕타임스는 "인권과 민주주의의 상징에서 야만성의 변호인이 됐다"라고 하였다. 로힝야족 문제는 그녀에겐 아킬레스건이 되고 있다.[44] 특히 광주에서도 그녀에게 수여했던 '광주인권상'을 이미 취소했고, 명예시민증도 취소해야 한다는 주장이 있다. 90퍼센트 이상의 국민이 불교를 믿고 있는 불교국가 미얀마에서 이슬람교도인 '로힝야족'에 대해 인권을 무시하고 냉엄한 행동을 취하고 있기 때문이다. 미얀마 국민이고 이슬람교도인 로힝야족이 삶터에서 내몰리고 인종청소라는 말까지 듣고 있다. 수지가 이렇게 변한 이유는 무얼까? 일단 그가 내년, 2020년의 선거를 의식했다는 해석이 있다. 그녀의 행동이 국제사회에선 비난을 받고 있지만 국내에선 국가의 참된 지도자의 책임 있는 모습이라고 환영을

44 전수진, 아웅산 수지의 두 얼굴, 중앙일보, 2019년 12월 18일자

■ 무슬림 로힝야족에게 시민권 부여를 권고하는 유엔에 항의하는 미얀마 승려들의 시위. 연합뉴스 사진

받고 있다. 이처럼 그녀가 국민의 대부분인 버마족 불교도와 다수 군부의 눈치를 보고 이들을 아우르며 국가를 보다 민주화되고 부강한 나라로 만들어 나가야 하는 길이 결코 쉽고 순탄하지 않다는 면을 보여주고 있다. 성급한 변혁이 혼란을 야기시키면 군부에게 빌미를 줄 수 있다. 또한 진정한 민주화를 이루기 위해서 산업화가 더욱 필요하다 하니 참으로 어려운 과제이다. 미얀마의 미래를 위해 그녀의 진정한 리더십이 필요한 때이다.

■ 제3장

미얀마의 종교

1. 토속신앙 정령(낫Nat)신앙
2. 상좌부 불교
3. 이슬람교
4. 천주교와 기독교
5. 힌두교

■ 제3장

미얀마의 종교

미얀마인들은 상좌부 불교 신앙을 바탕으로 일부는 토속신앙인 정령(精靈)을 믿고 의지하며 숭배하고, 유교적 생활양식과 전통을 중시한다. 즉 정령신앙과 상좌부불교, 이슬람교, 천주교, 기독교, 대승불교, 힌두교 등의 다양한 종교를 믿는다. 종교별 분포는 불교가 89.5%로 압도적으로 많고, 기독교 5%, 이슬람교 4%, 힌두교 0.05%, 정령 숭배 1.5% 등으로 나타난다. 그러나 토속신앙으로서 정령을 믿고 의지하는 것을 신앙이라고 까지 말할 수는 없지만 불교를 믿는 대중들의 마음속에 아주 다양하고 훨씬 넓게 자리하고 있어 국민 대부분이 정령을 믿는다 함이 더 옳은 표현이다.

1. 토속신앙 정령(낫Nat)신앙

인류학자들은 사람들의 자연에 대한 경외심과 무지로 인해 현상의 배후에 있다고 믿는 정령이 신으로 경배되었다고 한다. 요즘처럼 과학이 발달한 상태에서는 이러한 신을 믿는 무속 내지 민속신앙은 한낱 미신에 불과하다고 치부하지만 사실 사람들의 마음속에 차지하고 있는 믿음은 오히려 신앙에 가깝다.[45] 정령 신앙은 모든 사물에 영혼이 들어있다고 하는 믿음에서 출발한다. 특히 억울하게 한이 맺혀 죽은 사람은 귀신으로 남아 특별한 능력을 발휘한다고 생각하기 때문에 오히려 그들에게 기원하는 것이다. 뽀빠산(Popa Mountain)은 미얀마의 성산으로 불리며 정령신앙인 낫신앙의 본산으로 유명하다.

45 김성원, 미얀마의 종교와 사회, 부산외국어대학 출판부, 2005, p.5

쉐지곤 사원의 낫Nat

세계 많은 나라가 정령신앙의 흔적이 남아있지만, 미얀마에서는 절대적이다. 자연물에도 사람과 같이 감정과 생각, 영혼이 있어 자연물을 지배한다고 믿고 있다. 미얀마에서는 이 정령들을 '낫Nat' 이라고 하는데. 낫들을 위한 축제가 있을 정도로 일반적이다.[46] 산스크리트어 'Natha(수호자)에서 유래한 낫은 미얀마에 불교가 들어오기 전 있었던 애니미즘 정령신앙이다. 집안의 가장은 에인우낫, 쌀은 낫즈바 낫, 심지어 추수를 관장하는 낫을 비롯하여 바람의 낫, 비의 낫도 있어서 자연현상도 낫들의 의지와 일치되어 나타나는 것으로 믿고 있다.[47] 미얀마의 종교는 외형적으로는 불교가 지배적이지만 일상에서는 쉽게 토속신앙인 낫을 의지하며 살아간다. 미얀마인들은 길흉화복을 포함한 인간의 행위가 인간 스스로 주체적인 의지에 의한 것이 아니라 정령인 낫이 결정한다고 믿는다. 낫은 탁월한 힘과 광채를 지닌 일종의 생명체로 정령을 비롯하여 음지 귀신을 통칭하지만 때로는 신령과 같이 양지의 명신(明神)을 포함하기도 한다.

첫 번째 통일 왕조인 바간왕조를 이룩한 아노라타 왕은 당시 만연한 정령신앙으로는 국민 통합을 이룰 수 없음을 알고, 상좌부 불교를 국교화 하

46 서성호, 골든 미얀마, 두르가, 2017, p.37

47 김성원, 위의 책, p.17

Kyauk Taw Gyi Pagoda의 낫 신상

고 수많은 낫의 수를 37개체로 줄인 후 사원의 한 쪽에 모아 놓았다. 그러나 기존의 낫에 미련이 남아 있던 일부 백성들은 낫에 기원하려면 사원에 가야했고, 사원의 중앙에 위치한 붓다의 유물이 모셔진 탑에 예불을 드리게 되었다.

특히 미얀마인들은 부처와 낫이 가까운 사이라고 생각한다.[48] 「부처가 되기 전 사카국의 왕자 고타마 싯타르타가 구도의 길을 떠날 때부터 득도하기 까지 낫은 그의 주위를 맴돌고 있었다. 즉 고타마가 한 밤중 아무도 모르게 궁 밖으로 빠져 나올 수 있었던 것도 낫이 도시의 주민 모두를 깊은 잠에 빠뜨렸기 때문이다. 그리고 고타마가 득도하여 첫 설법을 할 때 수많은 낫들이 모여들어 그의 설교에 귀 기울였다 한다. 이쯤 되면 미얀마의 불교유적, 사원, 파고다를 방문하는 사람이면 누구나 그곳에서 낫의 형상들을 발견하게 되는 것은 당연하게 여길 것이다.」

그래서 낫도 윤회를 하며 윤회의 굴레를 벗어나기 위해서 노력해야 한다. 낫이 해탈하기 위해서는 인간으로 다시 환생해야 하며 인간의 상태에서 수양과 공덕을 쌓아야 해탈할 수 있다. 즉 인간만이 할 수 있다.

상좌부 불교국가인 미얀마에는 보살의 개념이 없다. 석가모니에게 경배를 드리는 것은 깨달은 성인에게 존경을 표함과 동시에 더 좋은 삶을 기원하는 의식이다. 내세도 의미가 있지만 현세도 중요한 것이다. 현세적으로 부귀, 건강, 장수 등을 바라는 기원은 석가모니불이 아니라 관음, 문수, 보현, 지장과 같은 보살에게 해야 하는데, 미얀마에는 그런 개념이 없다. 그렇다 보니 보살의 역할을 대체하여 특별한 능력이 있다고 믿어지는 낫이 현세적 구복의 대상이 되었다. 이 낫들의 왕인 드자민(힌두신 Indra[49], 불교의

48 김성원, 위의 책, p.18

49 신들의 왕(King of Deva)으로 군림하지만 나중엔 그 중요함이 낮아진다.

50 힌두교의 창조의 신이며 학문과 예술을 관장하고 체계적이며 질서를 창출한다. 비슈누의 배꼽에서 탄생되었다. 연꽃을 상징한다.

51 서성호, 앞의 책, p.38

제석천)은 붓다를 보좌하고, 하늘에서 인간 세계의 중요한 행사에 관여한다. 인도 신화에서 유입된 보보지(힌두신 Brahma[50], 불교의 범천)는 모든 낫의 할아버지 격이고, 투야타띠(힌두신 Brahma의 부인으로 사라스와티)는 교육 및 예술을 관장하는 낫으로 존숭된다. 불교에서는 이들 범천이나 제석천과 같은 힌두의 신들을 보호신으로 수용하였는데, 미얀마에서는 힌두교 관련 신들이 대부분 낫으로 수용되고 변하였다. 낫을 모셔놓은 곳은 한국의 서낭당과 유사하고 정령들을 위로하는 낫 축제에선 한국의 무당굿을 연상케 하는 춤을 볼 수 있다. 낫들을 모셔 놓은 곳은 많은 사람들이 모여 있는데 한국의 서낭당과 유사하고, 정령들을 위로하는 낫 축제에선 한국의 무당굿을 연상케 하는 춤을 볼 수 있다.[51]

정부 발표 상으로는 정령 신앙의 신자가 1% 정도라고 하지만, 이는 불교를 배제한 순수한 정령 신앙자의 숫자이고, 실제로는 미얀마 불교 신자들이 거의 정령을 부처와 함께 믿고 있어 불교도 수와 같은 비중으로 보아야 할 것이다.

2. 상좌부 불교

불교를 제외하고 미얀마를 이야기 할 수 없다. 인구의 90%가량이 불교, 엄밀히 말하면 상좌부불교를 믿는다. 부처님이 열반하고 나서 100여년이 지나 불교승단에서는 믿는 방식에 대한 차이로 분열이 생겼다. 엄격하고 계율적인 보수 승단(장로교단)에 반하는 현실적 수정주의자들이 나타난 것이다. 보수적인 승단은 당연히 원리적인 자세로 자기수행을 철저히 지키는 반면 진취적인 승단은 진보적으로 대중적 현실에 적합한 계율의 수정을 요구하여 대항하였다. 이러한 일을 계기로 인도 바이살리에서 제2차 결집이 이루어졌고 보수적인 상좌부와 진보적인 대중부로 갈라지게 된 것이다. 그 후에 다시 상좌부는 10여개의 분파로 나누어지고 대중부는 대승불교로 발전하게 되었다.

상좌부불교는 남방불교 또는 근본불교, 소승불교라고 한다. 전파한 지역으로 구분하면 남방불교와 북방불교라고 하는데 남방불교 국가는 스리랑카, 미얀마, 태국, 라오스 등 동남아시아국가의 나라들이다. 한편 북방불교는 중국, 한국, 일본 등 동북아시아 나라들이다. 상좌부불교는 자기수행을 통해 깨달음에 이른 성인 즉 아라한이 되는 것이다. 그래서 개인적인 수행과 현실과 동떨어져 있는 추상적인 논쟁으로 재가신자들로부터 멀어지고 비판도 받는다. 개인적인 수행에 몰두해 있으므로 출가자와 재가자가 명확히 구분되고 있다. 재가생활을 통하여 깨달음을 얻을 수 없으므로 승려와 사원에 제공하는 물질적인 보시에 따라 보다 나은 업보를 받을 수 있다고 것이다.[52]

52 차장섭, 앞의 책, p.70

미얀마의 사회와 문화 전반에 큰 영향을 미치고 있는 것이 불교다. 국민들에게 삶의 가치와 방향을 제시해주고 국민 모두가 같은 믿음을 갖고 있다는 강한 공동체 의식을 심어준다. 미얀마 남자들이라면 일생에 한 번쯤 머리를 깎고 승려 생활을 한다. 10세 전후에 치루는 불교 출가의식인 신퓨(Shin Pyu) 의식을 거쳐야 한 인간으로서 대접을 받는다. 불교관련 장소에 들어갈 때는 누구나 반드시 맨발이어야 할 정도로 종교건축물을 숭배한다. 모든 가정에 불상을 보시고 헌화하고 경배한다. 세계 최빈국이지만 다이아몬드와 루비 등 값비싼 보석들이 불탑의 첨탑에 수없이 안치되고 거대한 불상을 금으로 도금하며 보시하는 돈이 불전함에 가득하다. 이러한 모습을 보면 미얀마는 불교를 국교로 정하고 있지는 않지만 불교가 미얀마의 종교라고 해도 무방하다.

기도하는 미얀마 여인

불교가 곧 미얀마인들의 삶이기 때문에 역대 통치자들은 국민통합과 민족의 정체성 유지를 위하여 불교를 적극적으로 지원 장려하였다. 이러한 과정에서 원주민들이 깊게 믿고 있는 낫 신앙과 불교와 유사한 힌두교 등을 불교가 포용함으로써 다양한 종족간의 통합과 종교간의 마찰을 줄일 수 있었다.

비록 설화적인 내용이지만 미얀마 불교 전래에 대하여 다양한 이야기가 있다. 즉 미얀마 최초의 왕조라 할 수 있는 따가웅(Tagaung) 왕국은 부처님과 같은 인도의 샤카족이 남하하여 세웠다는 설화가 있다. 또한 부처

■ 미얀마의 최고불탑 쉐다곤

생존시에 미얀마 터예킷터야를 다녀갔다는 전설도 있으며, 미얀마 최고의 불탑인 쉐다곤탑에 부처님의 머리카락을 봉안했다고[53] 하며, 인도 아쇼카왕이 불교를 미얀마에 전파시켰다고 하는 등 미얀마는 인도 그리고 불교와의 관계를 근본적으로 맺고 있다.

미얀마는 대표적인 상좌부불교국가이다. 흔히 소승불교라고도 하는 상좌부불교는 원리적인 종파로 대승불교와 대비된다. 기원전 2세기 이후, 초기 왕국들인 라카인, 쀼, 그리고 몬 왕국에서 상좌부 불교의 흔적이 유물로 남아있다고 하는데[54] 인도의 아소카왕에 의하여 육로를 통해 인도에서 미얀마 북부로 전파되던 초기 미얀마 불교는 그 번영함을 입증할 수 있는 자료가 별로 없다. 그 후 403년 인도 승려 부다고사(Buddhaghosa)가 하부 미얀마의 따톤에 빨리어경전을 들여오면서 상좌부불교가 도입되었다.[55] 또한 7세기경에는 해로를 통해 상좌부불교가 발전한 스리랑카에서 미얀마 남부로 유입되었다. 그러나 미얀마가 본격적인 불교 국가로 자리 잡게 되는 것은 12세기 아노라타 왕이 바간왕조를 통일하고 나서 승려 신 아라한의 도움으로 상좌부 불교를 국교로 선포하면서 부터이다. 이후, 미얀마의 왕들은 왕조가 바뀌어도 불교를 국가 이념의 중심으로 삼았다. 역대의 왕들은 불교

53 미얀마의 두 상인 타푸사와 발리카 형제가 성불한 직후 부처님을 만나 귀의하였다. 그리고 곡물가루와 꿀을 바쳤다. 부처는 보답으로 자신의 머리카락 여덟 가닥을 뽑아 주었다. 두 상인들이 미얀마로 돌아와 이를 모신 곳이 바로 미얀마 최고의 불탑인 쉐다곤이다.

54 서성호, 앞의 책, p.36

55 김성원, 미얀마의 이해, 부산외국어대학교 출판부, 2014, p.165

■ 승려와 여인의 일상

를 적극 후원했고, 많은 수도원과 탑을 건설하여 불교왕국이 건설되는 기틀을 마련했다.

상좌부불교란 석가모니의 말씀에 따라 승려들이 그의 가르침과 법, 그리고 깨달음을 온전히 추구하는 불교의 일파이다. 정신적인 자유가 최고조에 이르는 열반을 목표로 하고 있다. 따라서 승려들은 세속적인 일을 멀리하고 수도원에서 부처의 가르침을 암기하고, 참선을 통하여 수행에 전념한다. 일반 신도들은 승려들이 수행에 전념할 수 있게 보시를 행하고, 부처의 유물이 들어있는 탑에 예불을 드리는 것으로 공덕을 쌓는다. 즉 승려는 수도원에서 수행하고, 일반 신도는 사원에 모셔진 불상이나 탑에 예불을 드리는 것으로 서로 분리되어있지만, 신도는 보시를 통해서, 승려는 축원을 통해서 서로 이어진다. 미얀마의 상좌부는 규율의 강도에 따라 3개의 종파로 나누어진다. 2012년 정부자료에 미얀마인의 88%가 상좌부 불교 신자로 되어있다. 미얀마 인에게 상좌부 불교는 신앙을 넘어 생활문화의 전반에 기조를 이루어 불법Dharma은 생활 규범이 되었고, 미얀마 인들의 가치관을 형성하고 있다.[56]

이처럼 상좌부 불교의 전통이 강한 미얀마에서 대승불교는 찾아보기 힘들다. 그러나 대승불교의 미얀마 유입은 영국 식민지 시대에 있었다. 당시 중국 화교 상인들을 중심으로 한 불교신자들이 몰라마인(Mawlamyine)에, 그리고 후에 양곤으로 자연스럽게 유입되었다. 그리고 그들이 거주하는 주위에 관음보살을 모시는 사원을 건설하였고 이런 흔적들이 대승불교의 모습이 되고 있다.

56 서성호, 앞의 책, p.37

기도하는 가족

미얀마 승려의 하루는 탁발로 시작된다. 그래서 이른 아침 동이 트기 전에 거리로 나가면 흔히 탁발을 하는 승려들을 쉽게 볼 수 있다. 많은 신도들이나 관광객들이 보시를 통하여 신앙적인 구원을 얻으려 한다. 그러나 같은 때에 여자 스님인 비구니의 모습은 볼 수 없다. 상좌부 불교에서 비구니의 존재는 공식적으로 인정하지 않는다. 상좌부 불교의 계율이 엄격하고 다소 비현실적인 탓에 비구니의 맥을 상실해 버렸기 때문이다. 이는 남자스님인 비구의 계율은 227계인 반면, 비구니는 311계인 데다가 남녀계율이 불평등해서 지켜지기가 아주 어려운 것이 그 이유이다. 따라서 상좌부 불교국가에서 비구니는 존재하지만, 승려가 아닌 수도자로서만 여긴다. 미얀마에서 비구는 '폰지pongyi'라고 하는데 덕을 갖춘 자라는 뜻이다. 비구니는 수도자라는 뜻의 '딸라신'이라고 부른다. 가사 역시 다르다. 비구가 적색인 반면 딸라신은 분홍색이다. 미얀마의 딸라신들도 삭발을 하고 분홍색 가사를 입고 있지만 승단의 일원으로 인정받지 못하기 때문에 폰지와는 같은 시간에 탁발을 나갈 수 없다. 그래서 딸라신은 이른 아침을 제외하고 한낮이나 오후에 조금씩 탁발을 해서 생활하거나 사찰에서 수행하며 사원의 잡일을 맡아서 하기도 한다.

3. 이슬람교

불교국가인 미얀마에서 이슬람교를 믿는 무슬림들은 참으로 힘든 삶을 살고 있다. 90%에 가까운 불교도 사이에 4%정도로 소수이지만 미얀마에서 살고 있는 미얀마국민이다.

아직 이슬람의 지배력이 크지 않았던 시기인 16세기 미얀마 북서부에 있던 라카인 왕국에선 몇 명의 왕이 술탄이라는 칭호를 썼다. 불교적 전통이 강했던 라카인 왕국에서 의외이긴 하지만 이들 왕들의 업적을 감안하면, 이런 칭호는 당시 이슬람 왕국이었던 벵골지역을 지배하기 위해서였다고 간주된다. 이슬람왕국이었던 인도 무굴제국(16-19세기)의 세력권 안에 들어가 지배자들이 무슬림화되었던 것이다. 당시 라카인왕국에 부분적으로 이슬람 문양이 나타나 약간 남아있지만, 이슬람 사원 유적은 없다.

이슬람교가 미얀마에 실제적으로 유입된 것은 19세기 인도인에 의해서이다. 미얀마 왕국과의 두 번에 걸친 전쟁에서 승리한 영국은 자신들의 점령지 건설을 위해 인도인 기술자들을 데려왔다. 무슬림이었던 인도인 기술자들은 신앙생활을 위한 모스크를 미얀마에 건설했고, 이슬람교는 그 모스크를 중심으로 제한적으로 늘어갔다. 미얀마 내 영국의 첫 번째 수도인 몰라마인에, 그리고 버마 왕국을 무너뜨리고 난 후에는 양곤에 인도계 이슬람교도들이 유입되었으나 전체 인구의 약 4% 내외이다.

오늘날 국제사회에 인권문제가 되고 있는 로힝아족들은 영국 식민지가 시작되고 나서 벵골지역에서 이주해 온 종족으로 미얀마 정부에서는 그들을 국민으로 인정하지 않는다. 대부분 불교를 믿고 살고 있는 버마족 사이에서 그들은 아주 소수로서 무슬림이며 북서부 라카인주에 모여살고 있다.

4. 천주교와 기독교[57]

57 서성호, 앞의 책, pp.38-39에서 주로 참고하여 다시 씀.

16세기, 유럽인들의 대항해 시대가 시작되며 일치감치 동양에 진출했던 포르투갈 선교사와 상인, 그리고 선원들을 통해 미얀마에 천주교가 소개되었다. 중국의 해상 패권이 줄어들고 시간이 흘러 포르투칼, 스페인, 네덜란드와 영국의 무역선이 동남아 해상에서 우위를 점하게 되었다. 포르투갈 선원들은 처음엔 해적으로, 후에는 동남아 왕국들에 머물며 용병으로 고용되었다. 그들은 현지인과 가정을 꾸몄고, 그들을 중심으로 천주교가 유입되고 유지되었다. 본격적인 천주교의 시작은 1829년에 영국령 몰라마인에 성 패트릭(St Patric) 성당이 세워지면서부터이다. 후에 몰라마인에 수녀원과 선교학교들이 세워졌고, 양곤이 수도가 되면서 부터는 양곤을 중심으로 천주교가 보급되었다. 최근에는 미얀마에 천주교가 들어온 해를 1510년으로 간주하고 500주년 행사를 가졌으며 바티간에서는 대주교를 미

양곤의 성 마리성당

얀마 대사로 파견하였다. 또한 로힝야족 인종청소 문제가 국제사회에 제기되고 있는 2017년 11월에는 프란치스코 교황이 미얀마를 방문하였다. 현재 인구의 약 1%정도가 천주교도이다.

미얀마의 기독교는 어떤가? 기독교는 영국 지배기인 1827년에 미국인 침례교 선교사인 Adoniram Judson 박사가 영국령이 된 몰라마인에 제일 침례교회 'First Baptist Church'를 세우면서 시작되었다. 기독교는 사실 영국의 식민지가 되면서부터는 사회 전반에 변화를 가져오는 역할을 하게 되었다. 전국의 주요 도시에는 문명의 개화라는 명분하에 신학교와 함께 교회가 세워졌고, 수업에는 기독교 신앙을 전하는 채플 과목이 포함되었다. 또한 영국 총독부가 통제하기 쉬운 미얀마를 만들기 위해 미얀마 족과 소수 종족들 사이의 분리 정책을 추진하였다. 역사적으로 중앙의 통제에서 멀었던 북부 산악지역의 까친족과 동남부 산악지역의 꺼인족들에게 기독교 선교를 강화시켜 분리정책을 추진하였다. 그런 이유로 이 지역엔 기독교인들이 많다. 하지만 오랜 불교적인 전통의 벽에 부딪혀 기독교의 확산은 제한적이다. 현재 천주교와 기독교 교인의 수는 약 6% 정도에 머물고 있는 실정이다.

5. 힌두교[58]

불교국가 미얀마에 힌두교의 유입은 기원전 2세기부터 기원후 7세기 사이 초기 왕국인 중부 지방의 쀼 왕국와 남부 지방의 몬 왕국, 그리고 서북부 지방의 라카인 왕국에서 나타난다. 인도로부터 북쪽으로 이주해 온 귀족층과 상업 활동을 위해 남쪽으로 유입된 상인층을 통해 힌두교는 미얀마에 소개되었다. 도시의 지명, 유물, 왕의 칭호, 중국인들의 기록 등에서 그 흔적을 볼 수 있다. 그러나 힌두교는 일반인에게 까지 확산되지 않았고, 오히려 같은 시기에 유입된 불교가 더 일반적이었고 널리 확대되었다.

그후 1885년, 영국이 미얀마를 점령하고, 새로운 수도로 양곤을 건설하면서 노동인력이 필요하게 되었고 이에 많은 인도인들이 자연스럽게 유입

58 서성호, 앞의 책, p.40 에서 주로 참고하여 다시 씀.

버강지역의 힌두교 사원 '낫라웅 짜웅'

되었다. 영국은 당시 버마를 인도의 한 주(州)로 편입시켰기 때문에, 남 인도인들은 일자리를 찾아 양곤으로 밀려 들어왔다. 이 시기에 남부 인도인들과 함께 힌두교가 다시 들어왔으나 오랜 세월 동안 불교도로서 살았던 미얀마 인들에게는 큰 영향을 끼치지 못하고, 힌두교는 이주해온 일부 인도인만의 종교로 남았다. 신자는 약 1% 내외이고 그들을 위한 미얀마형식의 벽돌조 힌두교 사원이 아주 드물게 건립되어 있다. 최근 로힝야족들이 미얀마 불교도들에게 수난을 받고 있는데 오히려 로힝야 무슬림들이 미얀마 힌두교도들을 사살했다는 주장이 미얀마 경찰들에게 제기되고 있어 종교적 분쟁이 양 종교인들 사이에서 나타나고 있다.

제4장

미얀마의 삶과 문화

1. 불교가 삶인 미얀마
   1) 마음 챙김, 위빠사나 명상
   2) 탁발과 보시
   3) 단기 출가의식 신쀼(Shin Pyu)
   4) 한없는 불탑숭배
2. 이국적 풍모, 미얀마의 습속
   1) 치마바지론지(lounji)와 上衣 인지, 모자 가웅바웅(gaungbaung)
   2) 타나카(thanakha)와 세발제 뜨요, 낀붕
   3) 씹는 담배 꽁야(Kun Ya)
   4) 루비와 비취
   5) 긴 목의 카얀족 여인
   6) 킨족의 문신; 친추 마을의 풍습
   7) 미얀마의 심장 인레호수

■ 제4장

미얀마인의 삶과 문화

그간 세계인들에게 미얀마라는 나라는 잘 알려지지 않은 은둔의 나라였다. 미얀마는 그리스처럼 찬란한 서양 고대문화의 발생지도 아니고 호주처럼 깨끗한 자연을 갖은 나라도 아니다. 또한 뉴욕이나 파리처럼 문화와 예술의 중심 도시도 아니다. 그런 이유로 여행지로 미얀마를 택하는 사람은 많지 않았다. 더욱이 정치적으로 닫혀 있고 경제적으로는 후진적이기 때문이다.

그러나 근자에는 세계 각국인들의 관심이 증대되어 상황이 많이 변한 것은 사실이다. 정치적이고 경제적인 관심과 더불어 숨겨진 관광지로 각광을 받고 있다. 아직은 좀 낯설지만 신비로움과 다양한 호기심으로 가까이 할 가치가 충분히 있는 나라다. 진화를 멈추고 있는, 그러나 그 안에는 신비로운 풍경이 가득한 나라다. 시야에 열린 대평원, 거대한 호수, 크기로 압도하는 황금색 불탑, 웃음을 잃지 않고 있는 사람들 일일이 열거하기 힘들 정도로 많다. 여행시설이 부족하여 동남아의 다른 나라 보다 경비가 좀 비싸고 비자를 받아야 하는 불편함도 있지만 이제는 직항기도 있고 볼거리가 풍부한 곳이기에 충분히 권할 만하다. 유럽처럼 세련되거나 청정함은 없지만 이게 사람 사는 모습이고 독특한 곳이라 생각하면 오히려 매력이기 때문이다. 실제로 언론매체에 미얀마의 불안한 정치 상황, 경제적 어려움에 관한 기사가 자주 나오지만 사실 생각하는 것보다 훨씬 안전하고, 평화롭고, 아름다운 자연과 풍부한 문화유산을 가진 동남아 최고의 여행지다.

여성구도자 딸라신의 탁발 (좌)
미얀마인들의 일상, 시장터 (우)

한 때는 태국 땅의 전역을 지배하고 인도와 대적할 정도로 강력한 힘을 가졌던 오랜 역사를 지닌 나라이다. 또한 '황금 불탑의 나라' '아시아의 마지막 남은 요새'라고 불리던 곳이지만 군사독재정권의 정치적 봉쇄로 40여년간 외부의 발길이 끊겼던 미지의 세계였다. 그런 미얀마가 근자에 열리면서 닫힌 땅, 불교의 신비를 찾아오는 여행자들의 새로운 명소로 떠오르고 있다. 뿐만 아니라 엄청난 천연자원을 가진 미개발지이기 때문에 선진국들이 눈을 돌리고 있는 대상이기도 하다. 그러나 최근에는 전 세계의 관심이 모아지면서 각종 투자와 원조, 관광이 마구 늘어나 오히려 좀 혼란스러운 나라가 되어 가고 있는 모습도 보인다. 과거 미얀마에는 이메일이나 휴대전화도 어려웠고, 공항에만 머물러 있어도 다 쓰고 가기 어려운 200달러의 돈을 억지로 환전시키는 제도까지 있었던 점을 생각하면 지금은 대단한 변화가 일어난 것이다.

이처럼 미지의 세계이면서 다양한 문화를 포괄하고 있는 미얀마를 자세히 알려면 미얀마를 상징하는 것들에 대한 이해가 좀 더 필요하다. 황금의 나라, 태양의 후손, 치마바지 론지, 슬리퍼, 모자 가웅바웅, 얼굴에 바르는 따나카와 세발제 뜨야, 씹는 담배 꽁야, 쉐다공 파고다, 루비와 비취, 석유, 문신 등이 미얀마문화를 상징하는 대표적인 상징어이다.[59] 망또를 입고 돌려 대충 묶어 놓은 것 같은 전통의상 론지(lounji)를 입고, 향수와 미

59 김성원, 앞의 책, pp.21-34

금박을 가득히 입힌 만달레이의 마하무니불상

용을 위해 타나카 나무를 갈아 만든 노란색 가루를 바른 여성들의 얼굴은 어색하지만 그들만의 고유한 문화이다. 거리에 여럿이 모여앉아 담배처럼 중독성이 강한 빨간색 꿍야(kun ya)를 씹거나, 꼬치구이에 미얀마 산 맥주를 차게 마시며 더위를 이겨나간다.

이들 이외에도 상좌부불교국가라는 것은 가장 기본적 인식이고 남자라면 누구나 거쳐야 할 신쀼의식, 비파사나수행법, 탁발수행 등이 불교국가 미얀마를 특징하고 있다. 정치적으로는 오랜 영국 식민지, 독립영웅 아웅 산 장군, 오랜 군사독재, 저개발국가, 아웅 산 수지 등을 기억하게 한다.

현재 미얀마는 수지여사가 이끌어 가고 있는 나라이다. 이제야 겨우 오랜 군부독재에서 벗어나긴 했으나 아직도 군부와 동반해야 하는 현실적인 한계가 있다. 그녀의 아킬레스 건이 되고 있는 무슬림 로힝야 족과의 종교문제 해결과 더불어 낙후된 경제를 발전시켜야 하는 일은 더욱 어려운 일이다. 아직도 미얀마의 거리를 지나가는 자동차 중에 새로운 것은 거의 없고 대부분 한국이나 일본에서 중고차를 수입한 것이다. 이러한 모든 탈 것에는 상상을 초월할 만큼 많은 사람들이 몸을 싣고 있어서 숨이 막히지만 그들은 오히려 웃음을 잃지 않고 여유를 보인다. 어찌 보면 미얀

승가대학의 탁발의식

마는 많은 것이 부족하지만 미얀마인들에겐 웃음과 행복함이 부족하지는 않은 것처럼 보인다.

1. 불교가 삶인 미얀마

미얀마의 국교는 엄연히 불교다. 국민의 90% 정도가 불교를 믿는다. 불교는 네팔(지금의 인도)에서 시작되어, 스리랑카와 미얀마에서 꽃을 피웠다. 네팔과 인도가 부처님 탄생지인 룸비니와 성불지인 보드가야, 설법지인 사르나트와 열반지인 쿠쉬나가르 등이 있어 불교 최고의 지위를 갖는다면 미얀마는 불교가 거대한 공동체인 국가를 어떻게 일체화하며 일상의 삶을 불교로 자리매김하는지 확인할 수 있다. 미얀마에서 불교는 종교라기보다는 생활의 일부다. 불교신자임에 대하여 대단한 자긍을 느끼기도 하다. 미얀마의 불교와 우리의 불교는 사뭇 다르다. 종교적 절대자로서 부처님을 모시는 것은 같지만 경전의 해석이 다르고 불교의식이 다르고 사찰의 형태가 판이하고 승복이 다르다. 특히 믿음의 열성이 차이가 많이 난다. 자신은 가난해서 못 먹고 못 입어도 사원을 꾸미고 가꾸는 데는 결코 인색

불상을 관욕하는 미얀마 어린이. 미얀마에서 불교는 국민들에게 삶의 가치와 강한 공동체의식을 심어준다.

함을 보이지 않는다. 수많은 파고다의 금빛 장엄은 미얀마 사람들의 불심이 모여 만들어낸 찬란한 유산이다.

미얀마에는 다른 나라에 비하여 수많은 승려들이 있지만 승려가 되는 길이 참 어렵다. 20세 이하의 승려를 초보자라는 의미를 지닌 코인Koyin, 영어로 Novice라고 한다. 나이가 차면 일정시험을 치루어 통과하면 오데인Ordain이라고 하는 신임성직자가 된다. 원로스님이나 주지스님을 높여 부르는 퐁퐁Phone Phone이나 반데Bande라고도 한다. 그들은 자기수도를 통한 수행으로 깨달음을 얻어야 한다. 수행이 힘들지만 어린나이에 출가하는 자가 많은 것이 미얀마불교의 층을 더욱 두껍게 하는 요인이 되기도 한다. 특히 남자라면 누구나 한번은 단기출가를 하여야 남자의 체신이 서는 것이 분위기이다.

태국, 스리랑카, 라오스 등의 동남아 국가와 마찬가지로 미얀마의 불교는 상좌부 불교다. 우리는 이 상좌부불교를 '소승불교', '근본불교', '초기불교', '남방불교', '남전불교'라고도 한다. 그 상대적인 의미에 한국, 중국, 일본 등 동북아 국가가 믿는 '대승불교'가 있다. 동남아국가에서 유일하게 베트남

탁발하는 딸라신. 미얀마에는 비구니가 없고 딸라신이라는 여성구도자가 있을 뿐이다.

도 대승불교를 믿는다. 부처만 깨달은 부처이고 나머지는 깨달음을 얻기 위해 부단히 수행하는 것이다. 소승과 대승이라는 용어는 가치의 면에서 다소 편향적이다. 소승은 뭔가 좁고 협소하고 개인적인 느낌이 든다. 그러나 소승불교는 부처의 계율을 원칙대로 고수하며 개인의 열반을 최고의 이상으로 하는 반면 대승불교는 많은 사람들의 구제를 목적으로 모두 함께 정토를 만드는 것을 꿈꾼다.

상좌부 불교는 초기불교 혹은 테라바다Therabada라고 해서 부처님의 말씀 그대로, 즉 경전에 충실하며 계율을 중시한다. 부처님이 이렇게 말씀하셨다, 그러니 우리는 그 말씀을 진리로 받아들여야 한다는 것이 초기 불교의 핵심이다. 세상의 고통은 집착에 있으니 그 고통을 없앨려면 도를 지키는 것이다. 바른 생각과 바른 견해 등 여덟 가지의 지침인 道를 지키며 고통을 없애는 것이 부처님이 설한 진리, 法 Darma라는 것이다.

상좌부불교란 붓다의 가르침과 법, 그리고 깨달음을 따라서 추구한다. 정신적으로 자유롭고 최고조에 이르는 열반을 목표로 한다. 따라서 승려들은 세속을 멀리하고 수도원에 머물면서 참선을 통하여 수행에 전념한다. 일반 신도들은 승려들이 수행에 전념할 수 있게 보시를 행하거나 탑에 예불을 드리는 것으로 공덕을 쌓는다. 즉 승려는 수도원에서 수행하고, 일반 신도는 사원에 모셔진 불상이나 탑에 예불을 드리는 것으로 서로 분리되어있지만, 신도는 보시를 통해서, 승려는 축원을 통해서 서로 이어지니 공동체가 된다.

위빠사나 명상법을 소개한 책자

1) 마음챙김, 위빠사나 명상

위빠사나(위파사나, Vipassanā, वपिश्यना, 觀, Vipaśyanā) 또는 관(觀)은 불교의 명상법이다. 선정수행으로 명상은 해탈의 수단이다. 자아에 대한 집착을 버리고 무상과 무아를 알아 깨달음을 얻을 수 있게 된다는 점에서 지혜를 닦는 수행이기도 하다. 지(止)는 생각을 그치고 마음의 동요를 진정시키며 본원적인 진리에 머무르는 것을 의미하며, 관(觀)은 움직이지 않는 마음이 지혜의 작용이 되어 사물을 진리에 합치시키며 올바르게 관찰하는 것을 의미한다. 붓다가 깨달음을 얻은 오래된 명상법이자 전 세계적 명상으로 자리 잡은 위빠사나 명상의 본산이 바로 미얀마다. 호흡을 대상으로 하는 수행은 다양한 수행전통에 존재한다. 하지만 부처님은 선정력만으로는 깨달음에 이를 수 없다고 판단, 세상의 진리를 있는 그대로 보는 위빠사나를 최초로 시도하셨다.[60]

현대인들의 일상에서 쉬지 않고 움직여야만 하는 뇌에 수면과 같은 휴식을 주는 시간이 바로 명상이다. 우리에게 명상은 도인 또는 불자들이나 하는 종교적인 것으로 한정하나 미국의 중심부 뉴욕에서도 명상센터는 많이 생기고 있으며 맨해튼의 직장인들은 점심 식사를 빠르게 하고 센터에서 명상을 하는 것이 유행이라고 한다. 우리에게 너무나 유명한 마이클 조단, 스티브 잡스 등도 이 명상의 전도사이며, 매사추세츠 의과대학 교수로 의학에 마음챙김 명상을 도입한 존 카밧진은 이 명상을 토대로 MBSR(Mindfullness Based Stress Reduction)이라는 스트레스 완화 프로그램을 개발했고 이것은 오늘날 서구 심리치료 현장과 구글 등 세계적 기업에서 치유 모듈로 적극 활용되고 있다.[61] 일본 위파사나 명상의 일인자인 지하시 히데오(地敎秀雄), 우리나라의 삼성전자와 LG에서도 유사한 명상을 주제로 한 힐링센터 프로그램을 운영 중이라고 한다.

60 위키백과 '위파사나' 항 참조

61 미얀마를 이해하기 위한 조그만 어휘집, 에디터 트래비 글 윤용인 사진 트래비CB, 여행신문, 2015,1,27

불탑을 향하여 기도하는 미얀마 여인

위빠사나 마음챙김 명상은 빨리어 '사띠 sati', 즉 몸을 움직일 때 신체적 감각을 알아차림을 예민하게 해서 지금 현재 내 몸, 마음, 감각 등의 변화에 특별한 주의집중을 하는 것이다. 즉 현재의 순간을 알아차리는 마음인데 내 호흡에 내 주의를 세밀하게 머물거나, 내 마음의 음직임을 객관적으로 바라보면서 번뇌를 끊어 버리는 것이다. 몸의 호흡과 마음의 명상이 주된 방법이다. 이런 마음챙김 명상수행을 전문적으로 가르치고 체험하는 국제적인 명상센터가 미얀마에 있다. 쉐우민 센터(선원)와 마하시 센터 등이 그곳이다. 미얀마를 단지 불교성지순례의 장소로만 인식하는 것은 적절치 않다. 오히려 현대사회를 살아가는 지혜와 마음의 평화를 얻을 수 있는 치유의 공간으로 미얀마는 더 큰 매력을 가지고 있는 곳이다.

2) 탁발과 보시

길 옆에 있는 물 보시 항아리

미얀마의 사원구성은 대승불교의 사원인 우리나라의 사찰과 사뭇 다르다. 미얀마에서 승려들은 사원에 있지 않고 짜웅 kyaung이라고 불리는 수도원에 따로 거주하고 매일 아침 거리로 나가 탁발을 해야 한다. 석가모니가 열반에 들었을 때 제자들에게 '끊임없이 깨달음을 얻기 위해 노력하라'고 하신 말씀대로 그들은 각고의 노력으로 수행에 전념한다. 이처럼 자신의 깨달음도 중요하지만 번뇌에 시달리는 대중에게 말씀을 전하여 깨닫게 하는 것을 중시하는 대승불교와는 미얀마의 상좌부불교는 근본이 다르다.

이른 아침 승려들의 탁발 행렬

미얀마에서 길 옆을 보면 물 항아리가 놓여 있는 것이나 탁발하는 스님을 쉽게 볼 수 있다. 그 항아리는 마르기 전에 누군가가 계속 물을 채워 놓은데 목마른 사람을 위한 배려이자 나눔의 전통이다. 자비의 항아리를 '예오'라 부른다. 예는 물이고 오는 항아리라는 뜻이다. 그들은 생일, 결혼기념일, 명절 등 대부분의 기념일마다 병원과 양로원, 보육원을 돌며 보시하고 새벽마다 탁발하는 스님에게 공양을 한다. 그들에게 이러한 보시는 종교적 계율에서 비롯되었을 것이나 몸에 배어 생활이 되었다.

스님들은 새벽에 맨발로 거리에 나와 집과 상점을 다니며 탁발을 한다. 맨발로 새벽 공양에 나서 음식을 얻어먹는 탁발은 불심이 지극한 그들에게 당연히 거쳐야 할 영예로운 고행이다. 하루 두 끼의 공양을 하는데 아침에는 모잉가 국수를 먹고 정오 이후에는 씹는 행위를 하지 않는다 한다. 그런데 요즘 비구들은 바리에 쌀밥을 주로 받는데 여성 수행자인 딸라신은 밥이 아닌 쌀을 받는 경우가 많다. 여성 수행자들은 남성 시주자들을 바라보지도 않는다. 이른 아침에 어디서나 탁발을 하는 승려들을 볼 수 있는데 비구니(딸라신)의 모습은 볼 수 없다. 상좌부 불교에서 비구니의 존재는 공식적으로 인정하지 않는다. 이는 상좌부 불교의 계율이 엄격하고 비현실적인 탓에 그 맥을 상실해 버렸기 때문이다. 그래서 딸라신은 이른 아침을 제외하고 한낮이나 오후에 탁발을 해서 생활한다.

불교의 탁발은 구걸이 아니다. 탁발은 수행과 기도에만 전념해야 하는 스님들로 하여금 먹고자 하는 탐심을 억제할 수 있게 하고 먹을 것을 위해 시간을 낭비하지 않게 한다. 탁발은 말 그대로 주는 대로 먹는 것이니 고기를 주면 고기를 먹고 채소를 주면 채소를 먹는다. 주는 대로 받으므로 쌀, 반찬, 고기뿐만 아니라 돈도 받는다. 스님들은 공양을 받는 대신 시주자들에게 자애의 기도를 해주고, 시주자는 음식을 시주하면서 전생의 업을 소멸시키고 현생의 덕을 쌓는다.

보시(dana, 布施)는 내가 가진 것을 이웃과 나누는 자비심으로 숭고한 인간 정신의 구현이다. 중생구제를 목표로 하는 이타정신이다. 불교에서 말하는 윤회적 생애에서 인간이 자기 존엄성을 나타내는 아름다운 모습이다. 보시를 행할 때는 베푸는 것 모두가 본질적으로 공한 것이므로 이에 집착하는 마음이 없어야 한다. 미얀마인들의 불심은 화려한 사원과 거대한 불탑으로 나타나는 것이 아니라 보시를 일상으로 하는 보살심에서 발원하는 것이다.

3) 단기 출가의식 신쀼(Shin Pyu)

호화로운 신쀼 의식(미디어인천신문 최애영사진)

우리나라에서는 군대 가봐야 진짜 남자이고 미얀마에서는 승려가 되어봐야 진짜 남자다. 한국의 남자라면 어느 정도 이해가 되는 말이다. 한국의 남자들이 만나면 가장 많이 하는 말이 누구나 반드시 가야하는 힘든 군대생활 이야기이다. 미얀마 남자들이라면 당연히 누구나 승려생활을 경험하는 신쀼의식을 당당히 자랑스럽게 늘어놓는다.

미얀마 남자들은 일생에 한 번쯤 머리를 깎고 단기승려 생활을 하는데 불교의 출가의식인 신퓨(Shin Pyu)이다. 한국의 남자라면 반드시 군대를 가야하는 것처럼 의무는 아니지만, 국민 90%가 불교도인 미얀마에서 남자들은 대부분 10대 시절 한 번씩 단기간의 출가를 하여 힘든 승려 생활을 거친다. 보통 1개월에서 6개월 또는 1년 정도 사원에서 승려 생활을 하는 것이다. 신쀼를 해야 사회적으로 인정을 받는다.

신쀼는 '승려가 된다'라는 뜻이다. 성인식이기도 하는 신쀼의식은 부처님이 왕위를 버리고 불가에 출가하는 모습을 재현하는 과정이다. 그래서 미얀마인들은 이 출가의식을 거쳐야 비로소 성인이 된다고 생각한다. 음력 6월 보름에 시작하는 신쀼의식은 일종의 마을 축제로 날짜를 정해서 공동으로 의식을 치르게 된다. 그날에는 악단과 놀이패가 먼저 가면서 흥을 돋우고 그 뒤로 아이들이 꽃을 들고 가고 왕이나 왕비처럼 화려하게 차려 입은 사람들이 따라가면서 축하한다. 행렬의 마지막으로는 멋지게 장식한 불상과 10살 무렵에 출가하는 성인식의 주인공이 비단옷을 입고 등장하게 된다. 이 때 입은 비단옷은 굉장히 화려해서 다른 성인식에 비해 미얀마 성인식이 화려하다고 불리는데 이는 부처가 왕자의 신분으로 출가하는 것을 본 뜬 것이다.

부유층은 이 때 아이들을 자가용에 태우지만 가난한 부모들은 소나 말에 태우고 어려운 집안에서는 부모가 목마를 태운다. 성인식을 치르는 아이는 동네 한 바퀴를 돌고 난 다음 아이가 승려 체험을 하는 곳에 가서 공양물을 바치는데 아침 승려들의 탁발이 끝나면 아이의 머리를 깎고 머리카락을 흰 보자기에 싸서 인근에 있는 불탑 아래에 묻는다. 그후 고승은 아이에게 둥근 밥그릇인 발우를 건네고 수련승으로서 지켜야 하는 10가지 서약을 하는 것으로 의식이 끝난다. 이후부터 아이들은 승려생활 체험을 하게 된다. 부모님은 이 때 필요한 가사, 탁발, 면도 칼, 허리끈, 바느질 도구 등을 기증한다. 이러한 의식은 많은 경비가 소요되지만 꼭 하여야 할 의식이기 때문에 부모들은 아이가 태어나면 돈을 준비하기 시작하고 온갖 정성을 기울인다. 대부분의 아이들은 수행기간이 지난 후 일상으로 돌아오는데 그렇지 않

신쀼의식의 들러리(NAVER PHOTO)

62 에디터 트래비 글 윤용인 사진 트래비CB, 위의 글 참조

고 승려가 되는 이도 있다. 성인식이 끝난 후에 아이들은 한명의 성인으로 인정받고 결혼의 자격이 주어진다. 미얀마에는 많은 축제가 있지만 신쀼 의식은 현세적 삶과 관계가 깊고 또한 다음 생애에 열반의 길에 오르도록 도와주는 의미 있는 의식이다.[62]

4) 한없는 불탑 숭배

미얀마는 믿음으로 가득한 불국토이다. 미얀마인들의 불상과 불탑에 대한 숭배는 너무나 지극하고 언제 어느 때나 그치지 않는다. 탑 안에는 부처의 몸인 진신사리가 봉안되어 있으니 곧 부처인 셈이다. 부처를 통하여 내세를 위하여 소망하는 것이다. 국토 전체 경향각지의 곳곳에 거대한 불탑과 불교사원이 자리하고 있으며 국민들이 이곳을 찾아 그들의 염원을 기도한다. 유럽의 중심에 성당이 자리하듯, 미얀마의 중심에는 거대한 불탑이 있다. 바간에는 대평원에 수천기의 불탑이 숲을 이룬다. 국민 생산 1,000달러 정도 밖에 되지 않은 가난한 나라에서 불상에 지극정성으로 금박을 붙이고 화려한 불탑을 여기저기 수없이 짓는다. 그래서 다른 불교국가에 비하여 지역과 종족을 달리하여 다양한 불탑형식이 나타난다.

신비한 불탑 숲(까꾸지역)

바간 대평원에서 숲을 이룬 불탑

그러나 미얀마에서 불탑과 사원은 단지 기도를 하기 위한 공간만이 아니다. 믿음이 충만하고 웃음이 소박한 국민들은 불탑을 데이트 장소로, 만남의 장소로, 휴식 장소로 즐겨 찾는다. 그래서 불상 앞에는 간절히 기도를 올리는 사람의 모습을 볼 수 있고, 다른 쪽에는 음식을 함께 먹으며 담소하는 한가한 풍경도 보인다. 미얀마를 비롯하여 스리랑카와 태국 등 상좌부불교국가에서는 사원의 영역에 들어가면 반드시 맨발이어야 한다. 즉 착화를 금한다. 내국인이나 외국인, 남녀노소 할 것 없이 모두 평등하고 성스러운 공간에서는 신발을 벗어야 한다. 맨발은 인간이 만든 인위적인 것을 해체시킨다. 무언가를 간절히 바라는 사람들이 수백년 동안 만든 이 신성하고 순한 에너지가 차고도 넘치는 곳, 그리고 모두 맨발로 인해 평등한 곳, 미얀마 민초들의 휴식과 사랑이 있는 곳, 그렇게 파고다는 미얀마 사람들의 안방이고 거실이며 사랑방이고 행랑채인 것이다.

63 김성원, 앞의 책, p.22

이러한 성스러운 공간에 신발을 신고 들어가는 영국강점기 영국인들을 보고 국민적 저항운동이 일어나기도 하였다.

2. 이국적 풍모, 미얀마의 습속

1) 치마 바지 론지(lounji)와 上衣 인지, 모자 가웅바웅(gaungbaung)

미얀마에서 가장 먼저 접하게 되는 것은 그들의 얼굴과 복장이다. 미얀마의 전통의상인 치마바지 론지와 모자 가웅바웅은 불교와 더불어 다 종족 국가인 미얀마인들의 민족적 동질성과 정체성을 밝혀주는 데 큰 몫을 하고 있다. 특히 론지는 어린 시절부터 슬리퍼와 함께 대부분 미얀마인들에게는 일상복이라고 할 수 있다. 고위 공직자들의 공식적인 행사장에서도 슬리퍼를 신고 있는 모습이 흔히 눈에 띤다. 아마 덥고 습한 날씨때문에 양말을 신고 다니기 보다는 맨발이 당연한 것이라 이해된다.

론지가 치마바지라면 인지는 윗도리 옷인 상의이다. 남자용 론지는 버소라고 하는데 주로 배 언저리에 매듭을 짓는 반면 여자용 론지는 트메인이라고 하여 왼쪽 허리춤에서 단단히 접고나와 오른쪽 허리춤 안으로 양끝을 모아 넣는 것이 일반적이다.[63] 혁대 없이 대충 맨 것 같은 데도 흘러내리지 않은 것이 이상할 정도이다. 대중들이 보고 있는데도 론지를 입는 상태로 목욕을 한다. 론지로 가리고 그 안에서 물로 씻는 것이다.

치마바지를 입은 미얀마 남자 (상)
치마바지 론지를 입은 남성 (하)

상의(上衣) 인지는 차이나 스

타일의 단추가 있는 티셔츠가 일반적이다. 소매는 길고 짧은 두 종류가 있지만 공식 모임에는 긴 소매를 입어야 정장이 된다. 한편 여성상의는 상체가 꽉 끼는 브라우스가 일반적이며 색깔은 다양하다.

론지의 재료는 면, 비단, 공단이 일반적이지만 특별한 재료를 사용하여 예복등으로 만들어 입는다. 론지의 모양은 단순하지만 색깔이나 디자인은 다양하다.

모자처럼 머리를 덮어 쓰는 가웅바웅은 오늘날에는 사용하지 않지만 국가적인 행사에는 착용한다. 영국 식민지시기에만 해도 사회적 지위에 따라 여러 형태의 색과 형식이 있었는데 오늘날에는 거의 사용하지 않는다.

지폐에 보인 모자 가웅바웅

2) 타나카(thanakha)와 세발제 뜨요, 그리고 낀붕

미얀마를 여행하다 보면 어린이나 아가씨, 아주머니들이 얼굴 양 볼에 묽게 노란 가루를 마치 연지처럼 바른 것을 흔히 볼 수 있다. 물론 드물게 남자들도 바르는 이가 있다. 한번 발라 보라고 권하는데 외국인들이 이를 하는 경우는 거의 없다. 이것은 타나카라는 나무의 가루이다. 향수처럼 냄새가 약간 나고 피부를 보호하며, 열을 줄여준다고 하는 전통화장품이다. 재래시장이나 관광지에서 흔히 볼 수 있는데 말린 타나카 나무를 장작처럼 가지런히 쌓아 놓고 판다. 타나카 나무의 가루를 바르면 자외선이 차단되어 얼굴이 타지 않고 피부가 탄력을 유지한다고 한다. 가루 분말로 포장한 제품은 길거리에서 쉽게 살 수 있다. 사용 방법은 벼루처럼 생

타나카를 바른 어린이의 미소 (상)
타나카를 바른 미얀마의 젊은 여인(하)

■ 씹는 담배, 꽁야를 싸는 빈랑나무 잎

■ 씹는 담배, 꽁야를 만드는 여인들

긴 돌판 위에 대고 손으로 타나카 나무를 잡고 돌리면서 갈아 가루로 만든 후, 물에 개어서 바르면 된다. 어떤 때는 물을 뿌리면서 가는 경우도 있다. 언제부터 타나카를 발랐는지 정확히 알 수 없으나 2천년전 고대 도시국가시기로 알려지고 있다.

또한 전통적인 세발제로 '뜨요'와 '낀붕'이 있다. 미얀마 여성들은 머리를 길게 기르는데 이 머리를 손질하고 가꾸기가 쉽지 않았다. 머리를 감을 때 현대인들이 쓰는 샴푸처럼 세발제를 사용했는데 뜨요라고 불리는 나무껍질과 아카시아나무에서 채취하는 낀붕이라는 끈적끈적한 나무열매가 주성분이다. 이들을 가열하고 물에 담가 채로 친 다음 서로 섞어 사용한다. 이게 바로 과거 미얀마인들의 샴푸인 셈이다.

3) 씹는 담배 꿍야(Kun ya, Betel Nut)

젓가락이 동아시아를 상징하는 문화적인 특징이듯, 동남아시아를 상징하는 문화적인 현상 중에 하나가 Betel Nut을 씹는 것이다. 이를 타이완에서는 빈랑(檳榔)이라고 하고, 인도에서는 빤(Paan), 미얀마에서는 꿍야(Kun-ya)로 불리는 열매를 베틀후추 잎에 싸서 식후나 평소에 씹는다. 이는 담배와 같이 많은 사람들이 널리 즐기는 기호식품이며 향정신성 물질이다. 빈랑은 태평양 연안, 동남아시아, 동아프리카 등 열대지방 일부에서 자라는 종려나무의 일종이다.

꽁야(Kun Ya)로 부르는 Betel Nut을 씹는 모습을 미얀마에서 흔하게 볼 수 있는 풍경이다. 빈랑나무 열매에 석회성분의 작은 덩어리를 빈랑 잎에 싸 씹으면 상쾌한 느낌과 각성효과와 양치 효과가 있다. 피로회복과 긴장 해소, 구취를 줄이는 효과와 치통의 마취효과가 있다. 빈랑은 대소변을 잘 보게 하여 변비와 부종을 치료하고, 구충효과와 함께 흉·복부의 팽만 증상을 완화시켜 주는 것으로 알려져 있다. 그러나 세계보건기구에서는 빈랑나무 열매를 발암물질로 분류하고 있다.

이런 이유로 오래 전부터 미얀마일들이 즐겨 씹던 꽁야는 다른 나라 사람들에겐 참 부정적이다. 빨간색으로 변한 침이 묻은 입술과 검게 변한 이빨은 이방인들에게 거부감을 주고 있다. 특히 거리에서 빨간 침을 뱉는 모습이나 길바닥 군데군데의 붉은 침은 불결하기 그지없다. 그러나 워낙 깊게 자리하고 있기 때문에 이런 전통이 쉽게 사라질까 한다.[64]

4) 루비와 비취

미얀마에는 농산물과 석유, 삼림자원 등 수많은 천연 자원이 있다. 이외에 또 다른 천연의 자산은 값비싼 보석이 많다는 것이다. 그 중에서도 루비는 미얀마산이 세계최고로 인정받는다. 루비 중에서 구혈색(鳩血色, pigeon blood colour)을 띠는 것이 최고의 품질로 인정하는데 거의 미얀마제품이다. 현재 미얀마 중북부에서 주로 생산되는 루비는 매년 정기적으로 개최되는 보석전시회에서 전세계로부터 오는 수많은 보석상들에게 선 보이고 있다. 그러나 미얀마 루비의 유명세에 편승해 유사품도 많다.

비취도 미얀마가 자랑하는 또 하나의 보석이다. 미얀마 최북부에 위치한 까친주의 모가웅에서 주로 생산된다. 중국에서도 옥이 많이 나오지만 대부분 연옥이기 때문에 중국은 많은 양의 미얀마산 비취를 수입하고 있는 실정이다.[65]

64 [출처] 미얀마 인상, 꽁야를 씹는 사람들 (Kun-ya, Betel Nut)| 작성자 심목(Simonrim)

65 김성원, 위의 책, p.32

■ 긴 목에 링을 두른 카얀족 여성

5) 긴 목의 카얀족 여인

태국이나 미얀마 등 동남아시아 산간지역에선 금속(주로 놋쇠)의 링을 여러 겹 목에 두른 여성들이 살고 있다. 미얀마 동부 카야주(州) 카얀Kayan족 여성들은 어릴 때부터 나이를 먹을수록 고리의 개수를 늘려가며 목을 길게 만들고 있는 것으로 유명하다. 카얀족은 카렌족Karen의 한 갈레이다. 카얀족은 다시 파다웅족Padaung으로 나뉜다.

파다웅족은 샨주와 까야주(Kayah state)에 거주하는 소수민족이다. 살윈(Salween) 강의 서쪽 페콘(Pakon) 고원 주위의 1000미터 이상 고지대에 살로 있어 이들을 만나기는 매우 힘들다. 인구는 약7,000명 정도로 추정한다. 원래 이들 파다웅족은 고산지대에서 수렵과 농사를 통해 생계를 이어갔으며 과거에는 양귀비를 재배하였다. 특히 땅을 개간하는 기술이 뛰어나 지형에 맞게 관개용 농지를 개발한다.

목이 길고 링을 두르고 있는 그들의 특이한 모습 때문에 예부터 다른 민족들의 호기심의 대상이었다. 한 때 만달레이 왕국의 궁전에서도 구경거리로 잡혀 갈 정도였다. 그들 스스로는 카카웅(Ka-Kaung)이라고 부르는데 그들 언어로 '산꼭대기의 사람들'이라는 의미이다. 세상 사람들은 주로 그들을 '기린여인들'이라고 부르고 있다. 놋쇠로 만들 링을 감아 목을 길게 하는 풍습 때문이다. 이러한 풍습은 현재 급속히 사라지고 있는 추세이며 현재 단지 몇몇 마을에만 남아 있을 정도이다.

소녀가 5살에서 9살사이가 되면 첫 구리 목걸이 2개를 끼운다. 먼저 개의 기름, 굴, 야자수 등으로 만든 연고를 바르고 그 위에 마을에 있는 대장장이가 와서 둥근 구리 링을 목에 끼운다. 다시 2년 후에 두 번째로 2개의 링을 끼우고 다음부터는 결혼 할 때까지 해마다 한 개씩 추가한다. 링을 처음 끼울 때 발목과 손목에도 같이 링을 끼운다. 약 20세가 되면 링이 약 25

긴 목의 카얀족 여인

개 정도로 늘어나며 목의 길이도 약 25센티가 된다. 목과 팔 다리의 링을 모두 합치면 총 30kg에 달한다.

그러나 실제 파다웅족들은 성격이 매우 낙천적이며 즐겁게 생활하고 있다. 웃음을 잃지 않는다. 이들은 직조에 능하며 고운 색실을 이용하여 천을 만드는 솜씨가 뛰어나다. 쓰고 남은 제품을 관광객들에게 팔기도 한다.

이 종족들의 생각에는 긴 목이 아름다운 여성의 상징이다. 그래서 서양에서는 이들이 목이 긴 것을 아름답게 생각하여 목을 늘이는 것으로 알려졌다. 혹은 다른 소수민족과 구분하기 위함이라고 하고 산악지대에서 출몰한 야생 호랑이로부터 목숨을 지키기 위한 것이라고도 한다. 이러한 풍습의 기원에 대하여서는 다른 큰 부족으로부터 침략을 당하고 여자들이 노예로 잡혀 가는 것을 막기 위해서라는 견해와 호랑이의 공격으로부터 방어하기 위한 것이라는 주장이 있다. 그러나 본인들은 용을 숭상하여 용의 모습과 가까워지려고 목을 길게 한다고 말한다.[66]

오랫동안 링을 끼우고 산 사람들은 링을 빼면 목을 지탱하기 못해 사망할 수도 있기 때문에 평생 몸에 지닐 수밖에 없다. 따라서 카얀족 여성들은 어릴 때부터 목에 놋쇠 고리를 착용해 나이를 먹을수록 고리 수를 늘려간다. 목에 두른 링은 더 긴 것으로 교체할 때 외에는 빼지 않는다고 한다. 때문에 부작용도 있다. 링의 무게 때문에 쇄골이 내려앉고 늑골이 압박을 받는다. 사실 이렇게 두꺼운 링을 여러 겹 쌓아서 목이 길어진 것처럼 보이지만 쇄골의 모양이 변하면서 목이 길어지게 보일 뿐 실제로 목 길이가 늘어난 것은 아니라고 한다. 때문에 성장기 어린이나 청소년기 아이들 사이에선 여러 합병증의 원인으로 지목되고 있다.[67]

우크라이나의 사진작가 드미트로 길리투카가 근년(2016년)에 촬영한 일

66 사진작가 박호진의 지구촌 오지여행, 〈지구촌 오지여행- 미얀마 자유여행〉 기린 여인 파다웅족 마을에서.

67 [중앙일보, 2017년 11월 24일] A4 용지 한 장으로 미인 구분…나라마다 다른 미인의 기준

■ 긴 목의 카얀족 여인(드미트로 길리투카 촬영)

련의 사진에도 할머니와 성인 여성은 물론 아직 어린 소녀들까지 목에 놋쇠 고리를 착용하고 있다.

작가는 "고리의 무게로 인해 쇄골과 갈비뼈가 내려앉아 몸에 변형이 시작된다"면서 "이 같은 고리는 목이 길어 보이게 하는 착시 현상을 일으킨다"고 말했다. 실제로 놋쇠 고리를 푼 한 여성을 봤는데 처음 고리를 풀게 된 그 여성은 기분이 좋았다고 말했으며 3주 뒤에는 목이 정상 상태로 되돌아갔다고 한다. 오늘날에는 누구도 놋쇠고리 착용의 진짜 이유를 기억하지 못하지만, 일부 마을의 사람들은 여전히 이 같은 전통문화를 따르고 있다. 그는 "다른 나라의 사람들에게는 믿을 수 없을 만큼 독특한 광경이지만, 다른 문화를 아는 것은 너무 매력적인 것이므로 그 자체로 아름답다"고 말했다.[68]

6) 킨족의 문신; 친추 마을의 풍습

문신(文身)은 타투Tattoo, 입묵(入墨), 자문(刺文)이라 부르는 기술로 살갗을 바늘로 찔러 피부와 피하조직에 상처를 낸 뒤 먹물이나 물감을 흘려 넣어 피부에 그림이나 글씨를 새기는 행위를 말한다. 보통 맹세의 표시나 의식 등을 하느라고 새기며 원시사회에서는 주술이나 장식의 의도로 행하였다.[69] 현대에 들어 자기 표현의 한 방법으로 인식되면서 일부 애호가들에게 예술이나 패션의 한 장르로 받아들여지고 있다.

미얀마의 여성들이 얼굴이라면, 남성들은 엉덩이나 허벅지에 문신을 하는 전통이 있었다. 문신을 하는 이유는 질병이나 사나운 동물 등 자연적 재해를 막기 위한 것이었다. 그러나 젊은 여성의 경우는 얼굴에 흉한 문신을 하였다. 이는 늙거나 추하게 보임으로서 젊은 여인들이 다른 집단에 잡혀가는 것을 막기 위함이었다. 물론 남성처럼 미용을 위한 경우도 있다.

인류의 문신 문화는 수천 년 전의 유물에서부터 확인할 수 있으며, 세

68 윤태희, [서울신문, 2016년 8월 30일], 미얀마의 목이 긴 여성들 카얀족에 대한 오해와 진실, 세상이야기, http://blog.daum.net/jeongsimkim/21114

69 문신- 위키나무

■ 국립아시아문화전당 〈아시아의 타투〉전시회 팜플릿

계 여러 지역과 민족에서 광범위하게 나타난다. 문신에는 각 집단 고유의 종교적 세계관, 신화와 민담, 역사적 사실 등 다양한 사상과 이야기가 녹아 있다. 이 풍습은 원시시대부터 있었는데, B.C. 2,000년경의 이집트의 미이라와 세티 1세(재위 BC 1,317~1301)의 무덤에서 나온 인형에 나타나 있다. 일반적으로 미개민족이 문신을 하는 것은 성년식을 할 때이다.[70] 문신은 주술 종교적인 의례이기도 하고, 장식으로서 미학적 의미도 지닌다. 그 밖에도 계급을 나타내는 것과 액땜을 위한 것, 또 결혼이나 출산 때 본인을 기록하는 호적 대신에 행하는 수도 있다. 뉴질랜드의 원주민 마오리족에게 문신은 사회적 지위와 계급, 명성을 드러내고 부족과 가문을 나타내는 고유의 표식으로서 중요한 기능을 수행한다.

미얀마 서북부 라카인 주의 '므라욱 우'에서 30분가량 떨어진 칼라단 강의 상류에 친족이 살고 있다. 이 마을에 얼굴에 거미줄 모양의 문신을 한 친족 여성들이 살고 있다. 이 친족은 미얀마 서북부에 위치한 친주를 중심으로 카친주와 라카인주 등에 흩어져서 사는 소수민족으로 전체 인구는 약 70만명 정도이다. 이들 부족의 여성들은 오래 전부터 얼굴이 아름답기로 소문이 자자했다고 한다. 그러다 보니 이웃 부족의 힘 있는 남성들을 비롯하여, 버마 왕국의 왕이나 귀족들에 이르기까지 친 족의 여인들을 납치해서 아내로 삼거나 노리개 삼아 끌고 가는 경우가 잦았다. 그래서 힘이 없는 마을의 남성들이 여인들을 지키기 위한 궁여지책으로 고안해 낸 것이 바로 문신이었으며, 그 이후로 개인이 거부할 수 없는 부족의 전통이 되어버린 것이라고 한다.[71]

70 정지희, 김미정, 조현종, 아시아의 타투, 국립아시아문화전당, 2018

71 조용경, 한송의 세상보기, 2017 미얀마 이야기-04, 얼굴에 거미집 문신을 한 친족의 여인들, 2017, http://blog.naver.com/hansongp/220958544235

얼굴에 문신을 한 친족 여인

미얀마에서는 문신을 할 때 펜 모양의 놋쇠로 된 도구를 사용한다. 이 도구는 위쪽 끝 부분에 가늘고 길게 찢어진 홈이 있으며 추가 달려 있다. 때때로 칼로 상처를 내어 색소를 그 상처 속으로 스며들게 하는 방법도 사용되는데 주로 튀니지, 일본 아이누족, 나이지리아 이보족, 멕시코 촌탈 인디언들이 이 방법을 이용했다. 애리조나 주의 피마 인디언들과 말레이시아의 세노이족 사이에서는 가시 또는 바늘과 유사한 도구들을 이용해서 피부를 찔러 문신을 그렸다. 이런 문신 도구 때문에 간염 등이 감염되는 경우도 많다. 한국에서도 문신의 역사가 오래되어서 〈삼국지〉 위지동이전에 이미 문신에 대한 기록이 보이는데 장식, 주부(呪符), 신분의 표시로 쓰인 듯하다. 고려시대나 조선시대에는 도망간 노비에게 문신을 한 예가 있었다. 이는 서양에서 탈옥한 죄인에게 문신을 하여 그의 전력을 쉽게 널리 알리고자 함과 유사하다.

7) 미얀마의 심장, 인레호수[72]

인레호수는 미얀마 샨주의 남쪽에 위치해 있는 거대한 호수로 미얀마의 심장과 같은 존재이다. 풍광이 아름다워 동양의 베니스라고 불리기도 한다. 수경재배 농장, 수상가옥, 갈대 밭, 한 발로 고기 잡는 인타(Intha)족 어부의 모습, 좁고 긴 쪽배 등으로 알려진 곳이다. 그러나 무어라 해도 깨끗하고 아름다운 자연환경이 압권이다. 인레호수에 이르기 위해서는 양곤에서 비행기로 샨주의 관문역할을 하는 헤호공항에 내려서 다시 차로 1시간가량 가야 한다. 해발 870미터 이상의 고지대에 위치하기 때문에 1년 내내 춥지도 덥지도 않고 온화한 기후가 계속되니 더욱 살기 좋은 곳이다. 큰 바람이 불지도 않고 큰 비도 없다. 길이가 약 20km, 폭이 11km에 이르는 미얀마에서 두 번째로 큰 호수이고 80여개의 섬을 품고 있다. 그러나 주변의 습지와 수경재배지가 깔려 있어서 좁아 보인다. 건기인 겨울에는 수심이 2m로 낮아지지만 우기인 10월경에는 6m정도로 깊어진다. 잔잔하고 넓은 호수 위에 점처럼 떠 있는 쪽배와 밭고랑을 형성하며 떠 있는 수경재배지, 그리고 하얗게 물살을 이루며 달리는 현대식 보트가 어우러져

72 이 글은 사진작가 박호진의 현장성 있는 글, 〈지구촌 오지여행- 미얀마 자유여행〉과 〈잼쏭부부의 잼있는 여행 23, 미얀마 인레호수에서 '인생 토마토'를 맛보다, 중앙일보 2017.7.6〉을 주로 참고하여 첨삭하였다.

인레호수의 수상주거와 쪽배 (상)

수중에 있는 풀을 모으고 있는 인레호수의 주민 (중)

인레호수에서 통발로 물고기 잡는 인타족 어부 (하)

이국적인 풍경을 자아낸다.

인레호수에서 좁은 물길을 따라 들어가면 물위에 나무로 만든 집들이 마을을 이루고 있다. 호수 주변 마을이 17개에 이른다 한다. 인타족은 집을 물 위에 짓고 사는 독특한 소 종족이다. 수초더미를 모아서 떠내려가지 않도록 나무 말뚝으로 고정을 시키고 그 위에 집을 짓는다. 왕 대나무나 티크나무를 수심 3미터 정도에 박고 나무나 대나무로 벽을 만들며, 지붕은 야자나무 잎이나 양철을 사용해 가옥을 만든다. 집의 넓이는 보통 15-20평 정도이다. 옛날에는 1층으로 지어졌지만 지금은 2층, 3층이며 아주 넓은 거실이 특징이다. 아주 넓은 거실의 한 켠에는 부엌과 침실이 마련되어 있다. 거실에서 손님을 접대하여 따뜻한 차를 대접하는 것이 그들의 예법이다.

호수 중앙의 맑은 물을 식수로 사용하며 화장실은 대나무 통을 땅 속까지 박아 두어 물이 오염되는 것을 막는다. 빨래나 몸을 씻을 때는 호수의 물을 바로 이용한다. 어떤 집은 작은 수초더미를 집에 붙여서 채소를 심는 텃밭으로 활용하기도 한다. 물론 집을 나설 때는 이동수단으로 배가 필요하므로 집집마다 폭이 좁고 긴 쪽배가 있다. 그들의 발이 되는 택시이고 자가용이다. 또한 밤에 불을 지피기 위한 재료로는 기름을 사용한다. 기름은 대나무 통에 넣어서 판매한다.[73]

인레호수에서 살고 있는 소수종족 중에서 가장 중심적인 종족은 인타족이다. 그들은 원래 미얀마남부 말레이 반도 지역에 살던 종족이다. 인레호수 주변의 부호가 부지런한 인타족을 불러왔다고 한다. 18세기경 남부지역에서 버마왕국과 타이왕군 간에 전쟁이 발발하자 더 많은 가구가 이곳으로 이주하였다 한다. 인타(Intha)란 '호수의 아들'이라는 뜻이다. 그 이름에서 알 수 있듯이 호수 위에서 태어나 호수 위에서 살다가 호수로 돌아가는 수상민족이다. 이들은 물속에서 자라고 있는 수초를 건져올려 밭을 만들어 채소를 경작하고 적절한 높이의 물 위에 집을 짓는다. 그래서 집집마다 몇 개의 작은 배가 있어야 한다. 아이들은 배로 학교에 가야하며 어른들은 배로 물위에 떠 있는 일터인 수상농장으로 나가며 시장에 갈 때도 배를 타고 간다. 역시 물 위에 떠 있는 사원을 갈 때도 배를 타고 간

73 사진작가 박호진의 지구촌 오지여행, 〈지구촌 오지여행- 미얀마 자유여행〉 인레호수에서- 호수 위에 지어진 인다족의 집(수상주거). 에서 참고함.

다. 호수는 어린이에게 놀이터이다. 커다란 플라스틱 통을 타고 이동하거나 장난치는 어린이들을 종종 볼 수 있다.

따가운 햇빛을 피하기 위해 여인들은 채양이 넓은 모자를 쓴다. 인타족에게 호수는 땅과 같이 집터이며 농토이다. 그들은 물위에 떠 있는 수초더미를 모아 큰 덩치를 이루고 그 위에 조금의 흙을 얹어 수상농장을 만든다. 이렇게 경작된 토마토를 비롯한 수확은 조그만 배에 싣고 좁은 수로를 통하여 이동하여 교환과 판매가 이루어진다.[74] 인레 호수의 수경재배 토마토는 미얀마 토마토 생산량의 절반 이상을 차지할 뿐만 아니라 중국이나 인도로 수출도 한다.

74 박호진, 〈지구촌 오지여행-미얀마 자유여행〉인레호 주변에서- 호수에 사는 사람들(인타족)

인타족이 경영하는 '쭌묘'라는 수상농장을 만드는 방법은 독특하다. 땅의 흙을 일구어 씨를 뿌리고 비료를 주는 일반적인 농법에만 익숙한 우리에게 참으로 특이해 보인다. 대나무를 엮어 만든 틀을 만들고 그 위에, 호수에서 작은 섬처럼 떠다니는 수초더미를 모은 다음 긴 막대기에 바가지를 달아서 호수 밑바닥의 진흙을 퍼 올려서 수초 위를 덮는다. 그런 다음 긴 대나무 막대기로 떠내려가지 않게 바닥에 고정시키면 멋진 농장이 완성된다. 이 위에 오이, 콩, 가지, 양배추, 토마토 등 채소 작물을 심으면 흙이 품고 있는 풍부한 영양분을 먹으면서 자라난다. 이 기발한 농사법을 가파른 산에 둘러 싸여 농작물을 키울 땅이 귀했던 환경 탓에 아주 오래전 선조들이 생각해 낸 것으로 지금까지 전해져 오는 전통적인 방식이다. 호수 바닥의 풍부한 유기물을 이용하므로 이들은 항상 기름진 땅을 유지할 수 있다. 수상농장에 올라가보면 겉으로 보기엔 보통의 밭과 다를 바 없으나 물위에 떠 있는 탓에 출렁거려 중심 잡기가 힘들다. 수상농장에서 얻어지는 수익으로 인타족은 주위의 다른 종족들에 비해 부유하게 생활을 한다.

인타족의 독특한 노 젓는 방법은 매우 신기하다. 카누처럼 생긴 가늘고 긴, 작은 배를 타고 다니는데 배 위에 우뚝 선 채로 발로 노를 휘감아 젓는다. 한발은 배의 중심을 잡고 다른 한발로 노를 젓는 묘기는 좁은 수로를 잘 다녀야 하기 때문에 몸에 익히게 된 것이다. 어린아이 조차도 자연

인레호수 위에 떠 있는 수상농장 (상)
수상농장 옆을 지나는 쪽배 (하)

스럽게 수초 농장 사이를 한발로 마음대로 젓고 다니는 모양이 신기하다. 이렇게 발로 노를 저으면 호수 위 한쪽 끝에서 다른 끝까지 오랫동안 노를 저어야 할 때 팔을 쉴 수 있고 다른 일을 할 수 있어 편하다. 또한 노 젓는 사람이 호수 위의 섬과 물에 떠있는 것을 잘 볼 수 있게 해준다.

그들이 물고기를 잡는 방법도 특이하다. 그물이나 낚시를 이용하는 것이 아니라 대나무로 만든 커다란 통발 모양의 대나무 망을 조심스럽게 물속에 밀어 넣는다, 그리고 긴 막대기로 주위를 휘저어 갈 길을 잃은 물고기가 대나무 망에 걸리면 날쌔게 잡아 올린다. 잔잔하게 펼쳐진 호수 위로 기우뚱한 모습으로 서서 발로 노를 저어 나아가는 어부들의 모습이 이색적이다. 작은 물고기는 얼기설기 엮은 망 사이로 빠져 나가고 다 자란 큰 물고기만 걸리게 되기 때문에 비록 잡히는 수는 많지 않겠지만 욕심을 부리지 않는다.[75]

인레호수에는 파웅도우라는 불교사원도 있다. 그 안에는 금박을 많이 발라서 뭉뚱해진 불상이 전시되었는데 미얀마 사람들은 성스럽게 대접한다.

이런 인타족의 수상마을들도 원래의 모습에서 많은 변화가 있음을 쉽게 느낄 수 있다. 은세공, 놋쇠 제조, 종이우산, 그리고 목재로 된 수직기를 이용해 옷감을 짜서 파는 수상시장도 생겼다. 주변에 식당도 들어섰고 새로운 관광지가 되고 있어서 원래의 모습을 잃고 있다 생각되니 아쉽기만 하다.

인레호수에 있는 파웅도우사원의 금박을 발라 두툼해진 불상 (좌)
인레호수 안 마을에서 직물을 짜고 있는 여인 (우)

75 박호진, 〈지구촌 오지여행-미얀마 자유여행〉 인레호의 풍경- 통발로 고기를 잡는 인타족

제 2 편

미얀마의 불탑

제5장

미얀마 불교와 불탑의 전래양상

1. 미얀마 불탑연구의 의미
2. 인도 불탑의 발생과 형식
3. 인도 불교미술의 전래
4. 미얀마의 불교수용과 전개

■ 제5장

미얀마 불교와 불탑의 전래양상

1. 미얀마 불탑연구의 의미

불교는 1,500년 가까운 오랜 기간 동안 아시아를 하나의 정신적·문화적 공동체로 묶어준 종교로 현재까지도 아시아 각국에 지대한 영향력을 끼치고 있다. 불탑(Stupa)은 단순한 건축물이 아니라 부처님의 신체, 유골인 사리, 생전에 사용하시던 유품을 보관하는 신성한 신앙의 상징물로서 건립되었다. 즉 석가모니의 무덤이자 그의 가르침과 열반 등을 상징하는 불탑은 열반 이후 가장 성스러운 대상으로서 숭배되어 왔으며 현재에도 불상과 더불어 가장 귀중한 경배의 대상으로 여겨진다. 다른 불교 건축물과는 달리 석가모니의 열반, 불법(佛法) 등과 같은 사상적, 정신적 가치를 상징하기 때문에 지역적 특성과 보편적 존엄성이 혼합된 양상으로 건립되었을 것이다. 따라서 불탑연구는 불교적 조형물을 중심으로 물리적 형태와 내재적 의미를 파악함과 아울러 민족전통문화의 고유한 특성을 파악할 수 있는 귀중한 존재가 된다.

불탑은 인도에서 발생하였으나 각국으로 불교가 전래되면서 지역별로 고유한 민족문화와 결합하게 되었고 국가마다 양식이 다른 모습으로 지역성이나 민족적 정체성을 보여주고 있다. 특히 불탑 연구를 통하여 인도를 비롯한 주변 불교국가에서 고대건축의 면모를 살필 수 있고, 고대 국가 간의 문화교류 양상을 밝힐 수 있는 대상이 되는 것이다.

한국 불탑의 시원이 되는 인도 스투파 연구는 그간 건축과 미술을 대상으로 일부 관심주제에 관하여 소수의 연구자에 의해 편중되게 이뤄지고 있다. 즉 인도 불교미술, 특히 스투파 연구는 근대 이후 제국주의시대 영국과 일본학자들을 중심으로 시작되었으며, 근래 들어 불교학이 주요한 학문으로 자리 잡으면서 일본, 인도를 비롯한 동양권 불교국가의 학자들에 의해 다양한 방법으로 연구가 진행되고 있다. 이러한 관점에서 보면 인도가 힌두국가로 변화되고 나서 드물게 정통적인 불교국가로서 불교문화의 정체성을 견지하고 있는 스리랑카와 미얀마를 비롯한 불교국가들의 불탑을 중심으로 전래와 변모양상을 연구하는 것은 의미가 큰 주제라 할 것이다.

특히 스리랑카와 미얀마의 스투파는 인도 스투파에서 시원형과 점진적인 발전을 보이는 형식이 동시에 보이고 있어 중요한 위치를 가진다. 즉 이들 두 나라의 스투파는 인도불탑의 시원형과 함께 자체적으로 발전된 특징을 지니면서 변모되었기 때문에 이 지역만의 스투파를 연구하는 것은 당연한 과정인 것이다. 또한 이들 두 나라에는 고대 인도의 상좌부불교 사상과 조형미술이 상당부분 현존하고 있어 인도불교미술과는 아주 밀접한 관계에 있다. 이는 현대 인도에는 고대 불교의 스투파 사례가 적고, 완전한 형태를 보이지 않으므로 초기 스투파의 형태와 과도기적 발전 형식을 이해할 수 있는 장소로서 스리랑카와 미얀마를 적절한 연구대상 지역으로 보는 것이다.

이와 관련된 국내의 선행연구들을 살펴보면 지역적으로 한국, 중국, 일본, 인도에 한정돼있음을 알 수 있다. 이 중 인도 불탑에 관한 연구는 불탑의 원류를 살펴볼 수 있다는 점에서 의미가 있으나 비교적 이른 시기에 불교가 쇠퇴하여 타 지역과의 비교고찰, 교류와 변모양상 등의 연구를 진행하는 데는 한계가 있을 수밖에 없다. 그러므로 점진적·비교론적인 연구를 위해서는 인도 인근 지역의 불교건축과 불탑을 연구할 필요가 있다. 인도 인근 지역이며 현재까지도 불교가 지대한 영향력을 끼치고 있는 국가로는 파키스탄, 스리랑카, 네팔, 티베트, 미얀마, 태국 등이 있다. 이 중 현재 불교도 인구가 90% 가량이나 되는 미얀마는 이른 시기부터 중국과 교류가 있었고,[1] 아노라타(Anawratha, 1044년-1077년)왕 이후 오랜 기간 동안 상좌부 불교(上座部佛教, Theravada Buddhism)의 중심지로서 인근 지역과 활

1 "버마족의 선주자는 퓨(Pyu)족으로 중국인들 사이에서는 '驃'라고 불리어 왔다. 기원 3세기의 魏·晋시대에는 상당히 구체적으로 중국인들에 알려져 있었는데, 1세기에서 11세기까지 거의 1,000년간에 걸쳐 번영했다고 한다."라고 하였다. (이은구, 『버마 불교의 이해』, 세창출판사, 1996, 52쪽)

발히 문화교류를 하였으며,[2] 제5차·6차 불교경전 결집[3]을 통해 알 수 있듯이 근대 이후에도 대표적인 상좌부불교 국가로서 위상을 유지하고 있다.

■ 장대한 담마양지Dhammayangyi 불탑(파토형식, 1170년경 나라투왕 건립, 바간)

초기 인도불탑에 관한 연구들은 고고학적인 연구에서부터 역사, 민속, 미술사, 건축사 등 다양한 방면에서 학제 간 교류에 의해 융복합적으로 이뤄지고 있다. 뿐만 아니라 한 지역에 국한되지 않고 여러 국가 간의 비교연구를 통하여 각각의 특성을 파악하는 것도 근자의 연구유형이다. 이는 2,500여년의 긴 역사를 지니고 있는 불교 스투파의 시원과 국가 간의 전래, 변모양상에 대한 연구가 단편적인 분야와 특정 지역이나 국가에 국한되지 않고 복합적인 문화현상이 반영된 종합문화로서 이해되고 있기 때문이다.

불교에서 스투파는 종교적 대상이나 유물로서의 자체적인 중요성과 함께 각 시대별, 지역별, 형태별로 그 양상이 다르게 반영되어 표현되므로 세부적인 양식전개의 이해와 본질을 파악하기 위해서는 인도를 중심으로 스리랑카를 비롯하여 동아시아지역 불교국가 특히 미얀마와 태국 등 주변국가로 전파되는 경향에 대해 다양한 연구가 이뤄져야 한다. 사찰의 한 요소가 된 한국의 불탑과 달리 미얀마의 불탑은 사원의 중심에 웅장하고 호화롭게 위치해 있으며, 지금 이 순간에도 도처에서 끊임없이 건립되고 있

2 고든 루스(Gordon H. Luce)는 "불교는 오로지 영웅적인 전사였던 비자야바후(Vijayabahu)와 아노라타(Anawratha)에 의해 살아남았다."라고 하였다. (Roger Bischoff, 『Buddhism in Myanmar』, The Wheel Publication, 1995, 19쪽; 정기선, 「미얀마 불교의 역사와 사회적 위상」, 동국대학교 대학원 불교학과 석사학위논문, 2015, 30쪽에서 재인용)

3 제5차·6차 불교경전 결집은 각각 1868년, 1954년에 미얀마 만달레이에서 개최되었다.

4 대체로 기원전 1세기부터 기원후 15세기경까지이다.

다. 그러므로 미얀마 불탑 연구는 불탑이라는 건축 조형물에 대한 이해를 넘어서 미얀마의 불교와 역사, 민족 공동체의 문화를 이해하는 데 필수적인 연구라 할 수 있다.

본서의 연구대상인 미얀마 스투파는 본질적인 의미와 형식에서 인도의 시원형 스투파가 모범이 된다. 이에 미얀마로 불교가 전래된 이래 불교국가로서 그 정체성을 가장 잘 보존하고 있고 다양한 불탑의 양식적 특징을 보이고 있는 미얀마 불탑에 대해 분석 연구하였다. 연구의 목적은 인도를 비롯하여 스리랑카, 네팔, 미얀마, 태국 등이 포함된 광범위한 지역을 아우르는 '불탑의 아시아지역 전래양상'이라는 방대한 연구 주제 중에서 미얀마를 중심으로 인도와 주변국과의 불교유적 특히 스투파의 변모, 전이 등에 대한 종합적인 접근이라 할 수 있겠다. 이를 위해 다양한 문헌과 논문, 현장 실측, 그리고 사진자료를 촬영, 수집하였다. 이는 불탑연구에서 중요한 위치를 차지하는 미얀마불탑에 대한 분석을 위해서는 당연히 거쳐야 할 과정이다. 내용적으로는 미얀마 스투파의 의미, 구성요소, 건축형식, 재료 그리고 불교사원 경내의 대표적인 구조물의 특징도 함께 고찰하였다.

2. 인도 불탑의 발생과 형식

인도에서 미술활동이 본격적으로 전개된 것은 석존 사후 그의 유골인 사리를 모시는 스투파가 건립되어 신자들이 숭배하게 되었던 것이 계기가 되었다. 붓다의 입멸 이후 그를 숭엄하는 과정에서 자연스럽게 이루어진 불교미술은 아주 넓은 지역에 걸쳐 오랜 기간[4]동안 전개되었다. 전체적으로 그 역사는 인도의 북부지방인 4대 성지라 칭하는 탄생지 룸비니, 성도지(成道地) 보드가야, 초전법륜지(初轉法輪地) 사르나트, 열반지(涅槃地) 쿠시나가라 등의 지역에서 마우리아왕조(기

■ 불교 석굴사원과 힌두사원이 가까이 있는 인도 카를라석굴

원전 322년~기원전 185년) 때 발원하여 쿠샨왕조 때(105년경 - 250년경)에는 간다라, 마투라, 안드라 지방을 거쳐 여러 방향으로 더욱 발전하였고 굽타시대(320 ~ 520년)에는 불교의 전성기를 맞았다.

붓다의 입멸 이후 아소카왕까지 약200년 동안은 부처의 모습을 구체적으로 나타내는 것을 삼가하였고 성스러운 기둥이나 나무, 바퀴, 의자 등으로 대신하였다. 기둥은 하늘과 땅을 연결하는 우주의 중심축으로서 성수(聖樹)의 기둥이 암시되어 있고, 바퀴는 법륜(法輪)으로서 세계를 지배하는 것이며 태양을 상징하는 성스러운 심벌로 숭배되었다.[5] 이러한 간접적인 표현은[6] 성자의 모습을 구체적으로 나타내는 것을 금기시하였기 때문에 나타난 것이었고 붓다 열반 후 그의 모습을 불상이 만들어지기 까지 약500여년간을 흔히 無佛像時代라고 한다.

구체적인 불교적 조형이 나타나기 시작한 것은 인도를 통일하여 널리 불교를 전파시킨 아소카왕 때부터이다. 마우리아왕조의 3대 왕인 아소카왕(기원전 268-232년경)은 인도의 남부를 제외한 거의 전 지역을 정복, 지배한 전성기를 이루었다. 정복을 위해서는 전쟁이 있었고 수많은 인명이 살상되었다. 따라서 그는 참혹한 전투에 의한 정복을 후회하고 불법(Dharma)에 의한 통치를 천명하였으며 그 뜻을 인도 각 지역에 마애법칙(磨崖法勅)으로 새기게 하였다. 즉 국민들에게 다르마를 지킬 것을 알리고 이를 위해 전국토 내에 석주를 세우거나 암괴나 표석의 표면을 평평하게 만들어 법칙문을 새겼다. 이 마애법칙은 마우리아제국의 전역에서 보이며 사용언어는 인도어 이외에도 그리스어와 아랍어도 나타나고 있다.[7] 뿐만 아니라 왕이 불교에 심취하여 신자가 되었음은 물론 불교의 성지를 찾아 참배하였고 이를 기념하기 위한 記念石柱를 건립하였다. 또한 아들 마힌다와 딸 상가미타를 스리랑카에 보내 불교를 전하기도 하였다.

그러나 아소카왕의 다르마는 불교의 다르마는 아니다. 물론 부처님의 가르침과 유사한 내용을 함유하지만 나라의 모든 사람이 따를 수 있고, 모든 사람을 따르게 할 수 있는 보편타당한 인간의 진실성, 바로 그것이었다.[8] 그가 불교신자였고 통치이념이 부처님의 가르침과 불교적 신앙심에서 비롯되었지만 전적으로 불교만을 신봉할 것을 강요하지는 않았다. 그러

5 바퀴의 예는 아시리아의 부조에서 기둥위에 윤보를 얹는 예가 있다. 물론 부다의 첫설법지인 사르나트에 건립된 아소카의 석주 위에도 법륜이 놓여있다.

6 무불상시대의 인도 불교미술에서 붓다가 보리수, 빈 대좌, 법륜, 불족적(佛足跡) 등의 상징을 통해 표현되었다.

7 미야지 아키라, 인도미술사, 김향숙 고정은 번역, 다할미디어, 44쪽

8 아소카왕의 법에 의한 통치이념은 다분히 불교적인 색채를 띠고 있다.
첫째, 생명을 가진 모든 것들에 대해서 상처를 입히지 않는다. 이는 생명존중과 자비심의 표현이다.
둘째, 바람직한 인간관계를 강조하였다. 부모와 연장자, 스승에 대한 순종, 불교를 포함한 모든 종교인에 대한 보시와 존경, 친구간의 믿음 그리고 가난한 사람들과 하인들에 대한 올바른 대우를 요구했다.
셋째, 국민 개개인의 윤리확립, 즉 자비심, 보시, 보은, 분에 맞는 생활과 신앙생활, 그리고 부처님의 가르침에 대한 존경심 등이다.

부처님이 깨달음을 얻은 마하보디 사원

나 전륜성왕으로서 아소카왕의 제국통치의 근간은 불교였음이 분명하다.

이처럼 아소카왕이 위대한 불교찬미자이며 육성자임을 보여주는 예는 수많은 스투파의 건립과 부처의 성지를 순례하는 것에서 잘 나타나고 있다. 특히 〈阿育王傳〉 등의 여러 불전 기록에 의하면 아소카왕은 부처님이 돌아가시고 난 후 시신을 화장하여 최초로 건립한 8기의 불탑[9]중에 용왕에 의해서 보호된(혹은 코브라들 때문에 열수 없었던) 라마그라마탑을 제외한 7기의 탑에서 유골을 꺼내 이를 나누어 84,000의 탑을 인도의 전역에 건립했다고 한다. 또 장로 우파굽타의 안내를 받아 부처의 성지인 탄생지 룸비니, 고도 카필라바스투, 성도지 보드가야, 초전법륜지 사르나트, 열반지 쿠시나가라를 순례하고 공양을 행하였다고 한다. 물론 이러한 이야기는 다소 과장된 부분도 있겠지만 그가 굳건한 믿음과 실천을 행한 불교신자였고 정치이념으로서 불교이념이 배경이 되고 있는 법을 주창하고 있음을 보여주고 있다.

특히 엄청난 84,000기의 탑을 건립한 것은 불교에서의 상징적 의미[10]를 지닌 숫자이기는 하지만 고고학적으로 산치의 제1탑, 사르나트의 다르마라지카탑, 간다라지방 탁실라의 다르마라지카탑, 스와트의 붓카라대탑 등은 아소카왕 시대의 것으로 추정되고 있어서[11] 아소카왕이 수많은 불탑을 건

9 이 탑은 사리8분에 의한 근본8탑이라고 하는데 현재 실물로 전하는 것은 없고 추정될 뿐이다.

10 84,000의 법문이라고 할 때처럼 '많다'는 뜻의 상징이다.

11 이주형, 간다라미술, 사계절, 40쪽 미야지 아키라, 인도미술사, 김향숙 고정은 번역, 다할미디어, 49쪽

립하였던 것으로 보인다. 또한 그는 스리랑카와 미얀마를 비롯하여 주변국가에도 불교를 전파하기 위하여 노력하였다. 따라서 그가 불교 전파를 위해 간다라를 중심으로 한 인도 서북부 지역과 동남부 지역에 파견한 승려들 또한 그 곳에서 불탑을 건립하였다.

인도 마하보디 사원 형식에서 비롯된 미얀마 마하보디사원

그렇다면 근본8탑과 이를 해체하여 아소카왕이 건립하였다는 탑은 어떤 모습일까? 불교 경전에 따르면 부처님 생존 시에 존재하는 탑은 없다. 부처의 사후 진신사리를 모신 최초의 사리탑(근본8탑)과 그 후 이를 해체하여 세운 초기불탑(84,000탑)은 마우리아 왕조(B.C. 317 - 기원후 180년경) 때 세워졌다. 이 들은 인도전역을 다스렸던 아소카 왕 때이기도 한다. 아소카에 의해 유골이 분산된 근본8탑의 경우에는 해체되었기 때문에 원래의 모습 그대로 보존되었다고 하기는 어렵다. 다만, 바이샬리(Vaiśāli, 毘舍離)의 탑과 샤카족(Śākya)에 의해 세워진 카필라바스투(Kapilavastu, 迦毘羅, 현 Piprāhwā로 추정)의 탑은 근본8탑이 아닌가 추정되고 있다. 이들은 대부분 낮은 기단 위에 복발형 몸체를 두고 맨 위에 간단한 산간(傘竿)과 산개(傘蓋)를 꽂은 형식으로 추정되고 있다. 이러한 형식은 스투파 유지(遺址)와 간단한 사리용기로부터 추정된다. 특히 바이샬리의 탑 중심부에서는 활석제의 구형 합(盒)과 합 내부에 점토와 유리구슬, 조개 2점과 금동박편, 동전 등이 발견되었는데 이 중심부의 연대가 기원전 4세기 이전으로 추정되었다. 또 카필라바스투 피프라와(Piprāhwā)의 탑은 중심부 아래에서 사암제 판석의 방형 석함과 석함 내부에서 5점의 사리용기, 목편, 은기편 등이 발견되었다. 특히 1점의 동석제 사리용기에는 '석가족 붓다'를 언급하는 옛 서체의 각문이 있어[12] 이를 석가모니의 유골을 봉안했다는 명문

12 미야지 아키라, 인도미술사, 37쪽

■ 산치의 불탑, 아소카왕 시기에 건립되어 나중에 증축됨(상)
다르마라지카 스투파와 감실, 탁실라, 파키스탄 (하)

으로 해석하기도 한다. 또한 후대의 추가발굴조사에서 이 방형 석함 아래쪽에서 전실(磚室)이 발견되었고 내부에 유사한 형태의 활석제 사리용기와 BC 4~5세기경으로 추정되는 각종 토기, 불에 탄 인골편 등이 수습되어 역시 근본8탑의 하나로 추정되었다.[13]

위에서처럼 불탑을 비롯한 현존하는 구체적인 불교유산들은 마우리아왕조의 위대한 군주 아소카왕에 의하여 조성되었다. 즉 고고학적으로 산치대탑, 사르나트의 다르마라지카탑, 탁실라의 다르마라지카탑, 스와트의 붓카라대탑 등은 아소카왕 시대의 것으로 알려지고 있으며, 그 외에도 비슷한 시기의 불탑은 바르후트탑, 약간 후기의 것으로는 인도 동남부 안드라지역의 나가르 주나 콘다(Nagarjuna-konda)불탑과 아마라바티(Amaravati)불탑을 들 수 있다. 이들은 산치대탑이나 여러 스투파 조각품에서 나타난 것처럼 낮은 기단 위에 복발을 두고 그 위에 간단한 상륜을 얹은 형식

13 조은경, 나무에서 돌로, 하나에서 둘로 고대 불탑건축의 변화와 미륵사지석탑의 축조 해석, 2014 대전시립박물관 열린박물관 강좌, 『불국토의 기억』

으로 추정되고 있다.

3. 인도 불교미술의 전래

붓다의 입멸 이후 불교는 시대적 흐름과 불교도의 증가에 따라 점차 각 지역으로 퍼져 나가며 그 지역의 특성과 환경에 맞추어 수용되어 진다. 특히 붓다의 입멸 후부터 기원전 3세기 아소카왕(King Asoka) 시대에 이르는 동안 불교는 여러 중요한 시기를 맞았다. 붓다의 교설 즉 법(法)과 계율(戒律)에 대하여 당시의 승단 사이에서 상이한 해석이 나타난 시기로서, 이로 인하여 붓다 입멸 후 100년 경 불교는 혁신적인 대중부와 보수적인 상좌부로 분열하게 된다. 또한 이 시대에 이르러 불교는 인도를 벗어나서 인근의 여러 나라로 그 교세를 확장하게 되는데, 전승에 의하면 9개국으로 전법사를 파송했다고 한다.

인도에서 붓다 입멸 이후 발생한 불교미술은 원래의 모습에서 시대와 지역을 달리하면서 다양한 모습으로 발전해 나가는 장대한 흐름이었다. 이러한 미술작품의 근원이 되고 있는 불교는 기원전 5세기경 인도에서 발생하여 주변국가로 전파되어 넓은 지역에서 발전하였음에도 불구하고, 오히려 인도에서는 차차 쇠퇴하여 13세기경에는 소멸되고 말았다. 반면에 인도의 서북쪽 간다라지방이나 남부지방인 안드라지방, 바다 건너 스리랑카를 비롯하여 아시아 동쪽 미얀마 등으로 전파되었고 더불어 불교미술은 활발한 모습으로 전개 되었고 발전하였다. 즉 북방경로는 간다라와 중앙아시아 지방을 거쳐 중국으로 전해지고 다시 한국을 거쳐 일본에 정착했으며, 남방경로는 스리랑카를 비롯하여 남해지방이나 동남아시아 지역의 미얀마, 인도네시아, 타이, 라오스, 베트남 등을 거쳐 중국 남부에 전파되었고 이어서 또 다시 한국과 일본으로 전해졌다.

따라서 불교미술은 그 과정에서 만난 수많은 토착문화와 외래문화들에 다양한 자극을 주고 받았을 것이다. 즉 이들 불교문화들은 각기 독자적인 작품을 만들어 내거나 다른 곳에서 이미 제작되어진 예를 모방하기도

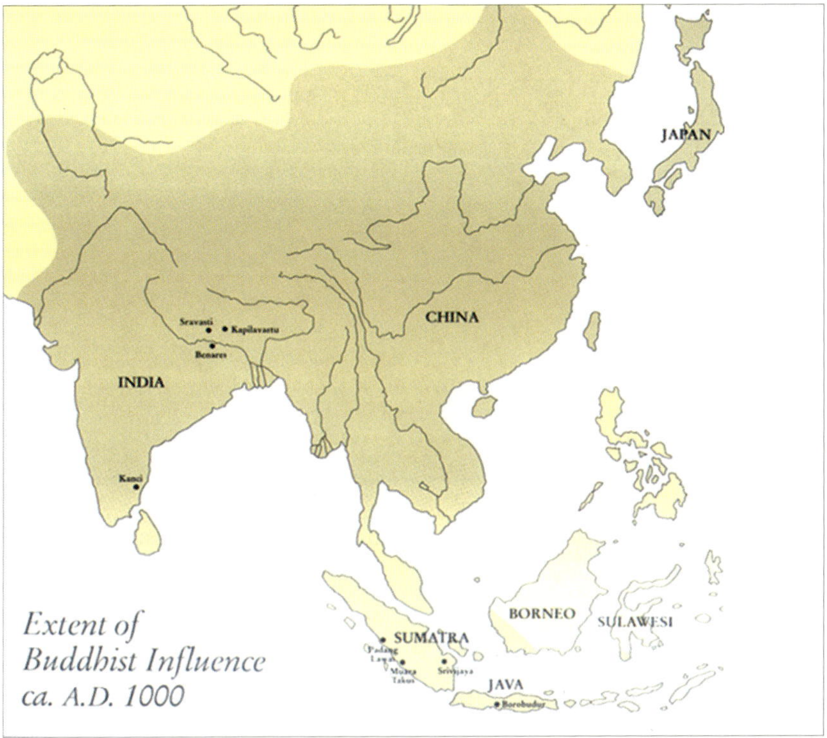

11세기경의 불교국가

하였을 것으로 짐작된다. 또한 빠른 속도로 전래된 과정을 통해 이른 시기부터 멀리 떨어져 있는 지역에까지 제각기 중요한 미술작품들이 만들어졌다. 즉 인도 불교미술은 전파되는 과정에서 그 지역의 특성을 수용하면서 발전했기 때문에 나라마다 독특한 불교미술이 생성되었다. 더욱이 알렉산더대왕의 동방원정에는 그리스 문화적 소질을 지닌 원정대들의 이동과 교류, 강점 후의 정착, 그리고 페르시아 지역을 통과하면서 이루어진 동양과 서양의 문물교류는 불교문화에도 큰 영향을 끼쳐 외래적이면서도 토착적인 특성이 나타난 문화로 변모하였다.

이 경우 간다라지역에서 생성된 동서의 융합적 문화를 흔히 간다라미술이라고 한다. 특히 헬레니즘 요소가 반영된 서역의 불교미술은 정교하고 장식성이 강한 이란미술과 호화로운 인도미술의 영향을 받는 한편, 토착 서역인(돌궐족)[14]의 복식과 중국의 완벽한 조형감과도 결합되었다. 그 후 불교의 도입기를 지나 전성기에는 당나라 말에 이 지역을 지배했던 위구르족

14 좁은 의미에서는 파미르고원 동쪽 지역만을 가리키지만 넓은 뜻으로는 아시아 중·서부와 인도 반도, 유럽 동부와 아프리카 북부에 이르는 광대한 지역까지 포괄한다. 한의 무제는 장건을 파견하여 처음으로 서역을 개척했고, 선제는 서역도호부를 설치했다. Daum 사전 참고

의 영향과 네팔·티베트의 밀교적인 요소까지 가미되어 다양하고 독특한 서역의 불교미술이 형성되었다.

네팔 키티푸르의 chilancho stupa(상) 라오스 비엔티엔 탓루앙사원의 스투파(하)

한편 중국에서는 인도와 서역의 불교미술로부터 영향을 받으면서 각 시대 불교문화 수용의 성격에 따라 나름의 독특한 불교미술이 발전했다. 서역지방에 불교가 전해진 것은 기원전 3세기경 아쇼카왕 때로 알려지고 있다. 그러나 본격적인 번성은 기원 1세기 굽타왕조 때였다. 굽타왕조는 인도 서북부에 있으면서 중앙아시아로 세력을 확장하였고, 이때 불교도 급속하게 이 지역에 융성하기에 이르렀다. 그러나 중국과 인도의 접점에 자리한 서역불교는 언어와 풍속의 차이로 엄밀한 의미에서 인도불교와 차이가 있다. 인도불교가 힌두쿠시산맥을 넘어 서역으로 전해져 뿌리를 내렸을 때 그 불교는 인도불교와 같은 것은 아니었다. 그것은 한역불전(漢譯佛典)에서 사용한 단어 가운데 서역적 표현의 예가 많이 나타나는 것에서도 알 수 있다. 인도불교사에 따르면 한 예이지만 아미타와 같은 신앙은 페르시아의 영향을 받은 것으로 보기도 한다.[15] 또한 신장 위그르지방에서도 경로에 때라 서로 다른 불교양식, 주로 상좌부불교의 모습이 주로 나타나지만 대승불교도 있음을 알 수 있다.

한편 디트리히 제켈은 인도미술을 다음과 같은 몇 단계로 구분하여 각각의 특징을 해석하였다. 즉 준비기, 형성기, 원숙기(전성기), 쇠퇴기, 1200년

15 사사끼, 권오민역, 인도불교사, 경서원, 2006

경 인도에서는 소멸기로 구분하였다. 그러나 다른 지역에서는 1000년부터 1400년까지 세 번째의 발전기를 맞아 마지막 꽃을 피웠다라고 서술하였다. 즉 여기에서 다른 지역이라 함은 캄보디아의 크메르제국을 비롯하여 타이의 수코타이, 중국의 송, 한국의 고려, 일본의 후지와라시대(藤原時代)[16]와 가마쿠라시대(鎌倉時代)[17]를 말한다.[18]

준비기 : 불교미술의 준비기는 기원전 1세기 후반부터 기원후 1세기까지 이어졌다. 붓다의 열반 후부터 기원전 1세기까지는 불교미술이라 할 수 있는 대상은 금기하거나 발전하지 않았던 것으로 본다. 그러나 기원후 2~3세기의 불교미술은 불상과 여러 대승불교 도상들이 등장하면서 급속도로 성장하였다. 2세기부터 5~6세기까지 이어진 최초의 창의적 시대는 간다라와 마투라, 아마라바티, 굽타 제국에서 융성하였다.

형성기 : 준비기 뒤에 이어진 모든 발전의 기초가 형성되었던 이 시대는 크게 두 시기로 나눌 수 있다. 첫 단계인 형성기는 2~3세기이고, 다음 단계인 원숙기는 4~6세기까지 지속되었다. 같은 시대에 불교미술은 이미 인도네시아와 인도차이나에서도 발전을 시작하고 있었다. 인도의 영향이 중앙아시아를 거쳐 빠른 속도로 중국에 이르렀기 때문에 중국에서도 이미 위진 남북조시대[19]라 할 수 있는 300년부터 600년 사이에 불교미술의 첫 전

보르부드르, 인도네시아

16 나라시대에 강력한 귀족으로 성장했던 후지와라(藤原)는 천황의 외척으로 천황가에 버금가는 강대한 귀족의 지위를 차지했다. 969년부터 100년에 가까운 시기의 정치를 섭정과 관백의 첫 글자를 따서 섭관정치라 하며, 이 시대를 후지와라 시대(藤原時代)라고도 한다.

17 미나모토노 요리토모가 헤이시를 멸망시키고 일본 최초의 무가정권인 가마쿠라 막부를 창립한 1192년대부터 가마쿠라 막부가 망한 1333년까지의 약 150년간을 막부가 있던 소재지의 이름을 따서 가마쿠라시대(鎌倉時代)라고 부른다.

18 디트리히 제켈, 이주형 옮김, 불교미술, 예경, 132쪽

19 위진 남북조시대(魏晉 南北朝時代, 220년 ~ 589년)는 중국의 역사에서 위진시대와 남북조시대를 통틀어 일컫는 단어이다.

성기를 맞이하였다. 600년부터 750년 사이에 굽타양식이 동아시아에 전해졌을 무렵, 인도에서는 이미 불교미술이 쇠락의 길을 걷고 있었다. 8세기 중엽은 인도주변의 불교국가에서는 불교미술이 가장 번성하였던 시기이다. 인도네시아에서는 중부 자바미술이 그렇고 인도차이나에서는 드바라바티와 크메르 초기미술이 크게 번성하였다. 또한 중국에서는 고전적인 唐 미술이, 한국에서는 통일신라 미술이, 일본에서는 奈良 미술이 각각 꽃을 피웠다. 자바의 보로부두르, 중국의 천룡산석굴, 한국의 석굴암, 일본의 도다이지(東大寺)대불은 이 시기가 낳은 대표적인 걸작들이다. 이들은 8세기 중엽 전성기의 고전미술에 나타나는 특징을 공통적으로 보여준다. 비슷한 시기에 여러 나라에서 걸작들이 등장하게 된 것은 그 이전 수백 년 동안 발달했던 문화적 기반을 자양분으로 삼아 성장할 수 있었기 때문이다.

쇠퇴기 : 인도에서는 불교미술이 늦어도 1,200년 무렵에는 자취를 감추었다. 그러나 1,000년부터 1,400년까지 다른 지역에서는 불교미술 역사상 세 번째의 발전기를 맞아 마지막 꽃을 피웠다. 캄보디아의 크메르제국, 타이의 수코타이, 중국의 송, 한국의 고려, 일본의 후지와라시대와 가마쿠라시대가 이에 해당한다. 이 시대에는 인도문화권의 굽타 양식이나, 동아시아의 당나라 양식과 같이 보편성을 지닌 고전적 양식이 더 이상 존재하지 않았다. 그 대신 지역적인 특색이 보다 분명하게 나타나 더욱 여러 갈래의 계보로 나뉘었다.

마지막 단계라고 할 수 있는 15세기 이후의 네 번째 시대에는 독창성이 결여되고 창의력이 소진되어 고전시대의 모델만을 답습하며 깊은 정신성과 활력이 사라진 표현양식이 등장하였다. 이것은 불교가 처한 말기적인 운명에 기인한 것이었다. 인도는 물론 그 밖의 여러 지역에서 공통적으로 불교는 점차 힌두교나 유교와 같은 재래의 종교 전통에 자리를 내주게 되었다. 더욱이 인도에서는 이슬람교의 발흥에 의하여 불교가 설 자리가 없었다. 그러나 소승불교 국가에서는 다소 구태의연하지만 원리적이거나 오랜 전형 형식을 반복하면서 민중의 종교, 혹은 민족 종교로서 존속하게 되었다.

티벳의 스투파, 전각 위에 특유의 불탑을 올렸다. (좌)
중국 불궁사 목탑 (우)

그렇다면 한국으로의 전래는 어떠한가?

당연히 우리나라에 전래된 불교는 인도에서 직수입된 것이 아니다. 지리적 여건으로 인하여 중국으로 부터 불교를 받아들였는데, 중국불교 역시 인도에서 직접 전래된 것이 아니라 서역의 불교를 받아들임으로부터 시작되었다. 중국에 불교가 전래될 당시 서역출신 구마라집(343-413, Kumarajiva)과 같은 역경승려들의 활약이 대단하였다. 그래서 우리나라에 불교가 전래되기 까지 인도에서 비롯되어 서역을 거친 불교는 중국으로, 다시 한국으로 또 다시 일본으로 여러 단계를 거쳐 전래된 것이다. 따라서 그 과정에서 상당한 '변모 양상'이 일어난 것은 당연하다.

그런 인도불교도 크게 두 가지로 나뉜다. 하나는 빠알리 삼장으로 대표되는 테라와다불교(상좌부불교, 남방불교, 소승불교)이고, 또 하나는 산스크리트어로 된 대승불교이다. 모든 불교의 뿌리는 빠알리 삼장에서 시작되기 때문에 산스크리트어로 이루어진 대승불교는 인도 초기불교가 나누어지고 변형이 이루어진 결과로 이루어졌음을 알 수 있다. 따라서 우리나라의 불교는 적어도 초기불교, 대승불교, 서역불교, 중국불교, 한국불교로 이루어진 여러 단계의 변형과정을 거쳤다고 할 수 있다.

한국의 불교미술은 대체로 중국의 영향이 크게 작용했으나 때로는 서역이나 인도와의 직접적인 교류도 가능했을 것으로 보인다. 한국에 불교가 전해진 시기는 삼국시대로 고구려에는 372년, 백제에는 384년에 전해졌고, 신라에서는 527년에 공인되었다. 이때 불교와 함께 불상과 경전이 들어오고 곧 초문사와 이불란사 등 여러 절이 세워졌다는 기록이 있으나 당시의 유물로 확인되는 구체적인 예는 찾아보기 어렵다. 그러나 불탑은 거대한 구축물이기 때문에 쉽게 인도 불탑과 같은 원형이 쉽게 들어 올 수 없었다는 점을 이해해야 한다. 그래서 각국의 불탑이 재료와 형식을 달리하는 다양한 모습으로 남아 있는 것이다.

4. 미얀마의 불교 수용과 전개[20]

기원전부터 인도와 동남아 여러 나라는 이동과 무역, 문화교류가 활발하게 이루어졌다. 특히 미얀마는 지리적으로 불교 발생국 인도와 불교가 전래되어 더욱 발전한 스리랑카와 가까이 있어 오래전부터 육로나 해로로 내왕이 가능했고 특히 해로를 통한 교류가 더 활발하였다. 불교의 전래는 크게 상좌부불교가 인도에서 스리랑카를 거쳐 미얀마를 비롯한 동남아시아 지역으로 전래된 모습과 대승불교가 인도에서 서역을 거쳐 중국을 비롯한 동북아시아 지역으로 전래된 양상으로 나누어진다. 즉 인도 불교 중 상좌부불교의 영향은 스리랑카에서 더욱 발전하였고 미얀마를 거쳐 태국이나 라오스, 캄보디아 등 광범위한 동남아지역에까지 이르렀음을 이해할 수 있다. 그러나 미얀마로의 불교의 전래 또한 이 양상에서 크게 벗어나지는 않지만 세부적으로 보면 사뭇 다른 모습도 나타난다. 즉 스리랑카를 통한 상좌부불교의 전래뿐만 아니라 다양한 부파의 불교가 전래되었다고 할 수 있다. 더불어 버강(Bagan; 9-14세기) 왕조 이전에 버강 지역에 대승불교에 속하는 아예찌(Ari) 불교[21]가 성행하였다는 사실은 미얀마에 대승불교도 전래되었음을 알 수 있는 부분이다. 또한 개방적 종교관이 정령신을 포

20 정기선, 미얀마불교의 역사와 사회적 위상, 동국대학교 불교대학원 석사학위논문, 2015년
김성원, 미얀마의 종교와 사회, 부산외국어대학교 출판부, 2005을 주로 참고함.

21 아예찌(Ari) 불교란 7세기경 인도, 티벳 상인들이 미얀마로 드나들면서 전파된 부파로 낫신앙, 나가(naga, 海龍)숭배사상 등 모든 정령을 포함하는 형태였다. 이 불교를 수행하는 승려들은 정법을 중시하지 않고 술을 마시고 격투기를 즐겼으며 심지어 성관계를 하는 등 불교수행과는 동떨어진 생활을 하였다.

용하고 힌두교와 혼합된 독특한 양상이 나타나는 성격이다.

정령신 쉐모진 낫과 쉐지가 낫, 쉐지곤불탑 주변에 자리함.

주지하는 바와 같이 미얀마는 상좌부불교의 전통을 꽃피운 나라이다. 그렇다면 미얀마의 불교 전래의 시원적 근거를 어디에서 찾을까? 미얀마의 불교는 언제 어떻게 누구에 의해서 전래되었고 어떻게 변화하였을까? 지리적 인접성 때문에 미얀마로의 인도 불교 전래를 쉽게 짐작할 수 있으며, 특히 석가족과 미얀마에 얽힌 전설들이 현재까지 전해지고 있어 이를 짐작하게 한다.[22]

미얀마 초기불교의 역사를 알 수 있는 구체적인 예를 찾기는 어렵지 않다. 다만 실증적인 것이라기보다는 다소 설화적인 것이 주를 이룬다. 즉 어떤 것은 구전으로 전해져 내려오기도 하고 어떤 것은 비문이나 패엽(貝葉)[23]에 의하고, 어떤 것은 후대에 편찬된 연대기에 기록되어 전해지고 있다. 전래의 형태 또한 부처가 직접 미얀마를 방문하였다는 설화와 불사리(佛舍利)를 가져온 내용과 삼장(三藏)[24]의 전래 등 다양하다.

비록 설화적인 내용이지만 가장 유명한 내용으로 미얀마 최초의 건국은 인도의 석가족이 남하하여 세운 더가웅(Tagaung) 왕국이라는 전설을 들 수 있다. 건국은 두 차례에 거쳐 이루어지는데 제1차 건국은 기원전 850년경이라고 한다. 이 시기는 부처의 탄생이전으로 석가족 사이의 내분으로 인하여 카필라국의 왕자 아비라자(Abhiraja)가 군대를 이끌고 남하하여 현재 미얀마 중부의 에야와디江 유역에 정착하여 나라를 건국하였다는 것이다. 이러한 전설에 기인하여 미얀마인들은 그들의 최초 왕국인 더가웅 왕국은 기원전 850년경 인도 석가족이 이주해 와서 건국한 것으로 생각한다. 더 나아가 석가모니가 육로를 통해 직접 미얀마를 몇 차례 방문하였다

22 조준호, 「미얀마불교의 역사와 현황 -동남아시아불교 집중 탐구-」, 불교평론, 69호, 2017, 84쪽

23 Patra나무의 잎사귀를 여러 단계 가공한 후 그 위에 글자를 새겨 보존한다. 스리랑카의 알루비하라(Aluvihara)사원에서 이 잎사귀를 이용하여 최초로 삼장(三藏)을 편찬하였다. 이를 패엽경(貝葉經)이라고 한다.

24 경장(經藏), 율장(律藏), 논장(論藏)을 합해서 三藏이라 한다. 석가의 설법은 입멸 후 제자들의 필요성에 의해 수집되어 성전(聖典)으로 전승되었다. 최초의 결집(結集)은 석가 열반 직후에 500명의 제자들이 왕사성(王舍城)에 모임으로써 이루어졌으며, 각자가 기억하고 있는 가르침을 확인하는 회의가 되었다. 다문제일(多聞第一)의 아난이 중심이 되어 교법(敎法)을, 지율제일(持律第一)의 우바리가 중심이 되어 계율(戒律)을 확인하였다. 이 중 교법은 차차 정리되어 경(經, Sutra)이라고 불리게 되었고, 이것이 모여서 경장이 되었다. 한편, 계율은 수도생활의 규정과 불교 교단의 규칙을 이야기하고, 그것이 차차 증대, 정비되어 율장이 되었다. 이 경과 율은 석가 열반 후 제자들에 의해 전승되었으나, 얼마 뒤 교법에 대한 연구와 해석이 발달하여 오랜 기간에 걸쳐 많은 저서가 나왔다. 그런데 이는 제자들의 손에 의해 이루어졌다고 해서 경장과 구별하여 논장이라고 하였다. 경·율·논을 총칭하는 삼장은 기원전 1세기경부터 패엽(貝葉)이라고 불리는 나무 잎사귀에 새겨졌다. 특히, 습기가 많은 긴 우기를 가진 인도에서는 패엽에 새긴 경·율·논을 보존하기 위하여 네모난 광주리에 따로 보관하게 되었으므로 삼장(세 개의 광주리)이라고 불리게 되었다. 『불교개론』(이기영, 한국불교연구원, 1977), 한민족문화대백과사전에서 참조

고도 한다. 이 때문에 모든 미얀마의 왕조들은 시원을 석가족의 계보에서 구한다.[25] 이러한 전설은 인도와 미얀마가 지리적으로 가까이 연결되어 있어 어느 정도 신빙성이 있다고 할 수 있다.

그 외에 미얀마의 상징인 쉐다곤 불탑의 건립 설화도 부처와 직접 연결되어 있다. 율장(律藏, Vinaya Pitaka)의 대품(大品, Mahavagga)에 의하면 보리수 아래서 깨달음을 이룬 부처에게 최초로 공양을 올렸던 사람들은 따뿟사(Tapussa)와 발리까(Bhallika)였다.[26] 이들은 먼 거리를 왕래하는 무역 대상이었는데 마침 성도지(聖道地) 보드가야를 지나다가 부처를 뵙게 되었고 최초로 귀의한 제자가 되었다. 이처럼 초기교단에는 출가한 제자들 외에도 훌륭한 재가신자들이 많았다. 두 사람은 미얀마에서 인도 서북쪽까지 무역하는 대상으로 보드가야를 거쳐 다시 동쪽의 미얀마를 향해 가는 중이었는데 이 때 부처께 올린 공양에 대한 답례로 부처는 이들에게 머리카락 8개를 뽑아 주었다. 이 때 가져온 부처의 머리카락을 안치한 곳이 바로 현재 미얀마의 상징적 불탑인 쉐다곤 불탑이라고 전한다.

한편 부처의 생존시에 미얀마를 다녀갔다는 전설도 있다. 석가모니 부처가 8회 안거를 보내고 있을 때 가왕빠띠(Gavampati) 장로가 부처께 간청을 하여 라만냐데사(Ramannnadesa, 현재 미얀마의 남부)의 수담마푸라(Sudhamma pura) 왕국을 방문하여 그들에게 부처의 교법을 설하고 불법을 전파하였다는 설화이다. 가왕빠띠 장로는 소위 대승불교인 북방 불교

25 최초의 더가웅 왕국은 중국 윈난성으로부터 침입한 이민족에 의해 멸망했으며 그 후 부처님 在世 時에 코살라국으로부터 멸망당한 석가족이 현재의 미얀마로 도망쳐 와 더가웅왕국의 남은 일족과 힘을 합쳐 2차로 왕국을 일으켰다고 한다. 더 나아가 석가모니 부처님이 육로를 통해 직접 미얀마를 몇 차례 내방하였다고 한다. 부처님은 500명의 아라한과 함께 미얀마를 방문하여 많은 사람들을 교화하였으며, 아난다에게 미래에 이 땅에서 불교가 크게 번영할 것이라 예언하기도 하였다 한다. (조준호, 앞의 논문, 2017, 84쪽)

26 마성스님의 붓다의 생애와 사상 33. '붓다의 뛰어난 남자신도'에 의하면 '주석서의 철자는 Tapassa Bhallika 이며, 버마 장경에는 Taphusso, Tapussa로 되어 있다. A.IV, p.438에는 Tapussa로 되어 있다'라고 하였다.(만학골 풍경소리, (3) 불교의 기원 - 불교흥기의 자연적 배경(http://cafe.daum.net/shyangg77); 마성/팔리문헌연구소장의 글(http://cafe.daum.net/wonbulsatemple)

미얀마의 상징 쉐다곤 불탑, 양곤

■ 타뿟사와 발리까에게 머리카락을 주는 부처

권에선 익숙한 이름이 아니지만 근본불교인 남방 불교권에서는 비교적 잘 알려진 부처의 제자로서 漢譯으로는 교범바제(僑梵波提, Gavampati)라 칭하고 있다. 상윳따 니까야(Saṃyutta Nikāya) 가왕빠띠경(Gavampati-sutta)에 사성제(四聖諦)에 관한 가왕빠띠 장로의 고백이 나온다.[27] 부처 입멸 후 가왕빠띠 장로는 33개의 성치(聖齒)를 받아 지참하여 수담마푸라의 시하(Shiha)왕에게 바치는데 왕은 그것으로 여러 곳에 탑을 세웠다고 한다.[28]

위와 같이 더가웅 건국 설화와 쉐다곤 불탑 건립 설화 등 미얀마 불교의 전래와 불탑의 기원에 관한 몇몇 논거가 있지만, 보다 구체적이며 실증적인 예는 아무래도 부처의 입멸 이후에 나타나는 것들이다. 즉 이들 외에 더 신빙성 있는 설화는 아소카왕에 의한 수와르나부미(Suvarnabhumi/Pali; Suvannabhumi, 金地國)로의 불교 전래 설화이다. 입멸 이후 불교는 시대적 흐름과 교도의 증가에 따라 각 지역으로 퍼져 나가며 지역의 특성과 환경에 맞추어 수용된다. 특히 붓다의 입멸 후부터 기원전 3세기의 아소카왕 시대에 이르는 기간 동안 불교는 여러 중요한 시기를 맞았다. 소위 불멸후에 나타나는 구체적인 불교적 사건은 1차결집과 2차결집이다. 〈제1차 결집〉은 불멸 후 100일이 못되어 부처의 가르침을 수제자들을 중심으로 經(혹은 法)과 律(혹은 戒律)로서 정리하였던 것이고 2차결집은 붓다 입멸 후 100년경 10가지 계율 항목에 대해 그 당시의 승단 사이에서 여러 가지 상이한 해석과 전승이 나타난 시기로서, 완만하게 변경하거나 새로운 조항을 만들거나 하였던 것을 탓하고 계율을 더 엄정히 적용하려는 과정이었다. 그러나 〈제2차 결집〉을 계기로 계율이나 경전을 엄격하게 유지하는 북서, 남서 인도의 보수적인 상좌부(소승불교 혹은 남방불교)와 계율 등을 자유롭게 개변하는 경향에 있던 인도 동부의 개혁적인 대중부(대승

27 Gavampati-sutta (S56:30), 상윳따니까야 6권 (각묵, 초기불전연구원, 2009년), p.412-413

28 양승윤 외, 『미얀마』(서울 : 한국외국어대학교 출판부, 2005). p.37. p.192.

불교 혹은 북방불교)라는 2개 파로 불교교단이 분열하였다.[29] 이것을 불교사가들은 근본분열(根本分列)이라고 부르고 있다. 이로부터 다시 200~300년이 흐르는 동안 대중·상좌의 양부는 다시 18 또는 20부파로 나누어지게 되는데 이를 지말분열(枝末分列)이라고 한다.

이러한 과정을 거치며 나름대로 종교적 성격을 띠고 발전한 불교는 시대적 흐름에 따라 각 지역으로 널리 퍼져 나가며 그 지역의 특성과 환경에 맞추어 변모된 모습으로 수용된다. 특히 부처의 입멸 후부터 기원전 3세기경의 아소카왕(King Asoka)시대에 이르는 기간 동안 불교는 여러 중요한 시기를 맞았다. 이때에 이르러 불교는 인도를 벗어나서 스리랑카와 미얀마를 비롯한 인근의 여러 나라로 그 교세를 확장하게 되는데, 전승에 의하면 9개국으로 전법사를 파송했다고 한다. 이처럼 인도의 이웃의 다른 나라에 불교 전도단을 파견했다는 내용은 고대문헌과 함께 아소카왕 비문의 마애법칙 제13장에도 기록되어 있다. 이때 미얀마의 수와르나부미(Suvarnabhumi/ Pali; Suvannabhumi, 金地國)로의 불교 전래 설화가 관심을 끈다. 이러한 9개국으로의 불교전래와 관련하여 가야트리는 "아소카왕이 불교의 보호자로서 행한 이런 행위들은 지구상의 어떠한 종교의 역사에서도 찾아볼 수 없다."라고 주장하고 있다.[30] 확실히 불교로 귀의한 이후 아소카왕의 열정은 그의 제국만이 아닌 타국에까지 불법의 전파에 노력을 기울였던 것이다.

특히 인도를 통일한 아소카왕은 기원전 232년[31] 파탈리푸트라(Pataliputra: 현재의 patna)에서 불법의 증진과 교단의 정화를 목적으로 목갈리풋따띳싸(Moggaliputta Tissa)장로를 중심으로 〈제3차 불전결집(3rd Buddhist Council)〉을 단행한다. 약 1,000명의 장로들이 모여 9개월간 행해진 이 결집은 불전을 암송하는 것에 그치지 않고 정화된 교단을 중심으로 불법(Buddha Sasana)이 인근의 9개국으로 전파되어 나갈 수 있는 토대를 만들었다. 확실히 불교로의 귀의 이후 아소카의 열정은 그의 제국만이 아닌 타국에까지 불법의 전파에 노력을 기울였다.

이 사건과 관련하여 마하왐사(大史: Mahavamsa)[32]에는 아래와 같이 9개

29 불멸 후 100일이 못되어 부처의 가르침이 흩어지는 것을 염려한 수제자들을 중심으로 경전을 정리하는 절차를 진행하였다. 이를 제1차결집이라고 한다. 마하깟사빠존자를 중심으로 한 인도 안의 5백명 아라한(혹은 비구)들이 마가다국의 수도 라자가하(王舍城) 교외의 비파라산(毘婆羅山)에 있는 칠엽굴(七葉窟)에서 교단 제일의 장로인 가섭을 상수(上首)로 모여 기억한 교법을 합송하여 경전화 했다. 지계(持戒) 제일인 우빨리(優波離)존자가 律을, 다문(多聞) 제일인 아난다(阿難)존자가 經(혹은 法)을 기억하고 그 내용을 점검하여 경전으로 확정하였다. 경,률,론 삼장으로 완성되는 경전 중, 경장과 율장은 이 때 확정된 것이다. 논장에 대하여서는 사서에는 제3차결집까지 아무것도 기록되지 않았다. 이후의 모든 경전의 골격이 되었으며 이를 오백결집, 왕사성 결집, 또한 상좌결집이라 한다. 제2차결집은 불멸 백년후 마가다국과 꼬살라국의 중간에 있는 웨살리라는 마을에서 현지 비구들이 10가지 계율 항목에 대해 완만하게 변경하거나 새로운 조항을 만들거나 하였다. 즉 오전중이라면 몇 번이라도 식사해도 괜찮다든가 병들었을 때는 약식으로 적은 양의 술을 마셔도 괜찮다든가. 금이나 은을 받아 저축해도 괜찮다 등등 이런 사소한 것 10가지에 대하여 기존의 입장과 다른 것을 행하고 있다. 또한 포살 때에 한곳에 모이지 않아도 근처의 비구끼리 포살을 해도 좋다고 하는 것도 10가지 항목 안에 있었다. 그러나 이러한 계율의 변경에 대해서 장로들이 모여 웨살리 비구들이 서로 합의한 10가지 항목 전부가 잘못이라고 물리쳤다. 이러한 율장에 관련한 경전의 혼란을 묻기 위해서 웨살리에 7백인의 장로들이 모여 경전의 결집을 실시한 것을 제2차 결집이라고 한다. 그러나 제2차 결집을 계기로 계율이나 경전을 엄격하게 유지하는 북서, 남서 인도의 상좌부와 계율 등을 자유롭게 개변하는 경향에 있던 인도 동부의 대중부라는 2개 파로 불교교단이 분열하였다.

국에 전법사를 보냈다고 전하고 있다.

1) Mahamahinda thera - Sihaladipa (현재의 스리랑카)

2) Sona thera, Uttara thera - Suvannabhumi (현재 미얀마의 따톤 지역)

3) Maharakkhita thera - Yona (현재 미얀마의 샨 지역)

4) Rakkhita thera - Vanavasi (현재 미얀마의 삐에 지역)

5) Yonakadhammarakkhita thera - Aparanta (미얀마 이라와디서부)

6) Majjhantika thera - Kasmiragandha (캐시미르와 간다라 지역)

7) Mahareva thera - Mahimsakamandala (인도의 안드라 프라데시 지역)

8) Mahadhammarakkhita thera - Maharattha (현재의 태국)

9) Majjhima thera - Cinarattha (간다라 인근 지역)[33]

이때 미얀마의 남부지역 타통(Thaton)지방인 수반나부미(Suvannabhumi)? 혹은 수와르나부미(Suvarnabhumi/ Pali; Suvannabhumi, 金地國)에는 쏘나(Sona: 消那)와 웃타라(Uttara: 鬱多羅) 장로가 파송되어 불법을 전했다고 한다. 그 중에서도 특히 아소카는 아들인 마힌다(Mahinda)와 딸인 상가미타(Sanghamitta)를 스리랑카에 보내어 불교를 전해 주는데 스리랑카의 불교는 이로부터 확고히 성립하게 된다. 이때 전래된 불교는 상좌부불교(上座部佛敎, Theravada Buddhism)로서 이 상좌부불교는 서북인도에서 스리랑카(Sri Lanka)를 거쳐 동남아시아의 여러 국가에 전승되므로 이를 남방 상좌부불교(南方 上座佛敎)라고 부른다. 이러한 남방의 상좌부불교는 한 가지 공통점을 지니고 있는데 그것은 아소카왕의 후원 하에 목갈리풋타 띠사(目健連帝須, Moggaliputta Tissa)장로를 상수로 하여 결집된 팔리어 삼장(三藏)이 마힌다에 의하여 스리랑카에 전래되었고 이 팔리어 삼장이 동남아시아의 남방 상좌부불교의 근본싱전(根本聖典)이 되어 있다는 것이다.

또한 니하란잔 레이(Niharranjan Ray)는 "해안 일부 지역을 포함한 하부 미얀마는 중세 시대에 수와르나부미로 알려져 왔다는 것이 미얀마의 담마제디(Dhammazedi, 1472-1492년)왕이 세운 깔리야니 비문(1476)을 통해서 증명되었다."[34] 라고 하였다. 더불어 스리랑카의 역사서인 『마하밤사(Mahavamsa)』

30 Gayatri Sen Majumdar, "Early Buddhism and Laity", Kolkata, Maha Bodhi-Book Agency, 2009. p.163.

31 한편 제3차 결집의 개최 연도는 여러 가지 전승이 상이하다. 여기서는 Roger Bischoff, Buddhism in Myanmar, Kandy : The Wheel Publication No.399/401, 1995. p.9.를 인용하였다.

32 스리랑카의 역사서. 대왕통사(大王統史)라고도 불린다. 또 다른 역사서인 Dipavamsa(島王統史)에도 이와 비슷한 내용이 전한다.

33 Sāsanavamsa. Translated by B.C. Law: The History of Buddha's religion, (Delhi : Sri Satguru Pub, 1986), pp.11~14.

34 Niharranjan Ray, 『An Introduction to the Study of Theravada Buddhism in Burma』, Orchid Press, 1946, 3쪽; 정기선, 앞의 논문, 2015, 22쪽에서 재인용

에 기록된 이 인근 9개 포교지역 중 4개소[35]가 현재 미얀마 지역임을 알 수 있다.[36] 이는 수와르나부미는 '황금의 땅'이라는 의미인데 현재 미얀마 전 지역에 건립된 황금색 파고다를 연상하게 하는 이름이기 때문이다. 하지만 이때는 시기적으로 버마족이 아직 미얀마 땅에 이주해오지 않았기 때문에 이 지역은 '황금의 땅'을 의미하는 미얀마 남부의 몬(Mon)족 지역의 타통(Thaton)을 지칭한 것으로 보아야 할 것이다.[37] 또한 미얀마 외에도 동남아 대부분의 나라는 몬족에 속하기 때문에 불교의 전래와 수용에 있어 수와르나부미를 자기 나라와 관련 짓는 경우가 많다. 특히 몬족은 일찍이 인도문화의 영향을 받은 민족으로 상좌부 불자들이었다고 볼 수 있다. 뿐만 아니라 남부 미얀마에는 또 다른 민족인 퓨(Pyu)족이 살고 있었는데 이들은 수도를 스리 크세트라(Sri Ksetra)로 정하고 기원후 3세기 중엽에는 상좌부불교를 수용하였다.[38]

미얀마는 이와 같은 불교전래의 역사 이외에도 여러 가지의 다른 전래 설화를 간직하고 있는 나라로서 미얀마 인들의 심성의 기저에 깔려있는 불교적 정서들에 대한 이해가 가능하다. 또 다른 미얀마의 불교연대기(佛敎年代記)인 싸사나왐사(Sāsanavamsa)[39]는 미얀마의 불교전래에 관한 여러 가지의 설화들에 관해 서술하고 있다. 이 연대기는 1861년 미얀마의 승

바간 평원 불탑 위의 기구(김창국 사진)

35 9개 지역이라 함은 캐시미르, 간다라, 시리아, 이집트, 마케도니아, 스리랑카와 미얀마의 여러 지역이다. 미얀마지역은 수반나부미(Suvannabhumi)- 현재 미얀마의 타톤(Thaton)지역/ 요나(Yona)- 현재 미얀마의 샨(Shan)지역/ 바나바시(Vanavasi)- 현재 미얀마의 뻬에(Pyay)지역/ 아파란타(Aparanta)-현재 미얀마의 에야와디(Ayeyawady) 강 서부를 말한다.

36 R. Mookerji, 『Asoka』, Delhial Banarsidass Publishers, 1989, 33쪽; U. Ottara Nyana, 「Sanha and Royalty」, A thesis submitted for the degree of Doctor of Philosophy of Delhi University, 1977, 46~48쪽; 조준호, 앞의 논문, 2017, 85쪽에서 재인용함

37 조준호, 앞의 논문, 2017, 86쪽

38 정준영, 남방불교의 수행문화 형성(http://cafe.daum.net/senani/dA0J/17)

39 이 연대기는 미얀마에 불교가 다양한 경로로 전해진 불교사적인 논점들에 대해 서술하고 있다. 1897년 Dr. Mabel Bode에 의하여 Pali Text Society에서 처음 편집되었다.

려인 빤야싸미(Paññāsāmi)가 스리랑카의 역사서인 마하왐사(Mahavamsa)와 여러 다른 빨리어 및 버마어 기록들을 참조하여 저술하였다. 고대 인도의 평민어인 빠알리(Pali)어[40]로 쓰여진 미얀마 불교연대기인 싸사나왐사(Sāsanavamsa)는 미얀마의 여러 다양한 불교 연대기들을 서술하고 있는데, 연대기의 서두인 연등불의 수기 장면부터 11세기까지의 불교연대기는 많은 전설과 신화적인 내용을 보여주고 있지만, 11세기 이후의 연대기는 비교적 정확하게 기술되어 있어 미얀마의 불교역사를 연구하는 데 있어 아주 중요한 자료로 평가받고 있다. 다른 저작물들과 달리 Sāsanavamsa는 왕들의 역할에 대해 강조하고 있는 것이 특징이다. 이 연대기는 미얀마의 불교 수용에 있어 다양한 경로로 불법이 전래되었지만 바로 흥기한 것이 아니라 몇 차례의 부침을 거치며 수용되었다는 것을 보여준다. 이은구는 "버마 전 지역에서 불교 전래에 관한 전설은 하나에 그치지 않고 실로 다양하다. 그것은 버마 불교의 전파가 한 번에 이루어진 것이 아니라는 사실을 반증하는 것이다.[41]"라고 말하였다. 미얀마는 이와 같은 불교전래의 역사 이외에도 여러 가지의 다른 전래설화를 간직하고 있는 국가이다.

하여튼 미얀마로의 불교 전래는 오랜 기간에 걸쳐 여러 과정으로 전래되었겠지만, 관련 설화와 기록에 비추어 봤을 때 기원전 2세기-3세기 무렵에는 미얀마의 일부 지역에 불교가 정착했을 것이라 알려지고 있다. 특히 스리랑카와 더불어 미얀마도 아소카왕에 의해 불교가 전래된 것이라 이해된다.

또한 시간이 흐르면서 인도에서는 불교의 위상이 점차 약해지는 반면, 스리랑카는 불교를 굳건히 유지하였고, 당시 미얀마의 버강왕조는 스리랑카와 연관이 깊은 타통왕국으로부터 상좌부불교를 전래 받았으므로 미얀마로의 불교 전래는 스리랑카의 상좌부불교의 영향이 크다고 생각된다.

그러나 미얀마는 상좌부불교뿐만 아니라 대승불교를 포함한 다양한 부파의 영향을 받았기 때문에 불탑의 전래양상에 있어 다양성을 보이고 있다고 생각된다.

그중 가장 많이 알려진 전래설화로서 '다가웅 건국에 관한 기원설화'가 가장 잘 알려진 내용이다.

40 팔리어는 본래 서부 인도의 평민계층에서 쓰던 속어(俗語, 프라크리트)이다. 붓다는 상류계층의 언어인 산스크리트어(梵語)가 아니라 평민계층의 말인 팔리어로 설법하였다. 팔리어는 붓다가 활동하였던 인도동부의 마가다어로서 붓다의 말씀이자 친설로 간주되고 있다. 붓다의 입멸 후 원시불교의 교단이 서부 인도로 확대됨에 따라 성전 기록용 언어가 되었다. 그러나 근래에 들어 팔리어는 아소카왕의 비문이나 문헌학적 연구에 의하면 서부 방언적 요소를 더 가지고 있다고 밝혀지고 있다. 또한 네팔이나 인도 중남부 지역에서 발견된 몇장의 패엽경과 금석문을 제외하면 현존하는 대부분의 팔리경전들은 17세기 이후에 동남아시아불교의 영향 하에 새롭게 필사된 것으로 밝혀졌다.
불교는 기원전 3세기경 아쇼카왕 시대에 마힌다에 의해 스리랑카에 전해졌고 이후에 미얀마·타이·캄보디아 등 동남아시아의 여러 지역으로 퍼져 이른바 남방 불교를 형성하였다. 이 계통을 상좌부(上座部)라고 하며 부파 불교중에서 삼장(三藏)을 완전히 보존하고 있는 것은 팔리어 삼장(三藏)뿐이다. 따라서 이에 대한 권위와 최고의 위치를 점하고 있는 것은 사실이다. 또한 팔리어 삼장은 북방전래의 대승 불교에 전해지는 한문어·티벳어의 경전과 대등한 3대경전군의 하나이다. cafe,daum,net,sangwonsa에서 주로 참고함.

41 이은구, 『버마 불교의 이해』(서울: 세창출판사, 1996). p.28.

- **다가웅 건국에 관한 기원 설화**

세계의 많은 나라들은 저마다의 건국에 관한 기원설화가 있다. 미얀마 또한 건국에 관한 설화가 있다. 이 설화는 미얀마의 불교수용과도 깊은 관계가 있는데 특히 불교의 전래와 수용에 관한 설화는 미얀마 초기 역사에 있어 근간을 이뤄왔다고 할 수 있다. 미얀마 최초의 건국은 인도의 석가족이 남하하여 세운 다가웅(Tagaung) 왕국이라는 전설이 있다. 건국은 1·2 두 차례에 거쳐 이루어지는데 제1차 건국은 기원전 850년 경이라고 한다. 이 시기는 붓다의 탄생 이전으로 석가족 사이의 내분으로 인하여 카필라국의 왕자 아비라자(Abhiraja)가 군대를 이끌고 남하하여 현재 미얀마 중부의 에야와디 강 유역에 정착하여 나라를 건국하였다는 것이다. 수많은 세월이 흐르면서 다가웅 왕국은 내분으로 인해분열하며 그 세력이 약화되었다. 제2차 다가웅 건국은 인도의 석가족이 붓다의 재세 중 코살라(Kosala)국의 왕 위두다바(Vidudadha)에 의해 멸망한 후 일단의 종족이 남하하여 원래 있던 석가족과 합류하여 건국한 것이라는 설화이다. 이 설화의 내용은 허구일 가능성이 높지만 미얀마인들의 붓다와 관련된 불교적인 심성을 알 수 있는 중요한 설화이기도 하다. 미얀마 최고의 연대기인 야자윙(Yazawin, 王統史)에서는 버마(미얀마)의 모든 왕이 석가족의 혈통이라고 말하고 있다. "모든 버마 왕조는 석가족의 계보에서 이어져 내려온 것이며, 또 왕조가 일어났던 땅에는 반드시 붓다가 순례해 불교가 번성하는 왕국이 탄생한다."[42] 라는 예언을 하고 있다고 기술하고 있다.

역대의 미얀마 왕조들은 국가를 통치하는 원천적인 힘을 불교에서 찾았다. 바로 석가모니 붓다의 위신력에서 그 정통성을 찾았던 것이다. 이와 비슷한 예로 스리랑카의 부처 방문전설을 들 수 있다. 부처는 4회에 걸쳐 스리랑카를 방문하여 교화하였다고 한다.[43] 이처럼 불교를 국가통치이념으로 삼았던 나라들은 부처와의 연관성을 주장하고 확립해오며 정통성을 주장하였다. 미얀마의 경우 이 정통성은 바로 자신들이 석가족의 후예이자 그 혈통이 왕조에서 왕조로 면면히 이어져 내려오고 있는 것이라 주장했던 것이다. 이것은 그들 스스로 자신들이 부처의 정법을 잇고 있는 선택받은 존재라는 우월성을 갖게 했다. 이 우월성과 정통성의 밑바탕에 바로 다가웅의 건국설화가 자리하고 있다고 생각된다.

42 이은구, 위의 책, p.30.

43 Bimala Churn Law, "Dipavamsa : The Chronicle of the Island of Ceylon ",Maha- ragama, Saman Press, 1959. pp.134~144.

제6장

미얀마 불교건축의 종류와 유래

미얀마 불교건축의 종류와 유래[44]

44 이 장의 내용은 필자의 과거 논문 〈천득염, 염승훈, 『미얀마 불탑의 기원과 형식 유래에 대한 고찰』, 2018, 건축역사연구 Vol.27 No.2〉을 주로 하여 이를 새롭게 보완하였다.

1. 인도 불탑과 미얀마 초기불탑

부파야 제디

미얀마불탑의 초기형식은 인도불탑이나 스리랑카불탑의 영향을 강하게 받았을 것임은 자명하다. 결국 인도 불탑의 초기형식인 숭가왕조의 바루후트(Bharhut)불탑과 산치 제1탑, 이러한 초기적인 형식이 다소 변모한 아마라바티불탑과 나가르주나콘다불탑을 들 수 있다. 이처럼 인도초기 불탑형식은 인도 북부에서 시작하여 먼저 다소 변한 모습이 안드라와 간다라에서 보이고 그 다음에 스리랑카나 미얀마로 전래되었다고 생각된다. 이때에 미얀마에서 최초로 보이는 인도식 불탑이 KKG-3 불탑과 궤빈테콘 불탑이라고 할 수 있다. 즉 KKG-3 불탑은 인도 남동부 안드라지역의 아마라바티대탑을 전형으로 변하여 원형의 기단부가 2중으로 더 넓게 설치된 모습이다. 또한 궤빈테콘 불탑은 소위 인도 북서부의 간다라불탑이라고 말 할 수 있는 모습으로 계단이 있는 방형 기단부가 넓고 기단위에 여러 단의 드럼이 복발 하부에 있으며 상륜부가 높아지는 형식으로 탑의 전체적인 모습 역시 높아 보인다.

■ 투파라마불탑과 주변의 돌기둥, 아누라다푸라, 스리랑카

또한 숭가 왕조(기원전 2c-기원후 1c)에서 안드라 왕조로 접어들면서 인도 불탑은 탑신의 직경이 넓어지고 외곽을 돌리는 난순(欄楯)과 탑문의 장엄이 더욱 풍부해지며, 산개의 크기가 작아지는 대신 그 수가 늘어나는 양상을 보인다. 이러한 모습의 대표적인 불탑이 산치대탑으로 알려지고 있다. 또한 이처럼 산치불탑과 유사성을 지니며 약간의 변화가 이루어진 것은 인도 남동부에 위치한 안드라 지역의 아마라바티불탑으로 기단 하부 사면(四面)에 제단이 생기고 그 위에 가늘고 긴 아야카라는 5개의 기둥이 세워지는데, 이런 양상은 미얀마의 KKG-3 불탑과 매우 유사하여 이 불탑은 인도 아마라바티 불탑 양식의 영향을 받은 것이라 하겠다.

이후 숭가왕조와 안드라왕조를 거쳐 쿠샨 왕조로 넘어오면서 인도 불탑의 형태는 기존의 돔(복발)형뿐만 아니라 복발형의 하부가 여러 단의 드럼(Drum)으로 겹치고 다시 그 위에 반구형 복발이 길어지는 원통형도 나타나게 된다. 이는 기단이 중첩되고 높아질 뿐만 아니라 그 위에 올려지는 복발도 또 반구형에서 원통형으로 높아지는 모습으로 과거의 불탑형식에서 훨씬 더 수직성이 강조된 형태로 변모하게 된다. 미얀마에서 KKG-3 불탑 이후 건립됐다고 추정되는 궤빈텟콘 불탑은 쿠샨 왕조의 영향을 받은 것으로 생각된다. 특히 이 불탑은 넓은 하부 기단(Terrace)의 구성과 복발 하부의 단인 드럼(Drum), 그리고 장엄조식 등에서 간다라 지역의 날란다(Nalanda) 불탑이나 봉헌용 불탑과 유사하므로 쿠샨 왕조(혹은 이어지는 굽타왕조)의 간다라 지역 영향을 받은 것으로 보인다. 이러한 경

■ KKG-3 불탑 복원도, 베익타노(Beik Tha No), 미얀마(U WIn Maung, 「Evolution of the Stupas in Myanmar」)

향은 미얀마불탑에서 가장 중심적인 종형(Bell Shape)불탑의 유래로 짐작되는데 이 탑의 모습은 인도 뿐 만 아리라 스리랑카 아누라다푸라의 투파라마불탑(Thuparama Dagoba)와 유사성을 갖는다. 이는 위에서 밝힌 바와 같이 '타웅 피에 콘(Thaung Pyae Kon)' 마을의 봉헌용 불탑을 통해서 보면 스리랑카불탑형식 역시 미얀마에서 많이 나타나고 있음을 확인할 수 있다.

위와 같은 미얀마 초기의 불탑, 특히 내부가 없는 쩨디들은 불교의 전파 경로에 비추어 보면 인도뿐만 아니라 스리랑카의 영향도 강하게 받았을 것으로 생각된다. 스리랑카의 수많은 불탑은 위의 불탑들과 마찬가지로 기단부[45] 사면(四面)에 계단이 있으며, 기단부의 직경이 인도 초기 불탑에 비해 훨씬 크다는[46] 특징을 지닌다. 특히 스리랑카의 투파라마불탑은 복발 하부가 여러 개의 링으로 중첩되고 위로 올라가면서 점점 직경이 줄어들어 시각적으로 점승(漸昇)이 이루어지면서 위로 치솟는 절정을 보여주고 있어서 미얀마의 대표적인 불탑과 유사함을 알 수 있다.

이러한 스리랑카의 영향은 '타웅 피에 콘' 마을의 봉헌용 불탑의 아주 넓은 하부 기단을 통해서 살펴볼 수 있다. 이 불탑은 종형 탑신의 상부에 스리랑카의 불탑에서 일반적으로 살펴볼 수 있는 방형의 밀폐된 평두(平頭)가 미얀마에서는 원형(圓形)으로 교체되어 얹어져 있다.

그러나 종형 탑신 상부에 방형의 밀폐된 평두가 세워진 사파다불탑은 이후 미얀마 각지에 건립되며 위와 같은 형식의 불탑은 스리랑카형으로 분류할 수 있게 된다.[47] 다만, 타웅 피에콘 마을의 불탑의 이미지는 평두가 방형이 아니며 다른 불탑의 구성요소와 명확히 구분되지 않아 이를 스리랑카형이라 하기에는 다소 무리가 있다고 생각되나, 전체적인 형태가 투파라마 불탑, 사파다 불탑(Sapada, 12c 後)[48]과 유사하므로, 이를 통하여 이른 시기부터 스리랑카의 영향을 받은 쩨디형 불탑의 건립이 미얀마에서 이루어졌다고 추측할 수 있겠다.

45 영어식 표현으로는 테라스라 한다.

46 허지혜·천득염, 앞의 논문, 2015, 58~59쪽

47 Dr. Thet Oo, 「Architectural Aspects Of Stupas During The Reign Of King Narapatisithu In Bagan, Myanmar」, Asia Pacific Sociological Association Conference, 2010, pp. 1~29; Kyaw Lat, 앞의 논문, 2010; Sujata Soni, 앞의 책, 1991, 책 전체적으로 참고하였다는 말임; U WIn Maung, 「Evolution of the Stupas in Myanmar」, Proceedings of the International Buddhist Conference, May, 2007, 1~12쪽

48 수자타 소니는(Sujata Soni)는 스리랑카형을 초기, 중기, 후기로 세분하였으며, 사파다 불탑을 초기 불탑의 예로 들었다. (Sujata Soni, 앞의 책, 19~21쪽)

궤빈텟콘 불탑 복원도, 스리크세트라, 미얀마(U WIn Maung, 「Evolution of the Stupas in Myanmar」)

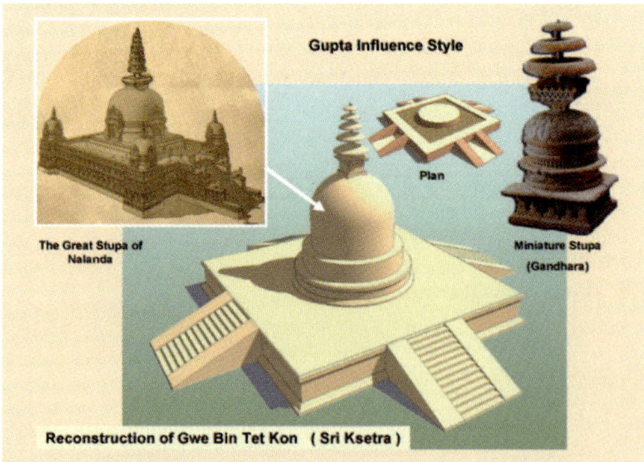

타웅 피에 콘 마을에서 발굴된 봉헌용 불탑, 스리 크세트라(U WIn Maung, 「Evolution of the Stupas in Myanmar」)

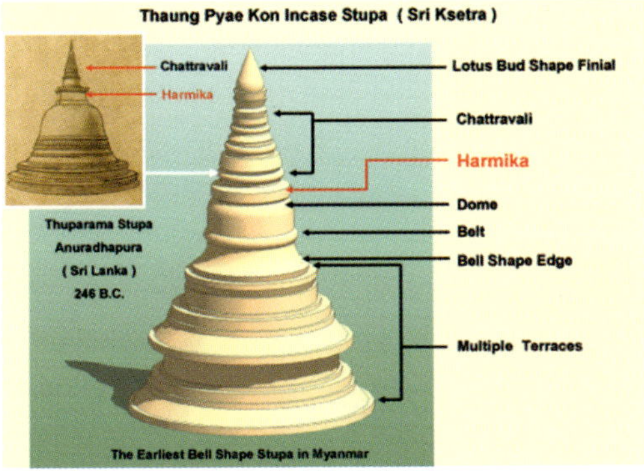

이와 같이 내부공간이 없는 불탑인 미얀마의 쩨디는 인도와 스리랑카 초기 돔형 불탑의 영향을 받아 건립되었으므로 기존의 연구자들은 이를 불탑의 한 형식으로 여겼다. 반면, 파토는 초기 불탑과는 다른 내부 공간이 있는 방형 하부, 복합적인 기능, 명칭이 지니는 의미, 형태 등 때문에 그 성격이 다소 불분명하여 이 책에서는 이를 불전형(佛殿形) 불탑, 혹은 불당형(佛堂形) 불탑, 혹은 탑형 불당이라고 명명하였다.

2. 미얀마 불탑의 종류와 유래

사파다불탑, 버강

미얀마의 불교건축은 여러 가지로 구분할 수 있다. 즉, 서성호는 미얀마의 불교건축을 불탑(쩨디 zedi)[49], 불당 혹은 불전형 불탑(파토 pato, 혹은 phato), 사원(빠야 paya 또는 phaya), 수도원(짜웅 kyaung), 동굴수도원(우민 umin) 등으로 구분하였다.[50] 한편 차장섭은 미얀마의 불교건축은 크게 탑, 사원, 수도원 등으로 구분된다고 하였다. 내부공간이 없는 탑, 내부공간에 불상을 모실 수 있는 사원, 스님들이 수행하는 수도원으로 나누었다. 이 경우 특히 내부공간이 없는 탑의 형식, 즉 쩨디를 차장섭은 쀼Pyu양식, 바간Bagan양식, 샨Shan양식, 만달레이Mandalay양식으로 나누어 구분하였다.[51] 서성호는 쀼양식, 바간양식, 샨양식, 만달레이양식 이외에 또 몬Mon양식, 라카인양식을 더하

49 미얀마에서는 쩨디(zedi)는 chedi 혹은 jedi라고도 하는데 이는 Pali어 chetiya, 산스크리트어 차이티야(chaitiya)에서 유래한 것이다. 스리랑카에서는 흔히 cetiya라고 한다. (Joe Cummings, 『Buddhist Temples of Thailand』,Marshall Cavendish Editions, 2014, 26쪽)

50 서성호는 바간의 불교건축을 제디, 파토, 짜웅, 우민Umin, 테인Thein과 타익Taik 등으로 구분하였으며 차장섭은 탑Zedi, 사원Paya, 수도원 Kyaung 등으로 구분하였다. (서성호, 『바간 인 미얀마』,두르가, 2007; 서성호,『황금불탑의 나라 미얀마』, 두르가 2011; 차장섭, 『아름다운 인연으로 만나다 미얀마』, 역사공간, 2013)

51 차장섭, 아름다운 인연으로 만나다 미얀마, 역사공간, 2013, pp.99-109

였다.[52] 이처럼 미얀마의 불교 건축은 각각 성격이 다르고 다른 장소에 있지만, 우리나라의 경우는 불상을 모신 불당(혹은 불전), 부처의 사리를 봉안하는 불탑, 승려들이 머무는 승원, 그리고 불계(佛界)를 호위하는 神閣, 山門, 종루와 경루 등을 한 장소에 건립하여 넓은 사원, 혹은 가람을 구성하는 것과 구별된다.

52 서성호, 골든미얀마, 두르가, p.54

53 이는 차장섭, 앞의 책, 2013, 90-91쪽에 나타난 견해이다.

바간의 다양한 불탑형식(김창국 사진)

이와는 달리 미얀마는 불탑과 사원, 수도원을 각각 다른 지역에 독립되게 건축하였다. 물론 근대에 들어 우리나라에서와 같이 이들이 결합된 모습으로 복합적 성격의 사원이 건립되는 경우도 있지만 일반적으로 미얀마에서는 불탑과 사원의 구분이 모호한 경우가 많다. 이는 넓은 사원영역의 중앙부에 다양한 형태의 탑을 설치하였기 때문이다. 따라서 탑 안으로 사람이 들어갈 수 있는지 없는지가 탑과 사원을 구분하는 기준이 된다.[53] 원래 불탑은 탑 내부의 가장 중요한 위치에 좁은 공간을 차지하고 성유물이 들어있으며, 나머지 부분은 흙이나 벽돌 등으로 꽉 차 있다. 따라서 탑 안으로 사람이 들어 갈 수 없는 것이다. 또한 불당은 탑 아래쪽에 공간을 만들어 불상을 모셨으며 순례자들이 불전 안에 들어갈 수 있고 대부분의 경우는 불전 안에서 네 방향으로 한 바퀴 돌아 순회할 수 있도록 되어 있다. 이 불전은 스님들이 머무를 수 있는 공간이 없어 스님들은 사원에 머물지 않고 별도의 수도원에 거주

아난다 불탑(Ananda pato, 파토형식이나파야가 통칭. 1086), 버강 (아래)

하면서 수행한다.

불교건축의 대표적인 것은 제디와 파토이다. 제디와 파토는 크게 내부 공간의 유무로 구분되는데, 내부 공간이 없는 불탑을 제디, 내부 공간이 있는 불탑(혹은 사원)을 파토라고 한다. 또한 이들을 포함한 사원(혹은 가람)을 통칭하여 파야라고도 하는데, 이는 신성한 곳이라는 의미[54]로 대개 불교사원을 의미하며 불상이나 왕에게도 사용되는 명칭으로 광범위한 공간적 표현이다. 그런 까닭에 미얀마인들은 그들의 대표적인 불교사원, 즉 양곤의 쉐다곤, 바간의 쉐지곤과 아난다불탑, 쉐산도불탑을 제디, 혹은 파토라기 보다는 파야라고 하는 것이 일반적이다. 그러나 엄격히 말하면 파야는 내부공간이 있건 없건 스투파이기도 하고 신성한 곳이기 때문에 넓은 의미의 불교사원(가람)이라고 할 수 있다.

주지하는 바와 같이 탑이란 부처님의 성스러운 유물을 모시기 위한 것으로 열반 후 다비식에서 나온 사리를 모신 봉안소, 무덤 즉 스투파에서 유래하였다. 따라서 세계 불교국가마다 탑의 명칭과 모양, 크기는 다르지만 그 기원은 동일하다. 현재 미얀마에서는 탑을 총칭하여 영어식 표현처럼 pagoda라고 부르는데[55] 원래 이 말은 미얀마 언어인 paya와 스리랑카 언어인 dagoba의 혼합어이다. 또한 영어에서 파고다와 달리 tope란 말[56]이 있는데 이는 thūpa에 어원을 둔 것이다. 특히 스리랑카에서는 사리봉안의 장소로서 탑을 싱할라어로 dagaba 또는 dagoba라고 부르는데, 이 말은 Dhatugarba에서 온 것으로 사리봉장의 장소라는 말을 뜻한다. 이는 'Dhatu(불사리)와 Garbha(용기)' 곧 '사리봉안의 장소'라는 말을 줄여 부르는 데에서 비롯되었다.[57] 또한 스리랑카에서는 탑을 vehera

쉐산도 불탑(제디zedi형식), 버강

54 시우 송강, 『송강스님의 미얀마 성지순례』, 도서출판 도반, 2015, 54쪽
55 村田治郎, 『東洋建築史』, 建築學大系4, 彰國社, 1980, 225쪽
56 특히 James Fergusson은 대부분 tope라고 부르고 있다.
57 村田治郎, 앞의 책, 1980, 199쪽

라고도 하는데 이는 산스크리트어의 사원을 의미하는 vihara에서 유래된 말이다.[58] 즉 이는 스투파와 비슷한 의미이지만 실제로 스투파에 국한되지 않고 사원의 경우에도 사용되는 예가 많다.[59] 그 외의 지역인 태국에서는 Zedi 혹은 Phrang, 네팔에서는 Chaitya, 특히 티벳에서는 Mchodrten이라고도 부르고 있어,[60] 탑의 명칭이 참으로 다양하다는 것을 알 수 있다.

1) 쩨디(zedi, 내부공간이 없는 불탑)의 의미와 유래

가. 쩨디의 의미

쩨디와 파토라는 명칭을 구별하여 부르는 것은 국내 최초로 미얀마의 불교 건축물을 중점으로 한 개설서[61]를 발간한 서성호가 주로 사용하여 미얀마의 불교·불교 건축물에 관심 있는 한국의 대중들에게 익숙한 명칭이 되었다. 쩨디(zedi)는 chedi 혹은 jedi라고도 하는데 이는 산스크리트어의 차이티야(caitya, chaitya, caityagriha)[62], 팔리어의 체티야(cetiya, chetiya)에서 유래한 단어이다. 이와 관련하여 선행연구[63]들에서 쩨디는 고대 버강(Pagan)의 기록에서는 체티(ceti)라 하였는데 어원학적으로는 장례형식(a funeral type)을 뜻하는 버마어 시타(cita)에서 유래한 단어로서 쩨디라는 명칭이 지니는 의미로부터 불탑임을 알 수 있다. 또한 Joe Cummings는 '미얀마에서 쩨디(zedi)는 chedi 혹은 jedi라고도 하는데 이는 팔리(Pali)어인 chetiya, 산스크리트어인 차이티야(chaitiya)에서 유래한 것이다. 또한 스리랑카에서는 흔히 cetiya라고 한다' 라고 하였다.[64] 일반적으로 불교미술에서 차이트야는 불탑으로 이해되는데 흔히 붓다가 머물렀던 기념적인 성소를 나타내는 경우도 있다. 즉 성전 혹은 성소라는 의미이다. 한편으로는 특히 〈법현전〉이나 〈대당서역기〉에서는 차이트야가 지제(支提), 즉 불탑을 의미한다.

그러나 나라마다 각기 다소 다

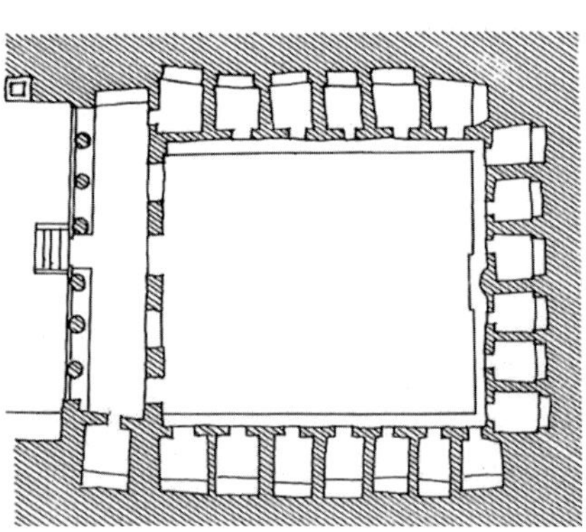

■ 비하라평면(Vihara plan) : Nasik Ⅲ(Christopher Tadgell, The History of Architecture in India)

58 S. Paranavitana, 「The Stupa in Ceylon」, Memories of Archeological Survey of Ceylon, volume 5, Colombo, 1946, 5쪽

59 村田治郎, 앞의 책, 1980, 199쪽, 225쪽

60 임영배, 「韓國塔婆建築의 造形特性에 관한 研究」, 홍익대학교대학원 박사학위논문, 1981, 19쪽

61 서성호, 앞의 책, 2011, 57쪽

62 북경대 리충평교수는 '아잔타의 공간을 나누어 산스크리트어로 vihara라고 하며 승려의 주거용으로 사용된 lena와 산스크리트어 chaitiya griha로 불린 탑묘굴, 산스크리트어 mandapa로 불린 방형굴, 물을 저장했을 작은 지하연못인 podhi로 나눌 수 있다'고 하였다. (천득염, 『인도 불탑의 의미와 형식』, 심미안, 2013, 39쪽) "세계 학자들, 老 연구자 위해 학회 열다", 인도미술사 전문가 美 스핑크 교수 팔순 헌정 국제학술회의, 조동섭 cetana@buddhapia.com

63 주경미·강민지, 「미얀마 버강시대 로카테익판 사원 연구」, 불교미술사학, 21권, 2016, 113~148쪽; Adrian Snodgrass, 『The Symbolism of The Stupa』, Motilal Banrsidass, 1992, 책 전체적으로 참고하였다는 말임; Donald M. Stadtner, 『Ancient Pagan: Buddhist Plain of Merit』, River Books, 2013; Gordon H.Luce, 『Old Burma-Early Pagan』, J.J Augustin Publisher, 1969; James Fergusson, 『History of Indian and Eastern Architecture Vol 2』, Dodd, Mead & Company, 1899; Kyaw Lat, 『Art and Architecture of Bagan and Historical Background』, Mudon Sarpay, 2010; Sujata Soni, 『Evolution of Stupas in Burma Pagan Period: 11th to 13th centuries A.D』, Motilal Banrsidass, 1991; Than Tun, 「Religious Buildings of Burma: A.D. 1000-1300」, Journal of Burma Research Society, vol. 42, December, 1959, 71~80쪽

64 Joe Cummings, 위의 책, 26쪽

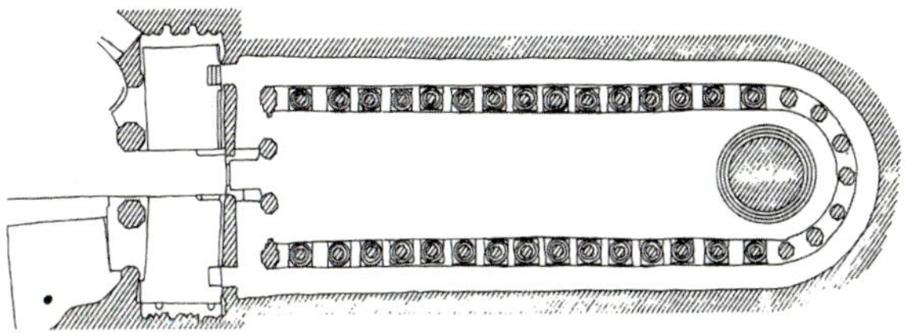

■ 차이트야 평면(Chaitya-griha plan) : Karle(Christopher Tadgell, 위의 책)

른 의미를 지니기 때문에 혼란스럽다. 특히 인도 석굴사원에서는 비하라(Vihara)는 승려들의 거주지인 승원, 혹은 승원굴(僧院窟)이라 하며 차이티야는 불탑이 있는 굴로 예배 중심의 탑원굴(塔院窟)이라 한다.[65] 한편 중국에서는 차이티야를 한자어로 나타내는 사음적 표현으로 제항리(制恒里), 제항라(制恒羅), 제저야(制底耶), 제저(制底), 제다(制多), 지제(支提), 지제(支帝), 지징(支徵) 등으로 쓰인다. 또한 지제는 장소적 의미를 지니며 사리가 없는 것으로 구분하여 부르기도 한다.

즉 "지제는 흙이나 돌, 벽돌을 쌓아 올려서 무더기를 이룬 것으로 현재는 탑파와 같은 뜻으로 쓰이고 있으나 본래 사리가 들어 있는 것은 탑파, 사리가 없는 것은 지제라고 구분하였다. 후대에 이르러 그 구분이 없어지면서 지제의 범위는 매우 넓어졌으며, 전당(殿堂), 묘우(廟宇)까지도 포함하게 되었다."[66]

나. 제디의 유래

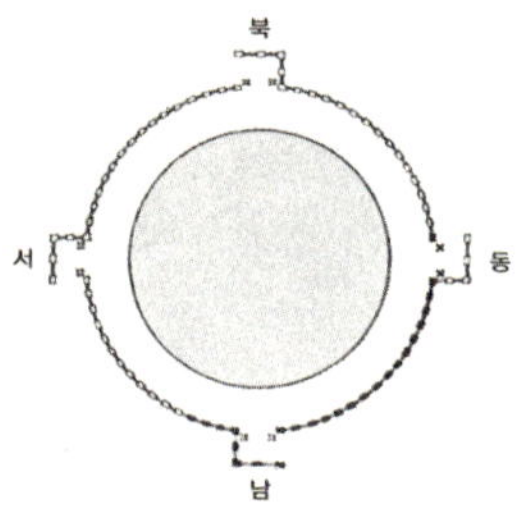

바르후트 스투파 평면도[67]

산치 제2탑

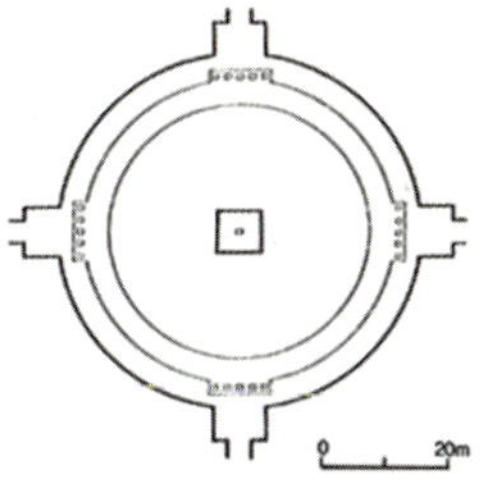

아마라바티 대탑 평면도

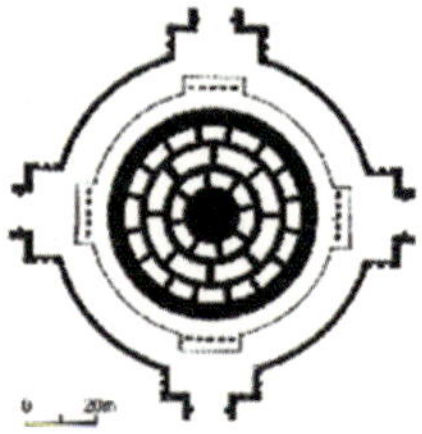

나가르주나콘다 대탑 평면도

65 미야지 아키라, 『인도미술사』, 김향숙·고정은 번역, 다할미디어, 2006, 94쪽

66 버들·조정식, 「경전 속에 나타난 탑의 건축적 요소에 관한 연구」, 대한건축학회논문집(계획계), 24권, 2호, 2008, 168쪽

67 미야지 아키라, 앞의 책, 2006 〈그림 7, 9, 10〉

상기한 바와 같이 미얀마불탑의 초기형식은 당연히 인도불탑이나 스리랑카불탑의 영향을 강하게 받았을 것이고 시간이 지나면서 미얀마의 기후환경이나 조형의식에 따라 미얀마 나름의 다양한 불탑형식이 나타나게 되었을 것이다. 결국 인도 불탑의 초기형식인 숭가왕조시기(기원전 2세기-기원후 2세기경)의 바루후트(Bharhut)불탑[68]과 산치(Sanchi) 제2탑과 산치 초기 제1탑[69], 이러한 초기적인 형식이 다소 변모한 인도 남동부 안드라(Andhra)지역의 아마라바티(Amaravati)불탑[70]을 들 수 있다. 그 후 인도 북서부, 지금의 파키스탄 간다라지역의 나가르주나콘다(Nagarjunakonda)불탑[71]은 기단부가 발달하고 규모도 아주 커지며 4면에 제단이 생기는 소위 간다라불탑 형식으로 변한다. 이처럼 인도초기 불탑형식은 인도에서 먼저 다소 변한 모습이 보이고 그 다음에 스리랑카나 미얀마로 전래되었다고 생각된다. 이때에 미얀마에서 최초로 보이는 인도식 불탑이 KKG-3 불탑과 궤빈테콘 불탑이라고 할 수 있다.[72] 즉 KKG-3 불탑은 아마라바티 대탑을 전형으로 변모하여 원형의 기단부가 2중으로 더 넓게 설치된 모습이다. 이는 인도 남동부 안드라지방에서 볼 수 있는 양식으로 인도 불탑의 초기형식이라고 하겠는데 이 형식이 미얀마에서 나타나고 있어서 대단히 흥미롭다. 또한 궤빈테콘 불탑은 소위 인도 북서부의 간다라불탑형식이라고 말 할 수 있는 모습으로 계단이 있는 기단부가 방형으로 넓고 기단 위에 여러 단의 드럼이 복발 하부에 있으며 상륜부가 날카롭게 높아지는 형식으로 탑의 전체적인 모습이 고준하다.

이처럼 흔적이라도 남아 있는 미얀마의 불탑 중 가장 오래된 시기로 추정되는 KKG-3 불탑(2c-3c)과 궤 빈 텟 콘 불탑(5c-6c)를 통하여 인도 초기 불탑형식이 미얀마에서 나타나고 있음을 알 수 있다. 이들에서는 안드라 형식탑과 간다라형식이 나타나 있다는 점을 강조할 수 있다. 또한, 봉헌용 불탑을 통해서 스리랑카불탑형식 역시 미얀마에 나타나고 있음을 알 수 있다. KKG-3 불탑과 궤빈텟콘 불탑은 안타깝게도 기단부 밖에 남아 있지 않지만, U WIn Maung이 제안한 이들의 복원도를 살펴보면 각각 인도 안드라 왕조(기원전 1c-기원후 3c)와 쿠샨 왕조(1c-5c)의 영향을 받은 것으로 추측된다.

68 인도의 알라하바드 서남쪽의 Bharhut에 있는 불탑유적으로 현존하는 불탑 가운데 가장 오래된 것이다. 기원전 2~3세기경에 조성된 것으로 보이는 일명 바르후트 탑의 난순에는 시원적인 사천왕상이 조각되어있다. 즉 서정적이면서 온화한 모습을 하고 있고 인도 전통 귀부인의 옷인 Dhoti차림을 하고 있는 시원적인 사천왕상이 조상되어 있다. 이 탑의 난순과 탑문을 비롯한 일부는 지금 콜카타박물관에서 볼 수 있다. (이대암 글·관조 사진, 『사천왕』, 한길아트, 2005, 200쪽)

69 지금 보이는 탑의 이전 탑으로, 지금 탑의 반 정도의 크기였다고 알려지고 있다.

70 미야지 아키라, 앞의 책, 2006, 162쪽

71 미야지 아키라, 앞의 책, 2006, 174쪽

72 U WIn Maung, 「Evolution of the Stupas in Myanmar」, Proceedings of the International Buddhist Conference, May, 2007 〈그림 15, 16, 17, 18〉

73 퓨족은 에야와디 강 중부 지역에 자리 잡은 티벳-버마족 계통의 민족. 이들은 미얀마 최초의 왕국으로 여겨지는 뜨가웅(Thagaung) 왕국을 비롯하여 베익타노, 한린(Hanlin) 뜨예케뜨야(Thayekhittaya) 왕국을 건설하였다.

74 허지혜·천득염, 「스리랑카 불탑 형식에 대한 고찰」, 건축역사연구, 24권, 6호, 2015, 59쪽

한편 그 후 인도나 스리랑카의 영향 속에서 미얀마 고대 민족인 퓨(Pyu)족[73]은 인도 복발형식 불탑에서 출발하여 원통형이나 첨두형 복발로 변모된 미얀마만의 독특한 불탑을 건립하기 시작한다. 이를 미얀마불탑의 초기형식이라고 할 수 있는데 이 형식이 바로 내부공간이 없이 가득히 속이 찬 쩨디의 기원적 유래라 짐작된다. 즉 내부공간이 없고 복발형이 위로 조금 높아지는 모습으로 변하는 것이다.

이러한 대표적 불탑으로 첨두형인 파야지(Phayagyi) 불탑과 원통형인 보보지(Bawbawgyi) 불탑을 들 수 있다. 또한 원래의 모습은 없지만 소형 사리호로 발견된 스리 크세트라의 개스킷형 불탑을 포함시킬 수 있다. U WIn Maung은 이를 Relic Gasket Type Stupa라 하였다.

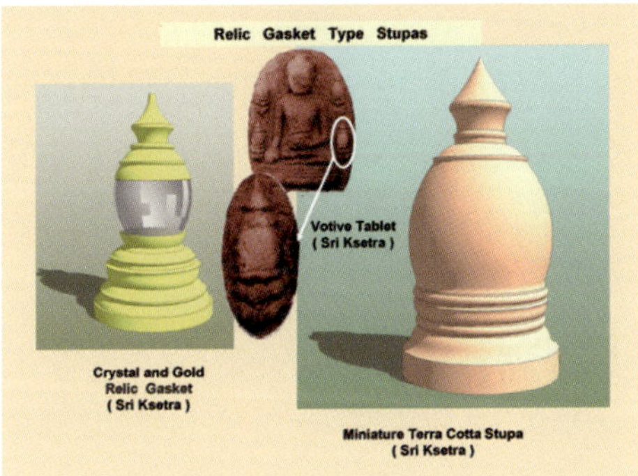

개스킷형 불탑, 스리 크세트라, 미얀마(U WIn Maung, 「Evolution of the Stupas in Myanmar」)

이런 형식의 불탑은 크게 세 가지 부분에서 주목된다. 첫째, 탑의 조형에서 돔(Dome, 覆鉢)이 전체를 이룬다 할 정도로 비중이 아주 크다. 이들 탑은 미얀마와 그 인근 지역의 여타의 불탑에 비해 돔이 크고 높아 돔이 탑이라 할 정도이다. 물론 스리랑카의 산다기리(Sandagiri) 불탑이나 야탈라(Yatala) 불탑[74]과 같이 스리랑카에서도 이 무렵에 크고 높은 돔을 지닌 탑들이 다수 건립되었지만, 이들 스리랑카의 탑들은 넓은 기단 위에 반구형 돔이 올라가고 평두(平頭, Harmika) 부분이 발달하였음에 비하여 퓨족 양식의 미얀마 불탑은 돔이 보보지 불탑(Bawbawgyi)처럼 원통형이거나 파야지 불탑(Phayagyi, 6c-

첨두형 파야지 불탑(Phayagyi, 6c-7c), 스리크세트라, 미얀마

7c)처럼 첨두형(尖頭形) 돔으로 위로 길게 높아지는 돔이 탑에서 차지하는 비중이 훨씬 크다. 이는 인도와 그 인근 지역의 불탑이 점차적으로 기단이 크고 높아지며 상륜부가 강조되고 길어지는 양상과 차별되어 독특한 형식으로 주목된다. 이 들 두 가지 형식 이외에도 사리호 형식(舍利壺, Relic Gasket Type)이 또 있다. 미얀마의 스리 크세트라(Sri Ksetra)에서는 몇 가지 소형 사리호가 발견되었다. 이들은 규모가 작은데 테라코타 불탑이거나 크리스탈이나 금으로 만들어진 사리호이다. 또한 봉헌용 판에 조각된 사리호 형식도 있다. 즉 봉헌판의 중심에 좌불상이 조각되고 불상 옆에 사리호 모양이 표현되어 있는데 이 사리호가 불탑이 아닌가 하고 추정된다. 이들 스리 크세트라의 타원형 사리호는 미얀마 초기 쀼족의 불탑 양식이 되거나 또한 쀼양식 불탑의 정상부에 올라간 상륜부를 하고 있다.

둘째, 불탑의 정상부에 놓인 상륜부의 형식이다. 퓨 형식 불탑의 상륜부는 평두가 사라지고, 산개(傘蓋, Chattra)가 커져 돔과 자연스레 연결되며, 최상부는 일산(日傘, Parasol) 대신 연꽃 봉우리(Lotus bud) 또는 사리호 형식불탑과 같이 구성된다. 이 사리호는 스리 크세트라(Sri Ksetra)에서 발견된 소형 테라코타불탑이거나 크리스탈이나 금으로 만들어진 사리호

원통형 보보지 불탑(Bawbawgyi), 스리크세트라, 미얀마

복발형 산다기리 불탑((Sandagiri), 스리랑카 (좌)

복발형 야탈라 불탑(Yatala), 스리랑카 (우)

이다. 또한 봉헌용 판에 좌불상이 조각되고 불상 옆에 사리호 모양의 불탑이 표현되었다. 이렇게 스리 크세트라에서는 몇 가지 타원형 사리호가 발견되었는데 미얀마 초기 쀼족의 불탑양식이 되거나 또한 쀼양식 불탑의 정상부에 올라간 상륜부를 하고 있다.

아무튼 여타의 인도 복발형식 불탑은 평두가 있고 그 위에 산간과 산개가 있어 정형화되어 있음에 비하면 퓨형식의 불탑은 분명히 다른 모습을 하고 있다. 현재 파야지 불탑과 보보지 불탑의 최상부에는 상대적으로 조그만 티(Tee)가 세워져 있지만, 이는 후대의 사람들이 이 불탑을 중수하면서 추가한 건조물이다.

마지막으로 불탑이 사원공간의 핵심적 시설로 랜드마크적인 성격을 지닌다는 것이다. 물론 이런 대형 건축물은 자연스레 특정한 장소에서 랜드마크로서의 성격을 지니겠지만, 퓨족의 불탑은 의도적으로 이런 역할을 할 수 있도록 건립 위치를 선정하였다는 점에서 차별성을 보인다. 이 시기에 건립된 Payamar 불탑, Phayagyi 불탑, Bawbawgyi 불탑, Moat Htaw 불탑[75]은 각각 Sri Ksetra 남동, 남서, 북동, 북서 네 모서리에 건립되었다. 이는 버강 왕조 때 석가모니의 치아사리를 봉안하기 위하여 건립된 Tuyantaung 불탑, Tankyi 불탑, Lokananda 불탑, Shwezigon 불탑이 각각 에야와디 강을 중심으로 각각 동서남북에 건립된 것을 통해서도 알 수 있다.[76] 특히 Lokananda 불탑의 경우 에야와디 강과 바로 맞닿아 있어 에야와디 강으로 이동하는 많은 선박들의 이정표가 됐을 것이다.

다. 쩨디의 여러 형식

위에서 밝힌 바와 같이 미얀마의 불교건축은 여러 가지로 구분할 수 있다. 즉, 미얀마의 불교건축을 한국적 관점에서 보면 불탑과 불당, 불전, 사원, 수도원 등으로 나눌 수 있다. 이를 다시 미얀마적 입장에서 나누면 쩨디(zedi), 파토(pato, 혹은 phato), 빠야(paya 또는 phaya), 짜웅(kyaung, chaung, 僧院), 우민(umin, 禪堂) 등으로 구분할 수 있다.[77] 여기에서 내부공간이 없는 탑 쩨디, 내부공간이 있어 불상을 모실 수 있는 사원형불탑 파토, 여러 가지 불교적인 기능이 혼재한 불교사원 빠야, 스님들이 수행하는

75 Moat Htaw 불탑은 현재 기단부만 남아 있다.

76 서성호, 앞의 책, 2006, 12~13쪽

77 서성호는 바간의 불교건축을 제디, 파토, 짜웅, 우민Umin, 테인Thein과 타익Taik등으로 구분하였으며 차장섭은 탑Zedi, 사원Paya, 수도원Kyaung 등으로 구분하였다. (서성호, 『바간 인 미얀마』, 두르가, 2007; 서성호, 『황금불탑의 나라 미얀마』, 두르가 2011; 차장섭, 『아름다운 인연으로 만나다 미얀마』, 역사공간, 2013)

수도원(승원) 짜웅으로 나누어진다. 이 경우 특히 내부공간이 없는 탑의 형식, 즉 쩨디를 차장섭은 쀼Pyu양식, 바간Bagan양식, 샨Shan양식, 만달레이Mandalay양식으로 나누어 구분하였고[78] 서성호는 쀼양식, 바간양식, 샨양식, 만달레이양식 이외에 또 몬Mon양식, 라카인Rakhaing양식을 더하였다.[79] 이 책에서는 서성호의 구분을 기준으로 해서 이들을 다시 보완 설명한다.

78 차장섭, 아름다운 인연으로 만나다 미얀마, 역사공간, 2013, pp.99-109

79 서성호, 골든 미얀마, 두르가, 2017, pp.54-55

■ 바위 위에 팔각형 기단을올리고 종형 탑신을 한 짜익티요 쩨디(몬양식 쩨디)

• **쀼(Pyu)양식**

1세기부터 8세기 사이에 버마족들 보다 앞서 미얀마의 중부를 차지했던 쀼족들은 삐 근처의 뜨리께티아, 하린지 등에 그들만의 고유한 탑 형식을 남겼다. 그 모습은 기단이 몇 단의 낮은 단으로 되어 있고, 상륜 부분은 아주 간략한 반면 큰 첨두형 복발형 탑신이 탑의 대부분을 차지하는 양식이다. 즉 탑신이 원통형이거나 원통형이 위로 올라가면서 줄어들어 첨두(尖頭) 복발형으로 된 것이다. 아마 복발형 탑이 지니는 기능을 쉽게 표현하는 방법으로 가장 기본적인 형식이 아닌가 한다. 쀼양식은 미얀마의 탑 중에서 가장 단순하고 초기적인 것으로 원통형의 예는 스리크세트라의 보보지 불탑(Baw baw gyi)이고, 첨두형의 예는 파야지 불탑(Phayagyi, 6c-7c)이다. 이들은 대부분의 재료는 붉은 벽돌이고 그 외부는 석회등으로 마감하였다.

■ 파야지불탑

• 몬(Mon)양식

■ 몬 양식의 술레 파고다

기원전 2세기를 전후해서 미얀마남부로 이주해온 몬족들은 6세기에서 10세기 사이에 여러 도시국가를 건설하였다. 크메르족이 메콩강 하류에 자리한 것과 비교된다. 몬족이 건설한 국가중에서 미얀마 남부 뚜원나부미의 중심도시 타톤은 바다에 접해 있어서 해양무역도시로 발전하였다. 몬족이 미얀마에 가장 먼저 유입된 종족이다.

이 무렵 인도인들이 유입되면서 상업도시로 발전했고 더불어 불교국으로 성장하면서 많은 탑들이 건립되었으나 나중엔 바간왕국의 침입으로 대부분 파괴되었다. 그 결과 11세기에는 몬족의 왕국들은 점점 바간왕조에 귀속하게 되었다.

미얀마불탑형식에서 몬양식은 나름의 독특함을 보인다. 개보수된 술레파고다와 짜익티요 불탑으로 유추해보면 넓은 팔각형 기단이 위로 올라가면서 팔각형으로 좁아져 가는 탑신을 이루며, 다시 위에 있는 상륜부티(Tee)는 가늘고 긴 종 형태(Bell Shape)로 바간시대 탑으로 변모해가는 바간 양식 탑의 초기적 모형이 되었다. 전체적인 모습은 바간양식탑과 유사하나 규모가 작고 기단에서부터 8각형으로 구축되고 위로 상승된 감이 뚜렷하다.

• 바간(Bagan)양식

9세기말 미얀마의 초기왕국인 쀼 왕국이 멸망하고 대대적으로 버마족이 유입되면서 버마족은 그들만의 독자적인 세력을 갖게 되었다. 그후 통일국가를 이룬 아노라타왕이 즉위하면서 바간왕국은 비약적인 발전을 하게 되었다. 그는 상좌부불교를 국교로 하고 국민들의 정신적 통일을 도모한 뒤, 몬 족을 비롯한 여러 왕국을 하나씩 복속시켜 큰 국가를 형성하였다.

쉐지곤 불탑(쩨디형식이나 흔히 파야라 부름), 바간양식

11세기부터 13세기 사이에 쀼 양식의 탑과 몬 양식 탑의 영향을 받고 이들 두 가지 형식을 혼합하여 발전한 종모양의 탑(Bell Shape Stupa)이다. 이 탑 형식은 여러 개의 링이 겹쳐진 넓은 기단부 위에 다시 종 모양의 탑신이 올라가고 맨 위에 날카롭고 호화로운 상륜부가 꼭대기에 자리한 모습이다. 황금색으로 도장되었고 위로 올라가면서 느끼는 상승감은 종교적 시설이 지니는 앙천적 의미와 신앙적 기능을 다하고 있다. 특히 상륜부의 티는 온갖 보물들로 장엄 장식되어 미얀마의 경향각지에 건립되었다. 쀼양식과 몬양식이 혼합되어 점차 미얀마 불탑의 전형적인 양식으로 변모하면서 미얀마의 전형적인 탑으로 자리하였다. 간혹 쀼 양식과 몬 양식이 혼합된 탑들도 있다.

• **만달레이(Mandalay)양식**

마하무니사원, 목조누각 형식의 만달레이 양식

만달레이는 미얀마의 중앙에 위치하며 바간, 인와, 아마라뿌라, 만달레이 등 옛 수도를 포함한다. 이 지역은 오랜 역사를 통해 버마 족들의 주 무대였고 오늘날에도 가장 많은 버마족들이 살고 있는 지역이다. 18세기부터 19세기까지의 콘바웅 왕조 양식, 삐아탓(Pyattat)이라 일컫는 목조 누각형식을 따르고 있는 탑 양식이다. 즉 위로 올라가면서 날카롭게 줄어드는 누각 형식이다. 4각형의 지붕이 여러 층을 이루며 위로 올라가면서 피라미드 모

양으로 4각뿔을 이룬다. 황금빛으로 도색되고 처마와 추녀 끝이 위쪽으로 솟아 화려하게 장식되어 있다. 목조로 된 경우가 대부분이다. 불탑이지만 왕궁의 건축형식과 유사하여 아마도 왕궁건축에서 유래되었을 것으로 추정된다. 대표적으로 마하무니사원에서 볼 수 있고 대형 사원의 중심으로 가는 네 방향의 입구는 대부분 이런 형식으로 되어 있다.

만달레이 성을 비롯하여 만달레이 힐, 마하무니 파야, 쉐난도 짜웅, 꾸토도 파야, 짜욱토지 파야, 산다무니 파야 등이 유명한 유적이다.

• 샨(Shan)양식

■ 까꾸(Kakku)의 샨 형식 불탑 (상)
인 데인 마을의 샨양식 첨탑 (하)

샨족이나 빠오족은 미얀마 동부 산악지대인 샨주에 거주하고 있다. 미얀마 7개주와 7개 도 중에서 가장 커서 미얀마전체 면적의 24% 정도나 된다. 대부분 산악지대인 고원을 따라 계곡의 강줄기가 발달한 이곳에 여러 소수민족들이 살고 있는데 이들의 정착지역에서 쉽게 볼 수 있는 탑형식이다. 미얀마의 불탑 중에서 높이가 5m-10m정도로 가장 작고 원추형으로 가장 날카롭고 개인의 납골당처럼 무속적이며 최근에 조성된 탑들이 대부분이다. 다른 탑 양식이 거대한 탑을 지역 공동체 공간의 중심에 설립한다면 이 형식은 마을에서 좀 떨어진 곳에 수천기에 이르는 탑을 넓은 공간에 빽빽하게 가득 채우고 있다. 소위 조그만 탑으로 가득 찬 탑 숲이라 할 수 있다. 장엄함은 덜하나 너무나 많은 탑이 솟아 있으니 신비롭기까지 하다. 인래호수 부근에 있는 인 데인(In Dein) 마을에 있는 샨 양식의 뾰족한 첨탑들은 아름다운 군상을 이루고 있어 경관이 감동적이다. 샨주의 수도로서 해발 1,500m에 자리한 따웅지 지역의 까꾸(Kakku)마을에도 같은 형식의 첨탑들이 가득하여 아름다운 경관을 이루고 있다. 수천의 첨탑형 불탑이 자리하고 있어 환상적인 분위기를 연출하고 있다.

우리에게 잘 알려진 인데호수를 비롯하여 파웅도우 파야, 응아 페 짜웅, 삔다야의 쉐우민 파야가 유명하다.

• 라카인(Rakhain)양식

라타나 폰 쩨디, 무라욱우 지방

바다와 인접하는 미얀마 서부지역에 주로 거주하는 라카인 족들의 불탑양식이다. 미얀마 서쪽에는 북에서 남으로 길게 늘어진 산맥이 있다. 해발고가 1,200m에서 3,000m에 이르는 높은 라카인산맥을 라카인 요마라고 부른다. 이 산맥은 몬순시기에 인도양에서 오는 비바람과 태풍을 막아주고 있으며 미얀마의 내륙과 서부지역을 나누고 있어서 라카인지역은 미얀마 내륙과는 문화와 역사적으로 구분되는 고유함을 지니고 있다. 또한 이 지역은 인도에 가깝게 긴 해안선을 끼고 여러 항구도시들로 발전하였기 때문에 인도에서 전파된 불교와 힌두교, 이슬람교 등 종교와 문화의 유입과 교역을 통한 상업이 발달이 미얀마 내륙보다 앞섰다.[80]

80 서성호, 위 책, p.392

그런 까닭에 라카인의 중심인 무라욱 우 지역의 탑은 오히려 인도의 전형적인 탑과 더욱 유사하고 다양한 형식을 보인다. 전체적인 모습은 종형이고 기단부와 탑신부, 상륜부로 뚜렷이 나누어진다. 대표적인 중앙탑으로 큰 것도 있지만, 높이가 낮고 규모도 크지 않는 복발형 탑들의 경우는 수10개가 군집을 이룬 경우가 많다. 규모가 큰 하나의 중앙탑은 미얀마의 제디(혹은 체디)라고 할 수 있고 하부에 석굴형 불교사원을 두고 그 옥상위나 주변에 조그만 종형, 또는 복발형의 불탑을 군집으로 많이 설치한 예는 이곳에서만 볼 수 있는 특유한 예이다. 특히 꼬타웅 파야(Kotahung Paya)는 중앙에 중심적인 주 불탑을 두고 불전의 외곽에 108개의 소형 불탑을 배치하여 위용이 대단하다.

꼬타웅 파야

라카인지방은 쩨디와 파야가 있고 또 동굴과 같은 의 므라욱 우 지역의 불탑, 레미엣나 파야, 니도 체티, 싯타웅 파야, 꼬타웅 파야, 투깐테인 파야, 마하보디 쉐구 등이 그 예이다.

2) 파토(pato)의 의미와 유래

가. 파토의 의미

위에서 말한바와 같이 제디는 산스크리트어의 차이티야[81], 팔리어의 체티야에서 유래한 단어로 미얀마에서는 내부공간이 없는 불탑으로 통용되고 있다. 반면, 파토는 팔리어 바투(vatthu)에서 유래하였으며 바투는 장소(the ground, the site)를 의미한다.[82] 파토는 대개 쿠(ku) 또는 구(gu)라고 불린다. 이는 산스크리트어·팔리어의 구하(guha)에서 유래한 단어로서 구하는 '가리다, 숨기다'를 뜻하는 어근 구(guh), 굽(gup)에서 파생한 단어이며, 동굴, 석굴, 은신처, 감춰진 비밀의 공간 등을 의미한다.[83] 이를 보면 다소 은밀한 공간으로 그 안에 무언가 의미 있는 대상이 자리하고 있음을 암시한다 하겠다. 이러한 의미는 결국 파토가 지니는 형태적 성격에 적합하다.

파토(Pato)는 내부공간이 없는 쩨디와 대비되는 개념으로 내부공간이 구축되어 사람이 안으로 들어갈 수 있는 건축이면 이를 파토라고 한다. 파토는 불상을 모시기 위한 독립된 건축물로 조성되는 경우가 있는가 하면 상부에 쩨디와 같이 불탑을 높이 세우고 그 밑에 건축공간을 마련하여 내부에 불상을 모시고 사람들이 들어 다니며 예불을 드릴 수 있는 공간을 마련하는 경우를 말한다. 따라서 불탑이라 하기 보다는 오히려 불상을 모시는 사원이라고 할 수 있다. 출입할 수 있는 아래 공간의 윗부분에는 솟은 탑이 올라가 있어, 멀리서 보면 전체가 하나의 탑이고 사람들이 출입할 수 있는 아랫부분은 기단이면서 사원이 되는 것이다. 서성호의 표현처럼 내부공간이 있는 한국사찰의 대웅전 위에 탑을 올린 모습이 파토라고 할 수 있는 것이다. 그러나 이 경우에 있어 상부의 탑을 제디라 부르고 그 하부의 기단부로서 불상을 모시는 공간을 파토라 부르면 될 것 같지만 이

81 인도불교사원의 시원적인 모습은 죽림정사와 기원정사를 비롯한 승원과 석굴사원에서 비롯된다. 이들 중 승려들의 주거용 시설을 비하라(산스크리트어 vihara)라고 하며 이를 레나(lena)라고도 한다. 한편 석굴사원에서 차이티야 그리하(산스크리트어 chaitiya griha)라고 하는 탑묘굴, 방형의 굴 만다파(산스크리트어 mandapa), 물을 저장했을 작은 웅덩이 podhi 등으로 이루어진다.

82 Gordon H.Luce, 앞의 책, 1969, 235쪽.

83 Ba Shin, 『Lokahteikpan : Early Burmese Culture in a Pagan Temple』, The Burma Historical Commission Ministry of Union Culture, 1962, 2쪽; 주경미·강민지, 앞의 논문, 2016, 119쪽에서 재인용

렇게 구분하지 않고 위에는 탑을 두고 하부에 불상을 모시는 내부공간이 있으면 이를 그냥 파토라고 한다. 특히 이 경우 주변의 부속시설과 함께 종합적인 사원을 파야Paya라 부르기 때문에 파토는 크기에 관계없이 내부공간이 있는 전각형 불탑을 일컫는 다고 할 수 있다.

기존의 연구들을 종합해 보면 파토는 아잔타·칼리 석굴과 같은 인도 초기의 석굴사원[84]에서 기원하였으며, 직접적인 건축적 영향은 현재 인도 동북부에 해당하는 비하르, 벵갈, 오리사(Orissa) 지역과 방글라데시 지역에 팔라 왕조 때 건립된 불당 또는 힌두교 신전에 영향을 받았다고 생각된다.

날란다 사원의 탑형 불당, 비하르 (출처: A.H.Longhurst, 『The Story of The Stupa』, 1936)

특히 스리 크세트라에 남아 있는 베베 파토(Bebe pato)를 통해 살펴보면 미얀마의 초기 불탑인 파토는 장방형 평면의 불당이나 나가라(nagara)[85] 형식의 힌두교 신전보다는 정방형 또는 십자형 평면의 탑형 불당[86]의 영향을 더 크게 받은 것으로 보이며, 형태적 유사성의 측면에서 살펴보면 간다라 지역의 탑형 불당인 파키스탄 스와트 칸다그 탑형 불당[87]과도 연관성이 있다고 생각된다. 이 칸다그 탑형 불당은 필자가 현장답사로 확인한 바에 의하면 Gumbat–Balo-Kale(스와트, 파키스탄)와 유사하여 동일한 유구가 아닌가 한다.

나. 파토의 유래

파토가 불상을 모시는 내부공간을 구축하고 있는 불탑이라고 하였는데 이 파토는 어디에서 유래하였을까? 그리고 파토를 한자문화권의 이름으로 하면 어떻게 불러야 좋을까?

내부공간, 즉 불전(혹은 불당)에는 소형불탑이나 불상을 모시고 있어서

84 엄밀히 말하자면 사원 내의 스투파가 모셔진 불당(차이티야 굴)에서 기원하였다고 보는 것이다.

85 힌두교 건축에 관한 인도 문헌에서는 신전 건축을 나가라(nagara), 드라비다(dravida), 베사라(vesara) 세 가지 형식으로 분류한다. 나가라 형식은 주로 인도 북동부의 오리사부터 북서부의 구자라트에 이르는 지역에 유행한 형식으로 북방 형식이라고도 불린다. 나가라 형식의 신전은 성소(vimana 또는 prasada)와 만다파(mandapa)로 구성되는데 이 중 위로 올라갈수록 만곡 되는 성소의 고탑형 상부 구조물을 시카라라고 부른다.(이미림 외 5명, 『동양미술사 하권』, 미진사, 2009, 244~247쪽)

86 본고에서는 불탑이나 불상이 모셔진 출입 가능한 내부 공간이 있고, 그 위에 탑형의 건조물이 세워진 건축물을 일컬어 '탑형 불당'이라고 불렀다. 이와 관련하여 이주형이 옮긴 디트리히 제켈의 『불교미술』에서는 이러한 형식의 건축물을 탑형 사당이라고 하였다. (디트리히 제켈, 『불교미술』, 이주형 옮김, 예경, 2010)

87 이주형, 『간다라 미술』, 사계절, 2015

베베 불전형 불탑(Bebe, 9세기 이전), 스리 크세트라, 미얀마

이를 불전(혹은 불당)이라고 하고 그 위에 불탑이 올라가는 형식을 미얀마에서는 통칭하여 파토라고 하는 것이다. 그래서 파토는 결국 기능적으로는 불전형 불탑이라고 해야 이해하기 쉽다. 여기에는 불탑과 불상을 모시는 건축적 내부공간이 꼭 함께 있어야 한다. 그래서 아래에는 건축적 내부공간을 두고 그 위에 우뚝 솟은 불탑을 두어 하나의 조영물로 만든 것이다.

일반적으로 붓다가 깨달음을 얻은 장소인 보드가야에 건립된 고탑형(高塔形) 마하보디 불탑[88]을 제외하고 인도와 그 주변국의 불탑이나 불상을 모신 塔院 석굴(불전, 차이티야), 지상에 세워진 불탑 또는 불상을 모신 장방형의 불당, 대체로 불상을 모시고 상부에 탑형의 건조물을 세운 방형의 탑형 불당은 모두 불당이라고 할 수 있으며, 이런 유형의 불당 중 탑형 불당은 후기로 갈수록 불교권 국가의 불교건축 조형에 큰 영향을 끼쳤다.[89] 다양한 기능을 갖는 이런 공간을 불전이라 할 수도 없고 그렇다고 탑이라고 할 수도 없으니 이를 통칭하여 불전형 불탑이라고 하는 것이다.

학술적으로 단정하기는 어려우나 파토의 유래를 찾아보자! 따라서 내부공간이 있으며 기념비적 기능을 하고 있는 이런 종류의 건축물에 대한 의미론적인 접근을 통하여 살펴 볼 수 있겠다. 에이드리언 스노드그라스(Adrian Snodgrass)[90]와 디트리히 제켈[91]은 산과 동굴은 불교 성소의 두 가지 원형으로 이들은 각각 석굴사원과 스투파라는 형식을 통하여 표현되었으며, 이 두 상징은 자주 결합하거나 겹쳐진다고 하였다. 더욱이 미얀마에서 중요한 종교적 의미와 기능을 지닌 파토가 두 가지 원형을 지닌 대상으로 이해된다고 할 수 있겠다. 이에 대해 에이드리언 스노드그라스는 다음과 같이 말하였다.

"산과 동굴은 불교건축의 두 전형이다. 그것들은 석굴사원과 스투파로

88 이와 관련하여 에이드리언 스노드그라스는 스투파의 형식을 세 가지로 분류하면서 마하보디 불탑(불당)을 타워 스투파(the tower-stupa)의 이전 형식(former type)의 예로 들었으며, 필자는 이 건축물을 高塔형식의 대표적인 스투파라고 하였다. 더불어 디트리히 제켈은 동아시아의 파고다라고 불리는 다층탑은 굽타 왕조 이래로 인도 북부에 건립된 마하보디 불탑(불당)과 같은 탑형 건축물의 영향을 받아 세워졌을 가능성이 있다고 하였다. (천득염, 앞의 책, 2013 228쪽; Adrian Snodgrass, 앞의 책, 1992, 221쪽; 디트리히 제켈, 앞의 책, 2010, 150~152쪽.

89 디트리히 제켈, 앞의 책, 2010, 174쪽

90 Adrian Snodgrass, 앞의 책, 1992, 201-202쪽

91 디트리히 제켈, 앞의 책, 2010, 172쪽; Adrian Snodgrass, 앞의 책, 1992, 202쪽

표현되었다. 이 두 상징물의 건축적 표현은 자주 결합하거나 겹쳐진다. 즉 석굴사원은 스투파를 포함하고(동굴 안의 산), 스투파는 빈 공간(hollow chamber)을 포함한다(산 안의 동굴). 스투파는 산인 동시에 동굴이다."[92]

■ 스와트 칸다그(Kandag)의 탑형 사당, 파키스탄

석굴사원과 스투파에 관한 위의 두 연구자의 견해는 동일하며 대체로 적절하다고 생각된다. 이 부분에 대하여 디트리히 제켈의 『불교미술』에서는 "석굴사원의 내부에는 스투파가 있었고, 스투파의 내부에는 사리를 봉안하는 마치 석굴과 같은 빈 공간이 있었다. 전자는 '동굴 안의 산'이라 할 만하고, 후자는 '산 속의 동굴'이라고 해도 좋을 것이다."[93]라고 하였다. 따라서 앞서 말한 세 형식의 건축물 모두 인도 초기의 석굴 불당에서 기원·파생하였고, 이의 변모된 형식이라면 마지막 형식인 상부에 탑형의 건조물을 세운 탑형 불당 건축물의 성격이 내부공간과 수직적 지향성을 지닌 파토의 성격과 유사하다고 생각된다.

특히 탑형 불당 형식의 건축물 중 내부에 사리를 봉안한 건축물은 불탑의 범주에 포함시키는 것이 적절하다. 인도 초기의 석굴 불당은 차이티야라고 하는데 그 안에 불탑을 모셔서 탑원 석굴이라고 하고 있다. 아무튼 차이티야의 원래 의미는 사리와 관계없이 쌓아놓은 기념물, 장례용 기둥[94]으로 『자타카(Jataka)』의 칼링가보디 자타카(Kalingabodhi jataka)에 의하면 석가모니는 그가 없을 때 사리리카(saririka), 파리보기카(paribhogika), 웃데시카(uddesika), 세 가지 차이티야를 참배하면 된다고 하였다. 이 중 사리리카는 석가모니, 과거칠불, 아라한의 사리를 모신 스투파를 말하며, 파리보기카는 석가모니가 남긴 발우 같은 유품을 모신 스투파를 말한다.[95] 그러므로 인도 초기의 석굴 불당은 내부에 스투파를 모셨기 때문에 차이티야라고 명명하였을 것이다.[96] 이런 관점에서 인도 초기의 석굴 불당에서 기원한 여러 유형의 건축물의 핵심은 내부 공간에 모신 대상에 있다고 생각한

92 Adrian Snodgrass, 앞의 책, 1992, 202쪽

93 디트리히 제켈, 앞의 책, 2010, 172쪽

94 逸見梅榮, 『印度佛教美術考: 建築篇』, 甲子社, 1929, 89쪽; James Fergusson, 『History of Indian and Eastern Architecture』, 출판사, 1910/2006, 55쪽; 이희봉, 「탑의 원조 인도 스투파의 형태 해석」, 건축역사연구, 18권, 6호, 2009, 104쪽에서 재인용

95 이주형, 「인도 초기불교미술의 佛像觀」, 미술사학, 15권, 15호, 2001, 90~91쪽; 조병활, 『불교미술 기행』, 이가서, 2005, 301~302쪽

96 세 가지 차이티야 중 웃데시카는 일반적으로 불상으로 이해된다. 하지만 인도 초기의 석굴 불당은 대체로 무불상 시대에 건립됐으므로 이 건축물 내부에 스투파 대신 불상을 모셨을 것이라고 보기는 어렵다.

Gumbat-Balo-Kale(스와트, 파키스탄); 스와트 칸다그 사당인지 불명하다.

다. 더불어 내부 공간에 불탑을 모신 건축물은 불당, 불전이라는 명칭보다 (불)탑전, (불)탑당이라는 명칭이나 차이티야당[97]이라는 명칭이 더 적절하다고 생각된다. 탑당과 탑전을 구태여 구분하자면 탑당이 탑전에 비하여 규모가 작고 기능도 단순하다 하겠다.

앞서 에이드리언 스노드그라스의 견해를 일부 언급하며 탑형 불당 형식의 건축물의 성격을 고려할 필요가 있다고 하였다. 본고에서 주목한 부분은 "스투파는 빈 공간(hollow chamber)을 포함한다(산 안의 동굴)"이다. 이에 대해서 디트리히 제켈은 "스투파의 내부에는 사리를 봉안하는 마치 석굴과 같은 빈 공간이 있었다."라고 하였지만, 이를 탑형 불당 형식의 건축물을 지칭하는 대목으로 해석하여도 무방하다고 생각된다. 시대가 내려 갈수록 이 형식의 건축물은 인도와 그 주변국에 지대한 영향을 끼쳤으므로, 이런 유형의 건축물은 크게 내부 공간에 스투파를 모신 양상과 스투파와 스투파를 모셨던 내부 공간(chamber)이 겹쳐져(overlap) 하나의 건축물이 된 양상으로 변화하였음을 알 수 있다.

더불어 인도 초기 불탑은 내부에 빈 공간(hollow chamber) 또는 석굴과 같은 공간이 있는 경우가 흔치 않은 반면, 탑형 불당 형식의 건축물은 자연스레 하부에 이런 공간이 있다. 이 형식의 대표 건축물이라고 할 수 있는 미얀마의 십자형 또는 방형 평면의 파토[98]는 중앙의 거대한 축인 기둥(pillar 또는 block)에 사리를 모셨다.[99] 그러므로 탑형 불당 형식

아난다 파토 평면도, 버강, 미얀마 (Kyaw Lat, 앞의 책, 2010)

97 디트리히 제켈, 앞의 책, 2010, 책 전체적으로 참고하였다는 말임

98 Adrian Snodgrass, 앞의 책, 1992, 202쪽; Sujata Soni, 앞의 책, 1991, 7쪽

99 Sujata Soni, 앞의 책, 1991, 7쪽; Than Tun, 앞의 글, 1959, 72쪽

의 건축물은 시원적인 측면에서 산과 동굴 또는 스투파와 석굴사원이 겹쳐진 하나의 조형물로 건축물의 기원과 성격의 핵심 등에 비추어 불탑의 범주 안에 포함시키는 것이 적절하다고 생각된다.[100] 결국, 내부 공간에 불교와 관련된 성스러운 대상을 모시기 위한 건축물이므로 파토의 성격을 밝히는 데 있어서 이 부분이 의미 있게 해석되어야 할 것이다.

일반적으로 탑형 불당 형식의 건축물은 가장 늦은 시기에 건립되었으며 유행하였다. 규모가 크고 호화로우며 기능과 구조적으로 복잡하다. 선행연구[101]들에 의하면 내부공간이 있는 건축물은 아마도 5세기 무렵부터 유행하였을 것으로 추측된다. 이러한 유형의 건축물은 초기에는 스투파를 모셨으나, 무불상 시대를 지나 후대에 이르러서는 불상을 숭배하는 관습이 보편화 되어 다수의 건축물에서는 불탑이 불상으로 대체되었을 것이다. 이런 건축물은 당연히 내부 공간에 불상을 모셨기 때문에 불전임이 틀림없다. 하지만 앞에서도 말한 바와 같이 이런 건축물 중 내부에 사리를 봉안하였고 형식이 일반적인 불탑이 지니는 수직성과 중심성이 강조된 건축물이라면 불탑으로 봐야 된다고 생각한다. 이는 불탑의 정의와 연관 지어서 살펴볼 수 있다. 주지하다시피 불탑의 원의는 석가모니의 진신사리를 봉안한 무덤으로 초기 불탑의 형태는 커다란 반구형 위에 우산형의 건조물이 세워진 형태였을 것이다.

하지만 불교는 1,000년이 넘는 오랜 기간 동안 아시아를 불교 오이코메네(buddhist oikoumene, 보편적인 불교 공동체)로 여길 만큼 거대한 정신적·문화적 공동체를 형성하였으므로, 그만큼 아시아 전역에는 각양각색의 수많은 불탑이 건립되었고 이 수많은 불탑에 모두 석가모니의 진신사리를 모실 수 없기에 사리의 의미와 범주는 확장되었다.[102] 이와 관련하여 『석보상절(釋譜詳節)』의 분사리에 대한 내용을 살펴보면 초기의 불탑은 사리탑 8기인 根本八塔, 瓶塔 1기, 탄회탑(炭灰塔) 1기, 생존시과발탑(生存時瓜髮塔) 1기였음을 알 수 있다. 또한, 『자타카』의 칼링가

100 부연하자면 형식적인 측면에서 이 건축물의 성격은 상부의 탑형 건조물에 있다는 것이다. 덧붙여 본고에서는 이 형식의 건축물은 인도 초기 석굴 불당의 변모된 형식이라고 하였지만, 다른 관점에서 살펴보면 인도 초기 불탑의 변모된 형식으로 볼 수도 있을 것이다.

101 디트리히 제켈, 앞의 책, 2010, 168~185쪽; 이미림 외 5명, 앞의 책, 2009, 219-255쪽; 이주형, 앞의 책, 2015, 129~140쪽; A.H.Longhurst, 『The Story of The Stupa』, Aravali Books International, 1936, 12~28쪽; Donald M. Stadtner, 앞의 책, 2013, 61~62쪽

102 염승훈 외 2명, 앞의 글, 2016, 78쪽

인도 초기불탑형식 산치 제3탑

103 천득염, 앞의 책, 2013, 50쪽

104 염승훈 외 2명, 앞의 글, 2016, 78쪽

105 이는 강우방의 견해와 다분히 일치하다. (강우방·신용철, 『탑』, 솔, 2003, 63쪽)

보디 자타카를 보면 초기 불탑의 종류는 크게 석가모니, 과거칠불, 아라한의 사리를 모신 스투파(Saririka)와 석가모니가 남긴 발우 같은 유품을 모신 스투파(Paribhogika), 두 종류였음을 알 수 있다.

또한, 기존의 불교경전을 보면 다음과 같은 내용을 알 수 있다. "『법원주림(法苑珠林)』과 『경율이상(經律異相)』 등은 상징하고자 하는 의도 및 소의경전(所依經典)에 따라 3, 5, 7, 13층 등 여러 층의 다양한 규모의 탑을 제시하고 있다. 또, 『사분율(四分律)』 율부(律賦)에 의하면 탑신의 형태는 원형과 방형을 기본으로 하고 있으나 경전에서는 8각, 원형, 4각이 모두 가능하다 하며 제한을 두고 있지 않다."[103]

굳이 위와 같은 문헌들을 열거하지 않더라도 밀폐된 몸체에 석가모니의 진신사리를 모신 초기 불탑의 형태와 원의로는 변신사리와 법신사리 또는 사리를 넣지 않은 동아시아의 내부에 불상을 모신 수많은 불탑이나, 일본의 오륜탑(五輪塔)과 같은 각 지역의 다양한 불탑을 한 범주 안에 묶기란 불가능 하다고 생각된다.

물론 각 지역의 문화적·자연적 경과 각 지역에서 받아들인 불교의 결과물[104]인 각양각색의 불탑을 정의하는 것은 불가능하겠지만, 아시아적 맥락에서 이 런 불탑의 대안적 정의를 내린다면 크게 두 가지로 요약될 수 있다. 첫째는, 석가모니의 사리나 이와 유사한 가치를 지닌 성물을 봉안해야 한다는 것이고, 둘째는 외부에 불탑임을 상징하는 상징적 요소를 갖추고 있어야 한다는 것이다.[105] 사리와 관련해서는 모든 불탑에 석가모니의 진신사리를 봉안할 수 없으므로 변신사리나 법신사리를 봉안하거나 각 국가에서 일반적으로 사리의 대용품으로 인정하는 것들을 봉안한 건축물도 불탑으로 봐야 된다고 생각한다. 상징적 요소와 관련하여서는 중국의 탑정(塔頂), 한국의 상륜부와 같이 건축물의 (최)상부에 초기 인도 불탑을 번안한 형태의 건조물이 세워져 있

■ 일본의 오륜탑

다면 상징적 요소를 갖추고 있다고 봐도 될 것이다. 더불어 사리를 봉안하지는 않았지만 동아시아 불탑의 찰주와 같은 형식을 통하여 사리봉안을 상징적으로 나타낸다면 이는 차이트탸, 즉 지제(支提)의 범주 안에 포함되며, 그러므로 이 또한 불탑의 범주 안에 포함시켜야 한다고 생각된다.[106]

이런 논지의 연장선상에서 미얀마의 파토는 하나의 뜻을 요구하면 불탑이라고 하여야 한다. 미얀마의 제디와 파토는 통칭하여 파고다[107]라고도 하며, 각각은 솔리드(solid) 파고다, 홀로우(hollow) 파고다[108]라고도 부른다. 일반적으로 파고다는 동아시아의 탑을 영어로 지칭할 때 부르는 명칭으로 수자타 소니는 파고다는 페르시아어로 우상 신전을 의미하는 부타다(butkadah) 또는 거짓 신들의 신전을 뜻하는 포트 제다(pout gheda)의 변형이거나, 포르투갈어로 버강을 뜻하는 파가오(pagao)에서 유래하였다고 하였다. 또한, 그는 파고다는 부처 혹은 바가바티(bagavati)[109]의 별칭과 관련 있을 수도 있지만 이는 파고다라는 용어에 대한 지나친 해석으로 파고다는 명백히 다가바(dagaba)가 도치된 표현이라고 하였다.[110] 다가바는 싱할라어로 다가바 또는 다고바(dagoba)라고 불린다. 이 명칭은 dhatu-gabbha의 약자로 사리를 의미하는 다투와 용기(womb, chamber, receptacle) 등을 뜻하는 가르바의 합성어로 사리봉안의 장소라는 의미를 지닌다.[111] 그러므로 파고다 또한 사리봉안의 장소라는 의미를 지니며, 미얀마에서 파고다라고 불리는 건축물의 근본적인 성격은 사리봉안에 있다고 볼 수 있다.[112]

이와 관련하여 1223년에 건립된 레이 맷나(Lei-myet-hna) 파토에 대한 발췌문은 파토라는 건축물의 성격에 있어 귀중한 기록이다.

“홀로우 파고다를 건립하였다. 홀로우 파고다를 건립할 때, 백단함(sandlwood casket) 안에 사리를 봉안하였고, 그것을 수정함, 자단함(red sandalwood casket), 금함, 은함, 적동광함(red copper casket), 소형 석탑 순으로 봉안하였다. 이를 경건하게 모신 후 그 안에 금 방석, 은 방석, 금 누룽지(parched rice of gold), 은 누룽지, 금 샹들리에, 은 샹들리에를 놓았다. 석탑의 경우에는 구리선을 이용하여 십자 무늬를 칠하였다. 첨탑은 금으로 만들었다. 첨탑 위에는 진주와 산호로 어우러진 금 우산이 세워져 있

106 김버들·조정식, 앞의 글, 2008, 168쪽에서 인용

107 김성원, 『미얀마의 이해』, 부산외국어대학교 출판부, 2014, 225~230쪽; Donald M. Stadtner, 앞의 책, 2013, 58쪽; James Fergusson, 앞의 책, 1899, 341쪽; Sujata Soni, 앞의 책, 1991; Than Tun, 앞의 글, 1959, 71~80쪽; Thein Sein, 『The Pagodas and Monuments of Bagan Vol.1』, Translated by Khin Maung Nyunt, Graphic Training Centre, 1995; Thein Sein, 『The Pagodas and Monuments of Bagan Vol.2』, Translated by Khin Maung Nyunt, Graphic Training Centre, 1995, 책 전체적으로 참고하였다는 말임

108 Sujata Soni, 앞의 책, 1991; Than Tun, 앞의 글, 1959, 책 전체적으로 참고하였다는 말임

109 바가바티는 힌두교 여신의 공손한 표현이다.

110 Sujata Soni, 앞의 책, 1991, 25쪽

111 천득염, 앞의 책, 2013, 37쪽

112 대표적인 미얀마인 사학자인 탄툰(Than Tun) 역시 이러한 견해를 지닌 것으로 생각된다. (Than Tun, 앞의 글, 1959, 71~80쪽; Than Tun, 「Pagan Restoration」, Journal of Burma Research Society, vol. 42, December, 1976, 49~96쪽

다. 석탑 전체를 7겹의 천으로 첨탑까지 감쌌으며, 천에는 태양신인 키약차우티(kyaktaunty)의 금도장을 찍었다. 30 티칼[113]의 금으로 된 신의 이미지와 50 티칼의 은으로 된 신의 주형, 그리고 대리석으로 된 금박의 신의 이미지가 있었다. 또한, 이들 위에 금과 은으로 된 우산을 펼쳤다. 다양한 것을 봉안하였다. 훌로우 파고다의 내부에 등을 맞댄 네 개의 신상을 만들어 각각이 방위 기점을 향하도록 하였고 또한 그것들이 보석으로 경이롭게 빛나도록 하였다."[114]

이 발췌문은 미얀마인이 파토를 건립할 때 어떻게 사리를 봉안하였는지를 알려주는 기록이다. 이 기록을 살펴보면 레이맷나 파토를 건립할 때 사리를 7겹(snadalwood casket, crystal casket, red snadalwood casket, gold casket, silver casket, red copper casket, stone miniature pagoda)의 사리함에 봉안하였음을 알 수 있다.

그러므로 미얀마의 파토는 건축물의 형식, pagoda라는 명칭이 지니는 의미,[115] 사리봉안의 기록 등에 비추어 불탑으로 보는 것이 적절하다. 더불어 이와 같은 형식의 불탑은 인도 초기 불탑과 이 형식이 변모된 유형의 불탑과 같은 맥락에서 살펴보는 것보다는 동아시아의 파고다와 같은 맥락에서 접근하는 것이 더 적절하다 생각된다. 또한, 대체적으로 이런 유형의 불탑은 복합적인 성격을 지니며, 특히 파토는 특정 시기에 발전한 미얀마만의 독특한 형식의 불탑이므로 제디와 구분지어 볼 필요가 있다.

따라서 본고에서는 파토의 복합적인 성격과 건축물의 형식에 비추어 파토를 제디와 달리 불전형 불탑, 혹은 불탑형 불전, 탑형 불당이라고 부르는 것을 제안한다.

다. 파토의 형식

파토는 사람이 들어갈 수 있는 공간 구축물인 하부구조와 이를 기단부로 하여 상부에 올려진 탑을 중심으로 하는 상부구조로 구성된다. 파토의 외부는 멀리서 보면 전체가 하나의 탑으로 보이나 내부는 들어가는 입구의 전실과 불상을 안치하고 그 앞에서 예불을 드릴 수 있는 내부의 주

113 타이의 옛 형량으로 1티칼은 약 14.2그램임

114 Than Tun, 앞의 책, 1959, 74~75쪽에서 인용.

115 이와 관련하여 고든 루스는 파토는 제디와 거의 동일하다고 하였다. 이는 본고의 논지와 관련하여 주목되는 부분이다. (Gordon H.Luce, 앞의 책, 1969, 235쪽)

실(主室)로 구분된다. 내부에는 중앙 불상을 중심으로 내부를 한 바퀴 돌 수 있도록 회랑(回廊)[116]이 마련되어 있다. 좁고 높은 회랑의 좌우 벽에는 벽감(壁龕)을 만들어 불상을 모시거나 불교적 내용의 벽화를 그렸다. 이 같은 양식은 인도나 초기중국불교미술의 영향으로 보인다. 근래에 건설되거나 개보수된 일부 사원 중에는 부처의 머리카락이나 치아, 사리 등을 볼 수 있게 중앙에 모신 곳도 있다. 그 구체적인 예는 보타타웅(Botataung) 사원, 쉐토멧 사원 등이다.

116 사원이나 궁전건축에서 주요부분을 둘러싼 지붕이 있는 긴 복도로, 중정中庭을 구획하거나 신성한 지역을 둘러싸기 위하여 설치하였다.

117 차장섭의 '아름다운 인연으로 만나다 미얀마'와 서성호의 '황금불탑의 나라 미얀마', 또한 '바간 인 미얀마'의 내용을 주로 참고하여 내용을 보완함.

• **파토의 내부구조**[117]

파야톤주 사원(파토형식)

많은 사람들은 불교 신도이든지 아니든지 직접 불상을 모신 내부의 성소(聖所)로 들어와 정성을 다하여 예불을 드린다. 불교사원 입구인 전실(前室)에 들어서면 불상을 모신 성소가 그 보다 깊은 건물의 중앙에 마련되어 있다. 중앙의 불상 앞에서 예불을 드릴 수 있는 공간이 있기 마련이다. 당연히 성소는 조각과 벽화로 장엄하게 장식되어 있다. 그리고 규모가 작은 경우는 한 방향으로 문이 나고 현관에서 깊은 곳에 불상을 모셨다. 한편 규모가 큰 파토의 경우 네 방향으로 출입문이 나 있으며 중앙에는 외부를 향해서 4기의 큰 불상이 동서남북 방향으로 자리하고 있다. 중앙의 성소와 불상 주변을 회랑으로 사방을 둘렀는데 그 복도의 양쪽 벽면에는 벽화를 그리거나 크고 작은 감실이 많이 조성되어 있고 조그만 불상을 모셨다. 사원은 모두 탑을 중심으로 4방향성을 지니며 그 주위에 명상소나 전시실 등의 부가 건물이 배치되어 있다. 따라서 파토를 불당(佛堂)이나 불전(佛殿)이라고 부르는 것이 더 타당할 것이다.

대규모 파토는 승려나 순례자들이 중앙 또는 4면의 부처에게 예불을 드

■ 파야톤주 사원의 불상과 천장

리거나 순례하는 곳이었다. 따라서 내부 구조는 승려들의 예불과 순례를 위한 불전으로서 기능성이 잘 갖추어졌다. 예불을 드리는 공간은 폭을 넓히고 높이를 높였으며 천정에는 다양한 불교미술이 잘 그려져 있다. 순례하는 통로는 사원의 커다란 내부 구조를 유지할 수 있게 기둥이나 벽을 세워 공간이 좁지만 높아졌다. 천정은 아취형이 이어지는 볼트(Vault)나 평천장으로 되어 있고 내부는 화려하기 보다는 경건하고 안정적인 분위기를 자아내고 있다. 그래서 높은 곳에 신비로운 빛이 안으로 들어오게 창을 냈다.

뿌족의 영향을 받은 초기 양식은 하나의 입구로 들어가도록 만들어진 단층 건물에 정사각형 평면 형태이다. 천장은 높지 않으며, 벽을 뚫어 만든 작은 창문에 돌이나 테라코타[118](Terracotta)로 창살을 만들어서 다소 어두운 편이다. 그에 따라 초기 양식은 어둡고 무거운 분위기가 난다. 또한 상부의 하중을 버틸 수 있도록 좁은 공간에 많은 기둥과 기둥을 겸한 두꺼운 벽을 세웠으며, 반원 보다 완만한 곡선의 경사진 천정을 사용해 지붕의 하중을 분산시키는 방법으로 위쪽 테라스와 연결했다. 그 구체적인 예는 탓빈뉴 파토, 나가욘 사원, 민카바의 구바욱지 사원, 아난다 사원 등이다.

■ 담마양지 파토에 모신 부처

한편 인도식 건축양식을 도입한 후기 양식은 네 방향으로 높은 아치형 입구가 있고, 천장이 높아지고 창문은 커져 사원 내부가 밝고 통풍이 잘된다. 크고 작은 정사각형 건물을 포개놓은

118 유약을 바르지 않고 구운 토기, 붉은 질그릇의 재료

듯한 2층 구조이며, 위층으로 올라갈 수 있는 계단이 나 있다. 사원의 규모가 커지고 높아짐에 따라 하중도 많이 커졌다. 따라서 하중을 버티기 위해 입구와 통로, 예불 장소, 불상을 안치한 곳 외에는 벽돌로 구축한 거대한 기둥 벽으로 천장을 받쳤다. 4면에 부처가 안치된 경우에는 중앙에 견고한 벽돌 기둥 벽을 세웠고, 부처가 정중앙에만 안치된 경우에는 부처 주위의 통로와 예불 장소를 제외한 곳에 3, 4개의 벽돌 기둥벽을 세웠다. 그 결과 사원의 규모는 커졌지만 사원 내의 실제 공간은 좁다.

상부 구조는 경사진 지붕이 사라지고 납작한 평면 지붕으로 바뀜에 따라 기둥이 없는 공간의 하중을 버티기 위해 작은 벽돌들을 사용해 완벽한 아치를 만들었다. 그 구체적인 예는 아난다 파토, 술라마니 사원, 고도팔린 사원, 탈로민로 사원 등이다.

• **파토의 외부구조**

아난다 파토의 외부 모습

미얀마의 초기 사원은 입구가 하나인 단층 구조이다. 대부분 정사각형 모양이지만 직사각형의 건축물도 있다. 천장은 높지 않으며, 외벽은 특별한 장식 없이 마치 벽을 뚫어 만든 것 같은 작은 창문이 나 있다. 내부는 어두운 편으로, 작지만 무겁고 장엄한 분위기를 연출하였다. 초기 사원은 내부의 희미한 조명 때문에 동굴사원이라 불리기도 하는데, 냐웅우(Nyaung U) 주변에서 많이 볼 수 있다. 이들 초기사원양식은 쀼족의 건축물에서 많은 영향을 받았다고 한다.

중기의 사원은 소위 파토라고 할 수 있는데 단층이면서도 높은 탑을 올려 상승감을 주었다. 천장 역할을 하는 테라스는 폭이 좁아지고 높이는

119 차장섭의 '아름다운 인연으로 만나다 미얀마'와 서성호의 '황금불탑의 나라 미얀마', '바간 인 미얀마'에서 주로 참고함. 차장섭은 앞의 책에서 파토를 초기와 후기 두 부류로 나눠 설명하였고, 서성호는 초기, 중기, 후기 세 부류로 나눠 설명하였다. 하지만 서성호는 바간 시대 건축물만을 한정하여 분류하였으므로, 파토의 시기 분류에 유의할 필요가 있다.

높아졌다. 그 결과 테라스 내부에 있는 실내 통로가 좁아졌다. 테라스의 네 방향의 각 중앙에 창문을 내 실내는 더 밝아졌다.[119]

전형적인 파토인 후기 사원은 복층 구조로 정중앙을 중심으로 동서남북 네 방향으로 문이 나 있다. 후기 사원은 초기와 마찬가지로 정사각형 모양이지만 천장이 높은 단층이나 복층 구조도 많이 있다. 멀리서 보면 커다란 상자, 즉 기단 위에 뾰쪽한 탑이 올라가 있는 것처럼 보인다. 외벽에 호화로운 테두리를 장식한 큰 창문이 나 있어 내부는 밝은 편이다. 특히 주 출입문인 동쪽 문은 다른 문들과 달리 현관이 앞으로 돌출되어 있는 곳이 많다. 복층 구조의 사원은 외부나 내부에서 사람이 올라갈 수 있는 테라스가 있다. 테라스 난간은 연꽃잎으로 장식했으며, 모서리와 중간중간에 작은 탑들을 세워 주된 대탑을 장엄하게 위요하여 장식하였다. 후기 사원은 정통 미얀마식이라고도 불리는데, 인도의 영향을 받은 것으로 보인다. 이러한 대표적인 예는 고도팔린(Gawdaw Palin) 파토, 틸로민로(Htilominlo) 파토, 탓빈뉴(Tbatbyinnyu) 파토, 아난다 파토를 들 수 있다.

• **파토의 정상부에 자리한 탑 형식**

파토(불전형 불탑)은 아래에 내부공간이 있는 건축적 형태로 불전 용도의 기단을 이루고 이 기단의 중심부에 높은 첨탑형 중심탑이 올라가게 된다. 이러한 파토의 정상부에 설치된 중심 탑은 다양한 모습으로 나타난다. 이를 구분하자면 크게 시카라(Shikara)형과 원추형 그리고 사각뿔형(방추형)으로 구분할 수 있다.

■ 파토의 원추형(종형) 정상부

시카라형은 산스크리트어로 산봉우리라는 뜻으로 북인도 힌두사원 건축에서 흔히 사용되었다. 외형이 마치 삼엽충이나 옥수수모양을 하고 있다. 꼭

■ 파토의 방추형 정상부(김창국사진)

대기로 올라가면서 점점 작아지는 형태로 바간에 있는 나가욘(Nagayon) 사원을 시작으로 아난다(Ananda) 사원이 상부에 시카라 형식의 탑을 올린 대표적인 사원이다. 이후 바간의 술라마니(Sulamani), 탓빈뉴, 탈로민로 등 많은 사원에서 이 같은 양식을 채택하였다.

파토의 정상에 자리한 중앙탑의 모습이 원추형을 이루는 구조는 바간 양식의 탑과 같은 모양으로 미얀마 고유의 종 형식(Bell Shape)과 유사하다. 그래서 원추형 혹은 미얀마 종 형식이라고 할 수 있겠다. 이는 인도의 복발형불탑이나 스리랑카 불탑의 일반적인 모습에서 비롯된 것이 아닌가 한다.

방추형의 사각뿔형은 남인도 힌두사원 건축에서 주로 사용하던 형식이다. 미얀마에서는 바간의 구바욱지(Gubyaukgyi) 사원을 비롯하여 붓다가 깨달음을 얻은 인도의 마하보디(Mahabodhi) 사원 등에서 이 같은 양식이 나타나고 있다. 시카라형식이 옥수수처럼 곡선으로 점점 줄어든다고 하면, 사각뿔형은 대형의 피라미드처럼 사선으로 줄어든다. 이런 사각뿔형을 고탑형식(高塔形式)이라고도 한다.

3) 파야(paya) : 불교사원 혹은 불탑

미얀마에서는 흔히 불교사원을 파야라고 한다. 그러나 형식은 우리 불교사원과 사뭇 다르다. 불교사원 파야를 제디와 파토를 갖춘 불탑으로 이해되기도 하지만 파야에는 다양한 불교시설들이 자리하고 있기 때문에 포괄적 개념으로 불교사원, 즉 중국과 한국, 일본의 가람(伽藍)이라 할 수 있다. 상좌부불교국가인 미얀마에서 수도로 깨달음을 얻고자 하는 승려들은 주로 짜웅Kyaung이라는 수도원에서 수행을 하고 일반대중들의 예불이나 종교적 행사는 파야라는 사원에서 이루어진다. 그래서 파야라고 불리는

120 이 들 이외에 유명한 불교사원으로 슐레 파야, 짜익띠요 파야도 있다.

미얀마의 불교사원에는 승려가 머물지 않고 사원의 관리 역시 신도들의 집단에서 주도한다. 일반대중의 교화에 힘쓰는 대승불교국가인 중국과 한국, 그리고 일본 등에서는 불교사원에서 모든 불교적 의례와 행사, 승려들의 거주가 이루어지고 있는 것은 그런 차이에서 비롯된 것이라 생각된다.

이 파야에는 중앙부에 중심탑이 기준이 되고 그 주변에 수많은 명상소나 전시실, 또 낫 정령이나 불전 그리고 부속건물이 중앙탑을 향하여 둘러 자리한다. 탑 안으로 들어갈 수 있는지의 여부에 따라 그 중앙탑을 제디와 파토로 나누어 부른다. 제디는 탑이 꽉 차 안으로 들어갈 수 없는 순수한 탑인데 파토는 탑 아래쪽에 건축적 내부공간을 만들어 불상을 모시고 순례자들이 들어갈 수 있는 전각, 불탑형 사원이다. 이렇게 하나의 건물로서 이들 공간을 다 담는 경우가 일반적이지만 주된 건축인 중앙탑과 이를 둘러싼 다른 부속건물들로 이루어진 복합시설을 파야라고 할 수 있다. 그래서 미얀마의 대표적인 불탑인 쉐다곤, 쉐지곤, 쉐산도를 모두 파야로 부른다.[120] 그렇지만 이들은 모두 중앙탑이 내부가 없기 때문에 제디 형식의 불탑이다. 결국 파야를 넓은 의미에서 한국의 가람과 같이 포괄적인 가람의 성격을 띤 불교사원이라고 이해할 수 있겠다. 영어로 표현한다면 Buddhist Temple, 혹은 Monastery이라고 하는 것이 좋겠다.

위의 내용을 종합적으로 말하면 미얀마의 불교건축은 불탑(쩨디 zedi), 불당 혹은 불전형 불탑(파토 pato, 혹은 phato), 사원(빠야 paya 또는 phaya), 수도원(짜웅 kyaung), 동굴수도원(우민 umin) 등으로 구분된다. 우리나라의 경우는 불상을 모신 불당(혹은 불전), 부처의 사리를 봉안하는 불탑, 승려들이 머무는 승원, 그리고 불계(佛界)를 호위하는 神閣, 山門, 종루와 경루(經樓) 등을 한 장소에 건립하여 넓은 사원을 구성하는 것과 확연히 구별된다.

4) 짜웅(Kyaung) : 수행공간 수도원

상좌부불교국가인 미얀마의 불교사원인 파야에는 우리나라와는 달리 승려들이 머무르지 않는다. 일반대중은 사원을 찾아 자신의 업을 위해 기도하고 보시하지만 승려들은 수행공간인 수도원, 짜웅(Kyaung)에서 거주

쉐난도 짜웅

하고 깨달음을 위해 수행한다. 그래서 대중이 찾는 사원에서 승려들이 쉽게 보이지 않고 짜웅이란 수도원에서 승려들이 머물면서 붓다의 말씀을 따라 지키며 엄격한 수행생활을 한다. 한국사원의 불전이나 강당에서는 승려들이 신도들에게 불경을 중심으로 법문을 설법하지만 미얀마에서는 대부분의 승려들이 우선 자기수행으로 깨달음을 얻고자 노력한다. 그래서 불탑이 중심부에 자리하고 그 주위에 불상을 모시는 전각이 있는 사원과는 별도로 미얀마에서는 승려들이 머물며 수행하는 공간만 있는 짜웅, 즉 수도원이 따로 있다. 짜웅은 한국의 불교사원에서 禪堂, 혹은 선방이라 할 수 있겠다. 미얀마를 최초로 통일한 바간 왕조의 아노라타왕(Anawratha, 1044~1077)이 불교를 국교로 정하면서 승려들이 머물며 수행할 수 있도록 수도원을 만들었다. 이는 엄격히 규율을 지키며 근본적 원리를 찾아가는 상좌부 불교의 교리 때문에 나타난 모습이다.

쉐난도 짜웅의 기둥 장식

이런 후에 미얀마의 수도원은 승려들이 머물며 수행하는 승원(僧院)으로 불상을 모신 불당과 설법을 듣는 강당 그리고 개별적으로 수행하는 선당(禪堂)으로 구성되었다. 이 외에도 책을 보관하는 장서각과 물건을 보관

하는 창고 등이 있다. 이 가운데 중심 건물인 불당과 강당은 하나의 건축물로 만들어졌다.

바간시대 수도원은 넓은 부지에 대부분 사원이나 탑을 두고, 대체로 아래와 같이 구성하였다.

- 성직자들을 위한 방
- 설교를 위한 방
- 수도사들과 원장이 머무는 건물
- 도서관

바간 왕조를 지나 후대로 가면서 수도원은 사원이나 탑과는 떨어진 별도의 공간에 단독으로 지어지기 시작하였다. 바간시대 수도원은 벽돌구조 건물과 목조건물이 합쳐져 있었다. 불상을 모시고 있는 불당은 벽돌로 만든 장방형의 구조물이다. 강당은 목조로 된 파빌리온(Pavilion) 형태이다. 파빌리온은 기둥과 지붕만 있고 벽체가 없는 우리나라 누정(樓亭)과 같은 형태이다. 현재 바간에는 목조건물은 남아 있지 않다. 다만 벽돌로 만든 장방형의 불당 건물이 남아 있는데 그 외벽에는 사각형의 구멍이 있다. 이 구멍은 목재로 강당을 짓는데 필요한 도리라고 하는 옆으로 연결하는 목재를 끼우던 곳이다. 이러한 흔적을 통해서 벽돌로 지은 불당과 목재를 이용하여 파빌리온 형태로 지은 강당이 하나의 건물이었음을 알 수 있다.

바간 왕조 이후 수도원은 대부분 목조건물로 지어졌다. 그리고 불당과 강당을 하나의 건물로 짓고 내부를 동쪽 방과 서쪽 방으로 구분하여 동쪽은 불상을 모신 불당으로 서쪽은 설법을 하는 강당으로 사용하였다. 현재 남아 있는 목조 수도원 가운데 대표적인 것은 만달레이의 쉐난도(Shwenando) 수도원이다. 이 수도원은 1880년에 지어진 고상식(高床式) 건물이다. 고상식은 1층 기단부에 여러 개의 기둥으로 누마루를 만들고 그 위에 건물을 짓는 수상가옥과 같은 형태이다. 이 같은 건축은 짐승의 침입을 막고 아울러 더위를 식힐 수 있게 만들어진 열대지방의 전형적인 가옥 형태이다. 지붕은 밖에서 보면 3층으로 되어 있지만 내부는 서로 통하는 1층으로 되어 있다. 안으로 들어서면 수도원은 불당인 동쪽 방과 강당인

■ 짠지타 우민

서쪽 방으로 되어 있다. 이 같은 형식은 후기 미얀마 수도원의 전형적인 구조이다.

5) 우민(Umin) : 동굴형태의 禪院, 禪堂

한편 미얀마의 불교건축 중에는 우민(Umin)이라고 하는 동굴형태의 수도공간도 있다. 이를 동굴형 선당(禪堂)이라고 할 수 있겠다. 우민은 동굴을 의미한다. 지하로 굴을 파거나 절벽 한쪽을 잘라내서 만든 석굴형 수도공간이다. 그러나 미얀마에서는 석굴형은 드물고 벽돌조로 동굴모양을 구축한 경우가 많다.

승려들이 수행하던 선당이 석굴사원 형태가 많은 것은 인도에서 승려들이 수행하였던 공간인 비하라(Vihara) 석굴의 영향으로 보인다. 이곳에서 숙식을 하고 명상을 하며 같이 토론도 한다. 더운 나라에서 석굴은 내부가 시원하고 조용하여 수도 생활을 하기에 적합하다. 또한 오랜 우기에도 비가 새지 않으며 어두운 내부 환경은 오히려 집중력을 향상시켜 준다. 그러나 미얀마에는 인도나 중국과는 달리 석굴을 파기에 좋은 돌산이 많지 않다. 그래서 벽돌을 사용하여 석굴 사원 형태의 선당을 만들었는데 이것이 우민이다.

대형 와불을 모신 신빈따라웅

바간에 있는 짠지타(Kyanzitta) 우민은 대표적인 선당으로 붉은 벽돌로 만든 동굴형식이다. 우민은 짠지타 우민처럼 지상에 방형건물을 구축하고 그 내부를 침침한 동굴형으로 만든 경우가 대부분이다. 사각형의 건물 위에는 아무것도 없고 북쪽방향으로만 4개의 출입문을 내었다. 남쪽에 있는 담장 문을 내려서면 사각형의 마당이 있고 정면에 건물이 있다. 건물의 정면에는 창문은 전혀 없이 출입문만 네 개 있을 뿐이다. 출입문은 크기가 작을 뿐만 아니라 북쪽으로 나 있기 때문에 동굴 안으로 빛이 전혀 들어올 수 없는 구조다. 양쪽 날개 부분에 한 칸 규모의 작은 건물이 마련되어 좌우 대칭을 이루도록 하였다.

일반적으로 우민의 내부 기본평면은 작은 방을 나란히 배치하고 이들을 터널로 연결하였다. 작은 방은 명상실이다. 내부에는 벽화를 그리는 것이 일반적이다. 방은 천장이 낮고 좁으며 채광이 좋지 않아 어둡지만 홀로 수행하는 승려들에게는 최고의 장소였을 것이다. 이는 인도나 중국처럼 크고 작은 동굴을 개착하여 조성한 예를 모방한 것이 아닌가 한다.

한편 쉐산도 파야 경내에 있는 대형 와불을 모신 신빈따라웅(Shinbinthal-yaung)은 장방형의 벽돌조적조 건물인데 그 안에 거대한 와불을 모시고 있다. 11세기에 만들어진 불상으로 길이가 18m에 이른다. 이 신빈따라웅은 선원은 아니나 불상을 모시는 곳이니 결국 불전인 셈이다.

6) 테인(Thein)과 타익(Taik) : 계단과 장경각

불교건축의 다양한 종류를 기술하였는데 그 외에도 동아시아권 불교국가의 가람에서 계단(戒壇)과 장경각(藏經閣), 또는 경루(經樓)에 해당하는 테인(Thein)과 타익(Taik)이 있다.[121]

테인은 승단에 입문해 정식 승려로서 계율을 받는 곳으로, 내부에 넓은 공간이 필요해 목조건물이 일반적이나 후대에 벽돌로 재건축되기도 했다. 우리의 계단(戒壇)과 기능은 유사하나 모양은 전혀 다르다.

▪ 우팔리 테인

또한 타익은 경전을 보관하는 서고로 한국의 장경각(藏經閣), 또는 경루(經樓)와 동일한 개념이다. 불교의 경장, 율장, 논장을 비롯한 불경을 보관하는 곳이다. 우리에겐 해인사의 세계문화유산으로 지정된 대장경판전이라는 대단한 목조건물이 있어 비교된다.

이상에서와 같은 미얀마의 불교건축 이외에도 우리나라의 사찰에서처럼 종루(鍾樓)와 괘불대와 같은 시설도 있음을 알 수 있다.

121 서성호는 앞의 책에 145쪽에서 미얀마 건축물을 파야, 짜웅, 테인, 타익, 우민으로 분류하였는데, 이는 '바간 건축물의 이해'에서 분류한 건축물이므로 미얀마 전체 건축물을 이와 같이 분류할 수 있는지에 의문이 든다. 또한, 테인과 타익을 단일 건축물로 볼 수 있는지에 대하여도 고찰이 필요하다.

제7장

미얀마 불탑의 양식적 특징

1. 버강 시기 불탑의 형식적 특성과 분류
    1) 버강(Bagan) 왕조 불교와 불탑의 의미
    2) 쉐산도 제디(불탑)의 형식과 의미
    3) 버강 시기 불탑의 형식 분류
2. 미얀마불탑의 구축방법과 재료
    1) 불탑의 구성
    2) 버강 불탑의 재료와 구축방법
3. 미얀마의 중심, 쉐다곤 불탑의 의미와 구성
    1) 쉐다곤파야(불탑)의 의미와 건립설화
    2) 쉐다곤 파야의 구성 형식
    3) 쉐다곤 파야의 가치

제7장

미얀마 불탑의 양식적 특징

1. 버강 시기 불탑의 형식적 특성과 분류[122]

1) 버강(Bagan)왕조 불교와 불탑의 의미

미얀마 속담 중에 "버마족이 되는 것은 불교도가 되는 것이다."[123]라는 속담이 있다. 굳이 이 말을 빌리지 않더라도 미얀마를 '황금 불탑의 나라'라고 불리게 한 미얀마 전역에서 보이는 각양각색의 수많은 불탑, 현재까지도 끊이지 않고 이어지고 있는 탁발의 전통, 미얀마 남성의 절반 이상이 접하는 신퓨(Shinpyu, 출가식) 등은 미얀마에서 불교가 삶의 일부이자 그들의 영혼과 같다는 말에 주저 없다.

불교는 과거 1,000년이 넘는 오랜 기간 동안 아시아를 불교 오이코메네(Buddhist oikoumene, 보편적인 불교 공동체)로 여겨질 만큼 거대한 정신적·문화적 공동체를 형성하였지만,[124] 현재 아시아 다수의 국가에서는 그 흔적만이 남아 있을 뿐이다. 이런 상황에서 미얀마는 과거와 같이 불교의 가르침을 유지할 뿐만 아니라 여전히 불교가 삶의 전반에 녹아 있어 불교 연구를 함에 있어 여러모로 주목되는 나라이다.

미얀마의 이런 불교에 대한 굳건한 믿음의 출발점은 대개 버강왕조로 이해되고 있다.[125] 버강 지역은 캄보디아의 앙코르와트, 인도네시아의 보로부드르와 더불어 세계 3대 불교 유적지로 손꼽히며, 미얀마 정형(定形) 양식의 대표적 불탑이라 할 수 있는 쉐지곤 제디(Shwezigon, 1085)가 있는 지역이기도 하다.

122 이 절의 내용은 2016년 한국건축역사학회 춘계학술대회의 발표문과 이를 근거로 발전시킨 논문을 수정 보완한 것임.
염승훈, 천득염, 김소영, 버강 시기 불탑의 형식적 특성과 분류, 한국건축역사, 2016, 건축역사연구, Vol. 25, No.5

123 Melford E. Spiro, *Buddhism and Society : a Great Tradition and its Burmese Vicissitudes*, University of California Press, 1982, p.19(정기선, 「미얀마 불교의 역사와 사회적 위상」, 동국대학교 불교학 석사학위 논문, 2015, p.47에서 재인용).

124 디트리히 제켈(Dietrich Seckel), 『불교미술』, 이주형 역, 예경, 2010, p.21.

125 김성원, 「버간(Bagan) 시기를 통해 본 미얀마 신앙체계의 기원」, 비교문화사학, 제10집, 1999년 2월, pp.173-187; 정기선, 앞의 논문; 차장섭, 『아름다운 인연으로 만나다 미얀마』, 역사공간, 2013.

버강 왕조는 현재까지 미얀마 인들이 굳건히 믿고 있는 상좌부불교를 공고히 한 왕조로 아노라타 왕(Anawratha, 1044-1077) 이래로 여러 왕들이 자신을 전륜성왕과 같은 존재라 여겨 국내에는 물론이고 국외에도 불탑을 건립하는 등 불교의 전파에 지대한 관심을 가졌다. 이는 현재 버강 지역에 남아 있는 2,500여기의 불탑과 미얀마에서 속담처럼 회자되는 '버강에 4,446,733개[126]의 불탑이 있었다(hale win yoe than ta nyan nyan, Bagan payar paung).'[127]라는 말, 짠시타 왕(Kyanzitta, 1084-1113)이 보드가야의 마하보디 사원을 보수하였다는 사실 등을 통해서 살펴볼 수 있다.[128]

버강 왕조는 당시 대표적인 상좌부불교 국가였던 스리랑카의 폴론나루와 왕조(Polonnaruwa)와 더불어 상좌부불교의 전통을 굳건하게 유지하고 있던 몇 안 되는 국가였다. 이 시기에 대하여 루스(Luce)는 '가장 위험했던 시기'라 부르며 "불교는 오로지 영웅적인 전사였던 비자야바후(Vijayabahu)[129]와 아노라타에 의해 살아남았다."고 말하였다.[130] 이후 버강 왕조는 상좌부불교가 점차 쇠락해가던 스리랑카를 대신하여 대표적인 상좌부불교 국가가 되었고, 그 이래로 미얀마는 인도, 스리랑카, 태국 등 인근 지역과 많은 영향을 주고받으며 상좌부불교를 발전시켰다. 제 5차·6차 불교 경전 결집은 대표적인 상좌부불교 국가로서 미얀마의 위상을 잘 보여주는 예라고 할 수 있다.

이처럼 미얀마의 불교가 지닌 의미에도 불구하고 미얀마 불교미술, 특히 불탑에 대한 연구가 미진하다고 생각된다. 이는 폐쇄된 국가체제[131] 등 때문에 연구의 제한이 있었기 때문이라 생각된다. 따라서 본 절에서는 미얀마 불탑 중 가장 가치 있다고 평가되는 버강시기 불탑에 대해 연구자들마다 각기 다르게 분류하는 파토(Pato)에 대한 고찰과 이를 통해 자연스럽게 살펴볼 수 있는 이전 시기와 차별되는 버강 불탑의 형식적 특성 그리고 버강 불탑의 형식 분류에 대하여 고찰하였다.

본 절의 시간적 범위는 아노라타 왕이 즉위한 1044년부터 상부 미얀마가 몽고의 행정구역에 편입된 1285년까지로 한정하였고,[132] 연구의 공간적 범위는 미얀마의 현재 행정구역상 버강 지역으로 한정하였다. 본 절에서

126 이는 믿기 어려운 수로 아소카 왕이 84,000여개의 불탑을 건립했다는 것과 같이 상징적인 수라고 생각된다.

127 김성원, 『미얀마 왕조사』, 부산외국어대학교 출판부, 2001, p.43.

128 차장섭, 『아름다운 인연으로 만나다 미얀마』, 역사공간, 2013. p.244.

129 11세기 스리랑카의 왕

130 Roger Bischoff, *Buddhsim in Myanmar*, The Wheel Publication, 1995, p.19(정기선, 앞의 논문, p.30에서 재인용).

131 미얀마는 1964년부터 1997년까지 외국인의 출입이 제한되었다.

132 버강 왕조는 몽고의 침략 이후 쇠퇴의 길을 걷는다. 본고에서는 상부 미얀마가 몽고의 행정구역에 편입된 1285년 이후부터는 바간 왕조가 이전 시기만큼 불탑을 건립할 여력이 없어졌다고 생각하였다.

다루는 연구대상은 총 33기의 미얀마 불탑으로 이 중 현지답사를 시행한 쉐지곤을 비롯한 17기의 불탑을 주로 고찰하였다.

우선 U Win Maung[133]의 미얀마 바간불탑에 대한 개론적인 내용을 소개하면 다음과 같다.

《바간 시기 동안, 아노라타왕은 미얀마 남부 도시인 몬(Mon)의 타톤(Thahton)으로부터 三藏 30질을 받은 이후로 바간에 많은 사리탑들을 조성했다. 타톤에는 그 이전에 벌써 일부 사리탑이 있었다. 바간의 타웅비(Taungbi) 마을 가까이에 있는 사리탑 No : 1973은 스리 크세트라(Sri ksetra)의 보보지(Baw baw gyi)탑과 똑같은 높은 원통양식 사리탑으로 이전부터 있었다. 보보지 탑은 아노라타왕 시기의 탑보다 더 빠를 것으로 추정된다. 그는 원통 중간에 벨트 장식을 하고 꼭대기에 다층의 산개를 더하였고 맨 아래 둥근 기단을 팔각형으로 반전시켰다.

미얀마 남부지방을 정복한 후 아노라타왕은 많은 몬 지역의 건축가와 건축 근로자들을 바간으로 데리고 왔다. 그들은 몬과 기존의 쀼(Pyu) 건축양식을 조합하여 바간양식이라고 할 수 있는 새로운 양식을 창안했다. 바간의 쉐산도(Shwesandaw)탑은 여러 단의 네모난 테라스 위에 완전한 종 모양의 사리탑을 올리고 사방으로 난 계단을 설치하였다. 그 계단을 통하여 맨 위에 자리한 종 아래쪽까지 올라 갈 수 있다.

마지막으로, 아노라타왕과 그의 후계자인 짠시타왕은 상부의 두 단의 네모난 테라스를 팔각형의 둥근 테라스로 바꿔 쉐지곤탑을 조성했다. 그리고 세 번째 테라스 위에 네 모서리에 조그만 탑을 추가했다. 이 새로운 사리탑양식은 미얀마에서 널리 퍼졌고 이 탑의 훌륭한 가치는 후대로 이어져 이러한 양식과 쉐지곤탑의 비례를 계속하게 되었다. 이는 바간왕조에 그치지 않고 만달레이(Mandalay) 후기까지 이어졌다.》

가. 버강시기 불탑 제디와 파토의 의미 해석

버강의 불탑은 크게 제디(Zedi)와 파토(Pato)로 나눠서 살펴볼 수 있다. 제디와 파토는 크게 내부공간의 유무로 구분되는데, 내부공간이 없는 불탑을 제디, 내부공간이 있는 불탑을 파토라고 한다. 이 둘을 통칭하여 파

133 U Win Maung, *Evolution of the Stupas in Myanmar*, Proceedings of the International Buddhist Conference, Thailand, 2007

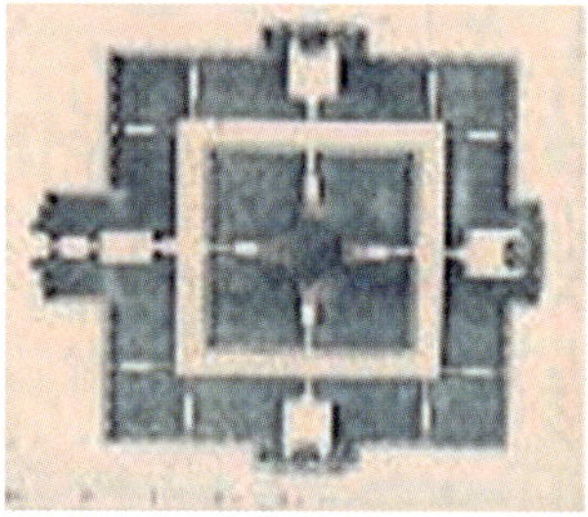

마야제디 (Mayazedi, 11c후–12c초) 전경(상)과 평면도(하)(Richard M. Cooler, *The art and culture of Burma*, Northern illinois University 편집)

| 표 1 | 미얀마의 제디형식 불탑

보보지 제디	민카바 제디 (http://www.myanmartours.us)	짜익티요 제디	마웅디 제디 (Donals M. Standtner, *Sacred Sites of Burma*, Riverbook, Thailand, 2010)

야(Paya)라고 하지만, 파야는 여러 가지 기능을 총괄하는 불교사원의 의미로 이해하는 것이 적절하다고 생각된다. 이는 보보지 제디(Bawbawgyi, 6c-7c)와 쉐지곤 파야가 둘 다 형식적으로 엄밀하게 말하면 내부공간이 없는 제디로 분류됨에도 불구하고 각기 다른 명칭, 즉 제디와 파야로 달리 지칭됨으로 보아 이들 명칭을 엄격하게 구분하지 않고 있음을 알 수 있다. 특히 쉐지곤 파야는 중앙의 쉐지곤 제디를 중심으로 경내와 경외가 구분되어 있고, 경내에 상좌부불교와 정령신앙인 낫(Nat) 신앙과 관련된 여러 건조물이 들어서 있다. 미얀마에서는 이러한 여러 기능을 포괄하고 있는 사원을 대체로 파야라고 명칭 하였으며, 이에 대한 사원의 이름은 중앙에 위치한 불탑 이름을 쓴다고 생각된다.

제디는 연구자에 따라 스투파(Stupa) 또는 파고다(Pagoda)로 번역되고, 파토는 연구자에 따라 Pagoda[134] 또는 Temple[135]로 번역된다. 스투파나 파고다는 통설적으로 불탑과 동의어로 이해되므로 제디와 파토를 위와 같이 번역한 연구자는 이를 불탑으로 분류하였지만, 템플은 신전 또는 사원의 의미를 지니기 때문에 파토를 템플로 번역한 경우는 이를 불전으로 보았다고 생각된다.

불탑과 불전을 구분하는 기준으로 Kyaw Lat은 '내부 공간에 불상을 모신 점(Buddhist structures with inner spaces)'을 들었고,[136] Richard M. Cooler는 '내부공간이 있고 하나 이상의 예배를 위한 대상이 있는 점(Temples have an open interior that may be entered and in which are displayed one or more cult images as a focus for worship)'을 들었다. 하지만 마야제디(Mayazedi,

134 서성호, 『바간 인 미얀마』, 두르가, 2006; ______, 『황금불탑의 나라 미얀마』, 두르가, 2011, 마츠하사 사브로, 『동양미술사』, 김원동 외 5명 역, 예경, 1993; Thein Sein, THE PAGODAS AND MOUNMENTS OF BAGAN, Translated by Dr. Khin Maung Nyunt, Printing & Publishing Enterprise, Myanmar, 1994.

135 디트리히 제켈(Dietrich Seckel), 앞의 책; 이미림 외 5명, 『동양미술사 하권』, 미진사, 2009; 차장섭, 앞의 책; Kyaw Lat, *Art and Architecture of Bagan And historical background*, Maharbandula Housing, Myanmar, 2010; U Win Maung, *Evolution of the Stupas in Myanmar*, Proceedings of the International Buddhist Conference, Thailand, 2007; Thet Oo 외 1명, *Architectural Aspects Of Stupas During The Region of King Narapatisithu In Bagan, Myanmar*, ASIA PACIFIC SOCIOLOGICAL ASSOCIATION, 2015; Richard M. Cooler, *The art and culture of Burma*, Northern illinois University.

136 Kyaw Lat, *Art and Architecture of Bagan And historical background*, Maharbandula Housing, Myanmar, 2010, p.61.

11c후-12c초)를 예로 들면서 이 구분이 명확한 것은 아니라고 하였다.[137]

나. 버강시기 불탑의 공간 구성

불탑의 원의(原意)는 부처의 진신사리를 모신 무덤이다. 그렇기에 불교에 있어서 불탑은 부처를 상징하는 지극히 성스러운 건조물이자, 불상과 함께 가장 중요한 예배 대상이다.[138] 불교는 1,000년이 넘은 오랜 기간 동안 아시아를 불교 오이코메네로 여겨질 만큼 거대한 정신적·문화적 공동체를 형성하였다. 그만큼 아시아 전역에는 각양각색의 수많은 불탑이 건립되었다. 이 수많은 불탑에 모두 부처의 진신사리를 모실 수 없었기에 사리의 의미와 범주는 확장되었고, 자연스레 불탑도 부처의 진신사리를 모시는 무덤이라는 원의에서 부처의 사리가 없지만 부처의 깨달음, 부처의 가르침을 상징하는 기념비적 건조물까지도 포함하는 포괄적인 의미를 지니게 되었다.[139]

불탑의 형태는 시간이 흐르고 점차적으로 많은 지역에 불교가 전파되면서 원형의 봉분에서 더 많은 구성 요소를 지니고 상승감을 나타내는 부처의 깨달음을 상징하는 건조물의 형태로 변모하였다고 생각되는데, 이는 각 지역의 문화적·자연적 환경과 각 지역에서 받아들인 불교, 불탑의 의미의 상호작용의 결과물이라고 생각된다.

■ 아난다 파토(Ananda Pato, 1086) (Thein Sein, *THE PAGODAS AND MOUNMENTS OF BAGAN*, Translated by Dr. Khin Maung Nyunt, Myanmar: Printing & Publishing Enterprise, 1994)

이와 같은 여러 가지 상황을 고려하여 보면 내부공간이 있고 그 안에 불상을 모시는 파토를 당시 버강의 역사적 상황을 반영한 버강만의 독특한 형식의 불전형(佛殿形) 불탑이라고 생각한다. 부처의 열반 이후 초기의 불탑은 내부공간이 없고 불상을 모시지 않았지만, 태국과 동아시아의 수많은 불탑과

137 Richard M. Cooler, 앞의 책.

138 천득염, 『인도 불탑의 의미와 형식』, 심미안, 2013, p.30.

139 천득염, 앞의 책, pp.30-48.

140 쿼우 랏(Kyaw Lat)은 버강 왕조의 3대 걸작으로 쉐지곤 제디, 아난다 파토, 탓빈뉴 파토(Thatbyinnyu, 1144)를 들었다. Kyaw Lat, 앞의 책, p.125.

마하보디 불탑, 스리랑카의 사트마할 프라사다(Sathmahal Prasada) 불탑, 캄보디아의 산보르 프레이 쿡크의 불탑 등을 초기유적을 살펴보면 알 수 있듯이 후기로 갈수록 불상을 모시고 내부공간이 조성된 불탑이 건립된다.

그러므로 파토가 불탑인지 아닌지의 여부는 불상을 모심, 내부 공간의 여부가 아닌 사리의 봉안, 사리봉안의 상징성, 외관의 형태가 부처의 깨달음, 불법의 전파와 같은 불교적 의미를 상징하고 있는지 등을 통하여 판단해야 한다고 생각된다.

버강왕조의 3대 걸작[140]으로 평가받는 아난다 파토(Ananda, 1086)와 당시의 역사적 상황을 통해 제디와 파토의 의미를 파악할 수 있다. 이 파토는 기단부와 몸체부, 그리고 상륜부로 나눌 수 있다. 즉 내부에 넓은 공간이 조성되고 불상을 모시고 있는 기단과 그 위에 시카라형식의 몸체가 되는 부분이 올라가고 다시 맨 위 정상부에 상륜부가 올려지는 모습에 대하여 주목하여 살펴보고자 한다. 흔히 파토라고 부르는데 파토가 불탑인지 불전인지, 아니면 이 두 가지 기능을 하고 있는 사원인지 명확하지 않지만 현지에서는 파토라고 부른다.

(1) 기단부(테라스)

버강시기 불탑의 공간구성을 이해하기 위해서는 첫째, 넓고 높은 기단부(테라스)에 대한 고찰이 있어야 한다. 기단부가 여러 단을 이루기 때문에 어디까지를 기단부라고 해야 할지 불분명하지만 위로 올라가면서 줄어드는 여러 단의 테라스를 모두 아울러 기단부라고 해도 무방하리라 여겨진다. 즉 기단부는 크게 두 단으로 구축되어 있는데 넓은 아랫단과 점점 좁아지면서 몸체가 되는 윗단으로 나눌 수 있다. 이 두 부분을 굳이 나누자면 아래를 기단, 위를 탑신이라고 할 수도 있겠다.

■ 쉐산도 제디(Shwesandaw, 1057)

이 기단부의 내부에는 전체를 돌 수 있는 복도형 회랑이 조성되고 그 사방의 중심에 거대한 불상이 모셔지니 바로 이 부분이 불전이 되는 것이다. 이는 버강왕국을 미얀마 최초의 통일왕국으로 만든 아노라타 왕이 최초로 건립한 불탑인 쉐산도 제디(Shwesandaw, 1057)에서부터 나타나는 테라스와 연관이 있다. 내부공간이 없는 쉐산도 제디의 테라스는 상좌부불교를 버강에 최초로 도입한 아노라타 왕이 기존의 불탑과 차별화되며 상좌부불교의 가르침이 널리 퍼지길 바라는 염원을 형상화한 부분이라 생각된다. 즉 기단을 보다 높인 의장적 의도가 돋보인다.

아난다 파토는 짠싯타 왕이 즉위 다음 해에 건립한 불탑으로 이 시기는 아노라타 왕의 시기와 마찬가지로 상좌부불교라는 새로 도입된 종교를 통해 백성들의 정신적 통일을 이루고자 하는 시기였다. 그러므로 짠싯타 왕은 이러한 목적을 염두에 두고 불탑을 건립하였을 것이며, 이의 일환으로써 쉐산도의 테라스를 참고하였을 것으로 생각된다. 또한, 이는 상부의 하중을 줄이면서 상승감과 비례감을 얻기 위한 결과물이기도 하다고 생각된다.

(2) 탑신부(시카라)

버강시기 불탑의 공간구성을 이해하기 위해서는 둘째, 여러 단의 테라스(혹은 기단부) 위에 올려진 시카라형식 부분을 고찰하여야 한다.[141] 기단부에 비하여 상대적으로 작은 이 탑신부(시카라) 형식은 옥수수, 혹은 삼엽충 모양을 하고 있다. 위에서도 말한바와 같이 이 시카라형식의 아래, 즉 기단부는 크게 두 단으로 구축되어 있다. 넓은 아랫단과 점점 좁이지면서 몸체가 되는 윗단으로 나눌 수 있다. 이 두 부분을 굳이 나누자면 아래를 기단, 위를 탑신이라고 할 수 있겠다.

미얀마 불탑에 시카라형식이 나타난 예는 드물지만,[142] 버강의 파토에서는 일반적인 모습이다. 다만, 시카라형식이 탓빈뉴 파토와 고도팔린 파토,

아난다 파토 단면도(좌)와 입면도(우) (좌 : Kyaw Lat, *Art and Architecture of Bagan and Historical Background*, Maharbandula Housing, Myanmar, 2010, p.124, 우 : Thein Sein, 앞의 책, p.32)

141 이러한 예는 탓빈뉴파토, 고도팔린 파토, 숼라마니파토 등이다.

142 이런 형식의 대표적인 예로 북인도의 마하보디 불탑(불전)을 들 수 있다. 천득염은 이런 새로운 형식에 대하여 '초기 스투파 양식에서 간다라 양식의 건축적 미의식이 반영되어 발전함과 더불어 힌두교라는 타 종교의 양식이 적극적으로 반영된 결과라고 생각하는 것이 더 합리적일 수 있다.'라고 하였다. 천득염, 앞의 책, pp.229-230.

숲라마니 파토에서와 같은 탑에서는 다소 크고 넓게 입방체형식으로 나타나고 있는 점이 주목된다.

그렇다면 왜 시카라형식이 미얀마탑의 중심부에 높게 나타날까? 시카라형식의 건조물과 불교적 의미로서 상징화된 연관성은 당시의 역사적 상황을 통하여 살펴볼 수 있다. 아노라타 왕 시기 이전의 버강은 아예찌(Ari) 불교, 낫 신앙, 힌두교, 대승불교 이 네 신앙이 백성들의 기저에 자리 잡고 있었다. 즉, 기존의 신앙으로 백성들의 정신적 통일을 이루기 어렵다고 생각한 아노라타 왕은 불교의 지도자인 신 아라한(Shin Arahan)의 도움으로 버강에 상좌부불교를 도입하였다. 아노라타 왕은 기존 신앙의 무조건적인 배척은 백성들의 반발을 불러일으킬 수 있으며, 내세지향적인 상좌부불교로 백성들의 현세구복을 충족시켜 줄 수 없다고 판단하여 상좌부불교라는 종교적 틀 안에 기존의 신앙을 포용하였다고 생각된다. 이는 아노라타 왕이 기존의 수많은 낫을 36명의 낫으로 정리하고 불교에서 불법의 수호신으로 여기는 제석천을 37번째 낫이자 낫들의 왕인 드자민(Thagyamin)으로 하였다는 사실을 통해 짐작할 수 있다.

짠싯타 왕도 아노라타 왕의 이런 불교 정책을 계승하였는데, 이는 파토에 나타난 시카라형의 건조물을 통해서 추정된다. 시카라는 힌두교 신전에서 보이는 상부구조물이다.[143] 당시 버강은 힌두교가 성행하였는데 이는 점성술과 나가(Naga) 숭배를 통해서 알 수 있다. 특히 왕위 대관식을 점성술사가 선도하였다는 사실은 버강에서 점성술과 힌두교의 위치를 살펴볼 수 있는 부분이다.[144] 아노라타 왕이 상좌부불교를 통해 낫 신앙을 포용하고자 노력하였다면, 짠싯타 왕은 상좌부불교를 통해 힌두교를 포용하고자 힘을 쏟았다고 생각된다. 이는 짠싯타 왕이 자신이 전생에 비슈누(Vishnu)의 화신이었다고 선언한 사실과 신 아라한에게 불교와 힌두교의 연관을 이론적으로 설명하도록 지시하였다는 사실을 통해서 살펴볼 수 있다.[145] 이는 아노라타 왕의 불교 정책보다 적극적인 정책으로 생각되는데, 파토에 나타난 시카라형의 건조물은 이런 적극적인 힌두교 수용정책을 불탑에 반영한 예라고 생각된다.[146]

143 이미림 외 5명, 앞의 책, pp.246-247.
144 김성원, 앞의 논문, pp.177-178.
145 ______, 앞의 논문, p.183.
146 『Hmannan Mahayazawindawzi(유리궁전 연대기)』에서는 들소로 변한 정령이 아노라타 왕을 죽음에 이르게 하였다고 한다. 이를 통해 아노라타 왕의 불교 정책이 급진적이고 기존 신앙의 포용에 소극적이어서 백성들의 반발이 있었다고 추측할 수 있다. 서성호, 앞의 책, p.65.

(3) 상륜부(Yashti)

버강시기 불탑의 공간구성을 이해하기 위해서는 셋째로, 시카라 부분 위에 다시 또 높게 올려진 날카로운 원추형을 어떻게 해석하여야 할까? 아난다 파토의 경우 기단부는 내부에 불상을 모시는 파토, 탑의 신체(탑신)부분은 시카라형식, 상륜부는 인도식 복발형 탑을 원추형으로 좀 더 날카롭게 만들어 올린 것이라고 생각된다. 그렇다면 왜 이렇게 기능과 형태를 달리하여 복잡한 모습으로 조합된 형태가 이루어졌을까? 또 아난다 파토에서 성물(사리, 머리카락, 손톱, 발톱, 치아 등)이 모셔진 가장 성스러운 곳은 어디일까?

우선 파토형 불탑 상륜부에 인도 복발형 불탑이 축소되어 모셔진 것은 건물의 내부에는 불상을 모시고 불교의 가장 존귀한 숭배 대상인 스투파를 꼭대기에 올려놓은 것으로 이해된다. 동북아시아 목탑에서도 건물 안에는 불상이 자리하고 중층목탑의 꼭대기 상륜에는 인도 스투파를 축소시켜 올려놓았다. 한편 내부공간이 없는 쩨디형 불탑에는 덩어리처럼 된 몸체 내부 어딘가에 사리에 해당하는 성물을 모시고 정상부에는 인도 복발형 불탑을 보다 날카롭고 화려하게 장식하여 자리하게 한 것이다.

이런 모습으로 성물과 소형불탑이 모셔진 것은 당연히 중심축이고 아래로부터 위로 올라가는 위치이기 때문이다. 종교적 장엄과 상징으로서 수직적이고 앙천적인 의장이 강조된 모습과 함께 중심축선 상에 자리하기 마련이다. 특히 상륜부에 가장 성스러운 사리장엄의 표상인 소형불탑이 자리하고 있을 것이라 짐작된다. 물론 많은 유형의 불탑에서는 지하에 사리장치를 두거나 상륜부나 신체부에 두는 경우로 다양하다. 그러나 초기에는 지층으로 낮은 곳이었고 후대로 내려오면서 중간이나 정상부로 올라가는 모습으로 바뀌었다.

그러나 상륜부는 후대로 내려오면서 점차적으로 그 중요도가 줄어지면서 간략화 되거나 장식화 되어지는 경향으로 변모하였다. 또한, 상륜부는 동아시아의 불탑에서 주로 나타나는 불탑의 구성요소이지만 지역에 따라 그 형태와 명칭을 달리하며 아시아 전역에 보편적으로 나타나는 불탑의 중요한 구성요소가 되었다. 양식적으로는 상륜부의 유무가 불탑과 불전

147 강우방, 『탑』, 솔, 2003, p.63. 불탑은 두 가지 조건을 충족시켜야 하는데, 첫째는 석가모니의 사리를 봉안해야 하는 것이고, 둘째는 상륜을 갖추고 있어야 하는 것이다. 사리의 봉안이 석가모니의 무덤을 알리는 실질적인 내용이라면, 상륜은 인도 스투파를 축소시킨 상징적 형식이다.〉

을 구분하는 중요한 기준이라 생각된다.[147] 불탑의 형식과 관련하여 디트리히 제켈(Dietrich Seckel)은 '스투파는 본질적으로 동일한 하나의 기본형을 유지한다'고 하였는데[148] 필자는 불탑이 지니는 의미는 동일하지만 조형형식은 세부적인 부분에 있어 상이함과 다양성을 보여주고 있다는 점을 강조하고 싶다.

이상으로 버강 시대 3대 걸작으로 평가 받는 아난다 파토를 살펴본 결과 파토는 상좌부 불교가 힌두교를 포용함을 상징적으로 나타낸 버강만의 독특한 형식의 불전형 불탑으로 생각된다. 위에서 주목한 세 가지 부분은 이후에 건립된 대표적인 파토로 여겨지는 탓빈뉴 파토(Thatbyinnyu, 1144), 고도팔린 파토(Gawdaw Palin, 1175), 술라마니 파토(Sulamani, 1183) 등에서도 공통적으로 나타난다. 다만, 기단 위 부분이 입방체 공간으로 구축되느냐 시카라형식으로 하느냐 하는 차이가 있음도 주목하여야 할 것이다. 불탑을 이해하기 위해서는 사리 봉안, 사리와 불상의 숭엄함, 외관의 형태가 부처의 가르침과 불법의 전파와 같은 의미를 상징하고 있는지를 살펴보아야 한다. 그렇다면 아난다 파토는 내부공간이 있어서 흔히 파토라고 하지만 그 형식을 더 자세히 구분하자면 기단부, 시카라형식, 그 위에 인도 불탑 형태의 소형 첨탑을 얹은 불전형 불탑이라 할 수 있다. 더불어 아난다 파토 내부 공간의 커다란 중심 기둥은 인도 초기 불탑의 刹柱 또는 刹竿에 해당하는 야슈티(범어 Yashti; parasol stick[149])와 비슷한 의미를 지녔다고 해석할 수 있으며, 사방에 불상이 모셔졌고 그 주위로 회랑이 있어 사방의 불상에 예배를 드리기 위하여 빙 돌면 마치 탑돌이 하는 것과 같다. 건축적으로는 심주 역할을 하여 구조적 안정을 기할 수 있게 하며, 정상부에서는 첨탑형으로 종교적 표상을 의도한다.

2) 쉐산도 제디(불탑)의 형식과 의미

위에서 말한 바와 같이 불탑의 기단부에 해당하는 테라스는 아노라타왕이 상좌부불교를 도입한 이후 최초로 건립한 불탑인 쉐산도 제디가 이전 시기의 제디와 차별화되는 특징이라고 생각된다. 이는 이전 시기 제디

148 디트리히 제켈, 앞의 책, p.139. 스투파 건축은 시대와 관계없이 기본적으로 동일한 형식을 유지하였다. 얼핏 보면 근본적인 변화가 있었던 것처럼 보일 수도 있으나, 그러한 변형은 본질적으로는 동일한 하나의 기본유형이 조금 변한 것에 불과하였다.〉

149 이희봉교수는 〈寺刹의 '刹'은 양산, 곧 탑이다. 탑의 중심기둥 '刹柱' 즉 '양산기둥'과 같은 글자일 수밖에 없다. 일제시기 탑 연구 선구자 고유섭은 마찰 '擦'자 '擦柱'를 쓰기도 하였다. 刹과 傘은 같은 대상 양산의 음역과 의역의 차이뿐인 완전 같은 단어이다. 범어 '야슈티Yashti'의 영어 'parasol stick'으로 표기되는 중심 기둥을 찰주 또는 찰간이라고 지칭하는 전문가 방언 한자어보다도 양산기둥이 더 원뜻에 맞으면서도 소통이 쉬운 현대 언어이다.〉 라고 하였다.

쉐산도 제디

인 보보지 제디, 민카바 제디(Myinkaba, 1045), 마웅디 제디(Maung Di. 1050 이전), 짜익티요(Kyaiktiyo, 11c) 제디 등과 비교해 보면 쉽게 이해된다.

보보지 제디와 민카바 제디는 각각 퀴우 랏이 분류한 6가지 스투파 형식[150] 중 4번째인 '원형 기단 위에 높은 원통형 탑신의 스투파(Tall cylindrical Stupas on circular base)'이고, 5번째인 '다각형 기단 위에 높은 원통형 탑신의 스투파(Tall cylindrical Stupas on polygonal base)'의 대표작이며, 짜익티요 제디[151]와 마웅디 제디는 상좌부 불교가 성행했던 따톤(Thaton) 왕국에 11세기에 건립됐다고 추정되는 제디이다.

쉐산도 제디를 위 네 기의 제디와 비교하여 보면 넓고 높은 테라스가 차별화되는 가장 특정적인 부분임을 알 수 있으며, 이런 테라스는 따톤 왕국의 영향을 받았음을 알 수 있다.[152] 대체로 가치 있다고 여겨지는 건축물일수록 건립자의 이념이 많이 담겨 있으며, 이는 그 형태를 통하여 표현된다. 그러므로 아노라타 왕이 상좌부불교가 도입된 이후로 최초로 건립하였으며 부처의 머리카락을 모셨다고 전해지는 쉐산도 제디에 아노라타 왕의 상좌부불교에 대한 이념이 여느 불탑보다 많이 담겨져 있다고 생각된다.

테라스는 불탑을 크게 기단부, 탑신부, 상륜부로 구분하여 살펴볼 때 기단부에 해당된다. 높은 기단과 계단은 불탑의 신체(神體)를 격상시키며 불법이 계단을 통하여 널리 퍼지도록 하는 의미를 가지고 있다.[153] 쉐산도의 넓고 큰 테라스도 이런 의미를 지니고 있다고 생각되는데, 이는 당시의 역사적 상황을 통하여 추측할 수 있다.

아노라타 왕 시기 이전의 버강은 아예찌 불교, 낫 신앙, 힌두교, 대승불교가 성행하고 있었다. 아노라타 왕은 기존의 신앙으로 국민들의 정신적 통일을 이룰 수 없다고 생각하여 이를 대체할 수 있는 종교를 원했다. 때마침 신 아라한을 통하여 접한 상좌부불교는 아노라타 왕을 감화시켰고 그는 버강에 상좌부불교를 도입하였다. 그러므로 쉐산도의 넓고 큰 테라스는 이전 시기 불탑과 차별화되며 상좌부불교가 널리 퍼지길 바라는 아

150 Kyaw lat, 앞의 책, p.60.

151 짜익티요 제디는 미얀마의 3대 성물의 하나로 미얀마 사람들은 미얀마의 3대 성물로 양곤의 쉐다곤 제디(Shwedagon)와 만달레이의 마하무니 불상(Mahamuni), 짜익토의 짜익티요 제디를 든다. 서성호, 『황금불탑의 나라 미얀마』, 두르가, 2011, p.76.

152 Win Maung, *Evolution ot the Stupas in Myanmar*, International Buddhist Conference, Bangkok, 2007, p.7.

153 천득염, 앞의 책, p.24.

노라타 왕의 염원을 표현한 특징적인 부분이라고 생각된다.

더불어 지금은 거의 사라져서 흔적을 찾기 힘들지만 더불어 원래는 화려하게 있었을 것으로 추정되는 장엄, 그리고 불탑의 영역 내에 있는 힌두교와 관련된 링가(Linga)사당 또한 이런 아노라타 왕의 염원을 나타낸 부분이라고 생각된다. 이는 아노라타 왕의 다음과 같은 말을 통하여 추측할 수 있다.

〈백성들은 새로운 믿음을 가지기 위해 찾아오지는 않을 것이다. 그들이 지금까지 해왔던 것처럼 그들의 신을 위해 오게 하라. 그러나 그들은 점차적으로 새로운 가르침으로 오게 될 것이다.[154]〉

기존의 제디형식 불탑에서 기단부로 여겼던 대좌(臺座), 즉 여러 개의 낮은 단이나 ring과 같은 형태가 쉐산도제디에서 볼 수 있는 건축적 형태의 분명한 기단, 즉 테라스로 변화하였다. 더불어 테라스에는 기둥의 표현, 난간의 설치, 계단의 도입[155] 등 건축적 요소가 보이지만 기존의 기단부로 여겼던 부분에는 이러한 요소가 보이지 않는다는 점은 테라스와 기존의 대좌와 분명한 차이가 있다고 생각된다.

그래서 필자의 생각으로는 쉐산도 제디를 세 부분으로 구분한다면 테라스를 4각형 기단부, 8각형 부분부터 앙련과 복련이 나타나는 종형(鐘形) 부분까지를 탑신부라 하고 그 위를 상륜부로 하여야 한다고 생각한다.[156] 이는 이후 건립된 쉐지곤 제디를 포함한 '테라스 위의 종형 탑신 형식'의 불탑에 똑같이 적용할 수 있다. 이런 쉐산도 제디의 형태는 크게 두 가지

154 Maung Htin Aung, *Folk Element in Burmese Buddhsim*, p.75(김성원, 앞의 논문, p.182에서 재인용).

155 천득염은 인도 초기 불탑을 살펴본 결과 대개 기단에는 상부로 오르는 계단이 있다고 하였다. 천득염, 앞의 책, pp.123-125.

156 서성호, 앞의 책, pp. 146-147; Dr. thet. Oo 외 1명, 앞의 책, p. 2; Elizabeth Moore 외 2명, *Shwedagon Golden Pagoda of Myanmar*, River Books, Thailand, 1990, pp.131-138을 참고함

보보지 제디

로카난다 제디 *

사파다 제디 **

굽타 형식과 스리랑카 형식

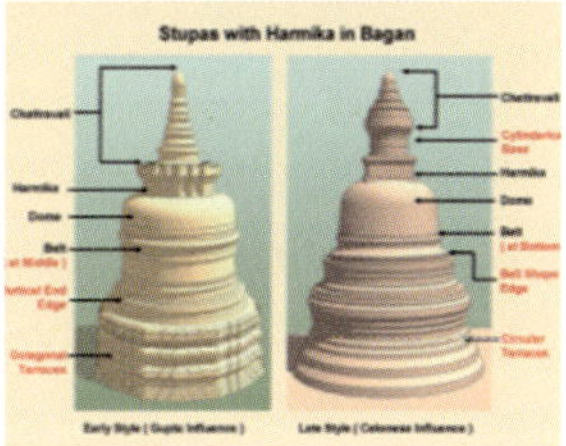

* 출처 : Thet Oo 외 1명, *Architectural Aspects Of Stupas During The Region of King Narapatisithu In Bagan, Myanmar*, ASIA PACIFIC SOCIOLOGICAL ASSOCIATION, 2015, p.26.

** 출처 : U Win Maung, Evolution of the Stupas in Myanmar, International Buddhist Conference, Thailand, 2007, p.9.

양상으로 변하여 각각 제디와 파토에 영향을 끼쳤다고 생각된다.

이는 너무 강조된 넓고 큰 테라스를 줄이고 그만큼 불탑의 원의를 지닌 상부 건조물을 부각시키며, 종형부의 아래인 대좌 부분을 테라스와 자연스럽게 이어지게 하여 전체적인 형태가 상승감을 잘 나타내는 모습이다. 이는 미얀마 정형 양식의 불탑을 대표하는 쉐지곤 제디에서 나타난다.

또한 기존의 넓고 큰 테라스는 전체적인 비례에 적합하게 조정되고 대좌 부분은 기존의 형태를 그대로 유지하며, 대좌 부분 위에 시카라형의 건조물을 추가한 양상이다. 이런 양상은 버강 왕조의 3대 걸작이라 평가받는 아난다 파토에서 잘 보인다.

앞서 본고에서는 파토를 상좌부불교가 힌두교를 포용함을 상징적으로 나타낸 버강만의 독특한 형식의 불전형 불탑으로 생각된다고 하였다. 그렇다면 이 형식을 버강 시기 불탑의 한 형식이라 할 수 있으며, 이런 형식의 불탑을 '사각형 테라스 위의 시카라 탑신 형식' 혹은 '사각형 테라스 위의 종형 탑신 형식' 이라고 하면 이해하기 쉬울 것이다.

이 형식중에서 시카라 모양은 현존하는 버강 유일의 힌두교 신전인 낫라웅 짜웅(Nat Hlaung Kyaung, 아노라타 왕 시기 이전에 건립된 것으로 추정) 신전에서 보이는 시카라와 유사한 형태이다. 또한 종형은 인도를 비롯하여 스리랑카 등에서 볼 수 있는 복발형 불탑이 점차 상승감을 주는 의도로 높아져 원추형 첨탑으로 변모한 것으로 이해된다.

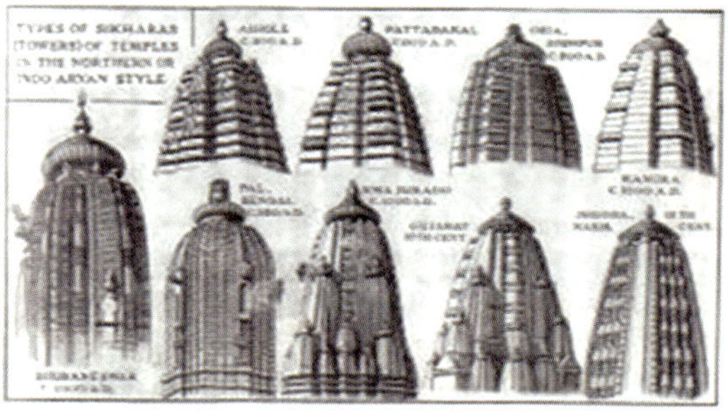

낫라웅 짜웅의 시카라(좌)와 시카라 형식(우) (우: 이미림 외 5명, 『동양미술사 하권』, 미진사, 2009)

| 표 2 | 기존 연구자의 불탑 형식 분류 정리

형식		Kyaw Lat (에야와디 강 중부) 2c-13c	Win Maung (미얀마) 1c-19c	Dr. Thet Oo (바간) 7c-13c
일반형	1. Bulbous shape	O	O	O
	2. Egg shape stupas on circular base		O	
	3. Tall cylindrical Stupas on circular base	O	O	
	4. Tall cylindrical Stupas on polygonal base	O	O	
	5. Tall cylindrical Stupas on terraces	O		
	6. Bell shape Stupas on rectangular base		O	
	7. Bell shape Stupas on rectangular terraces		O	O
	8. Bell shape Stupas on polygonal terraces		O	O
	9. Bell shape Stupas on circular terraces			O
전래형	10. Andhra	O	O	
	11. Gupta	O	O	
	12. Ceylonese		O	O
특수형	13. Relic Gasket		O	
	14. Thaung Pyae Kon incase		O	

3) 버강 시기 불탑의 형식 분류

기존의 미얀마 또는 버강 불탑을 분류한 연구자로 쿼우 랏(Kyaw lat), 윈 마웅(Win Maung), 텟 오(Dr. Thet Oo) 등이 있다. 쿼우 랏은 2세기부터 13세기까지의 에야와디 강 중부 지역 스투파를 주변국(지역)의 대표적인 초기 불탑과의 형태적 유사성, 전체적인 형태, 기단의 분류 및 형태, 탑신의 형태에 근거하여 6가지 형식으로 분류하였다.[157]

1. Andhra influenced Stupas(인도 안드라 형식)
2. Gupta influenced Stupas(인도 굽타 형식)
3. Bulbous shape(둥글납작한 양파 형식)
4. Tall cylindrical Stupas on circular base(원형 기단 위의 높은 원통형 탑신 형식)
5. Tall cylindrical Stupas on polygonal base(다각형 기단 위의 높은 원통형 탑신 형식)
6. Tall cylindrical Stupas on multi terraces(다층 테라스 위의 높은 원통형 탑신 형식)

157 Kyaw lat, 앞의 책, pp. 59-60.

윈 마웅은 1세기부터 19세까지의 미얀마의 스투파를 주변국(지역)의 대표적인 초기 불탑과의 형태적 유사성, 봉헌용 소탑(Relic Gasket Type Stupas, Thaung Pyae Kon incase Stupa), 전체적인 형태, 기단의 분류 및 형태, 탑신의 형태, 기단과 탑신의 비례에 근거하여 형식을 12가지 형식으로 분류하였다.[158]

1. Andhra influence Style(인도 안드라 형식)
2. Gupta influence Style(인도 굽타 형식)
3. Relic Gasket Type Stupas(봉헌용 사리호(소탑) 형식 1)
4. Egg shape Type Stupas on circular base(원형 기단 위의 계란형식)
5. Thaung Pyae Kon incase Stupa(봉헌용 소탑 형식 2)
6. Bulbous Type(둥글납작한 양파형식)
7. Tall Cylindrical Type Stupas on circulr base(원형 기단 위의 높은 원통형 탑신 형식)
8. Tall Cylindrical Type Stupas on polygonal base(다각형 기단 위의 높은 원통형 탑신 형식)
9. Bell Shape Stupas on rectangular base(사각형 기단 위의 종형 탑신 형식)
10. Bell Shape Stupas on rectangular multi terraces(사각형 다층 테라스 위의 종형 탑신 형식)
11. Bell Shape Stupas on polygonal multi terraces(다각형 다층 테라스 위의 높은 종형 탑신 형식)
12. Ceylonese type(스리랑카 형식)

텟 오는 7세기부터 13세기까지의 버강의 스투파를 주변국(지역)의 대표적인 초기 불탑과의 형태적 유사성, 전체적인 형태, 기단의 형태에 근거하여 6가지 형식으로 분류하였다.[159]

1. Stupas with Bulbous Shape(둥글납작한 양파 형식)
2. Stupas with Octagonal Basement(8각형 기단 형식)
3. Stupas with Rectangular Basement(사각형 기단 형식)
4. Stupas with Circular Basement(원형 기단 형식)
5. Stupas with Pentagonal Basement(오각형 기단 형식)
6. Sinhalese Type Stupas(스리랑카 형식)

158 Win Maung, 앞의 책, pp. 2-11.
159 Thet Oo 외 1인, 앞의 책, pp.21-26.

160 Ceylonese type과 Sinhalese Type Stupas와 같이 동일한 형식을 각기 다른 명칭으로 쓴 것을 통일시키고, Stupas with Octagonal Basement와 Stupas with Pentagonal Basement와 같이 세세하게 형식을 분류시킨 것을 polygonal base 또는 polygonal terraces와 같은 큰 분류의 형식에 포함시켰다.

본고의 버강 시기 불탑의 형식 분류를 위해 위 연구자들의 분류를 표로 정리하면 〈표 2〉와 같다. 위 연구자들의 분류를 정리하면 미얀마의 불탑은 총 14가지 형식으로 분류할 수 있다.[160] 이들은 우선 〈표 2〉와 같이 일반형, 전래형, 특수형 3가지의 큰 유형으로 구분된다. 일반형은 불탑의 기단부와 탑신부의 형태를 통하여 분류된 형식이며, 전래형은 인도와 스리랑카 등 주변국(지역)의 영향을 받아 해당국의 불탑과 비슷한 형식으로 건립한 불탑이다. 특수형은 전래형과 일반형에 포함되지 않는 특수한 형식의 불탑을 말한다.

이에 근거하여 버강 시기 불탑 형식을 분류한다면 다음의 6가지 형식으로 분류할 수 있으며, 이는 일반형과 전래형, 특수형 3가지 큰 유형으로 분류할 수 있다고 생각된다. 일반형은 '1-3'이 해당되고, 전래형 '4-5'가 해당되고, 특수형은 '6'이 해당된다.

1. 다각형 기단 위의 종형 탑신 형식(Bell shpae stupas on polygonal base type)
2. 사각형 다층 테라스 위의 종형 탑신 형식(Bell shape stupas on rectangular multi terraces type)
3. 다각형 다층 테라스 위의 종형 탑신 형식(Bell shape stupas on polygonal multi terraces type)
4. 굽타 형식(Gupta influence type)
5. 스리랑카 형식(Ceylonese type)
6. 사각형 다층 테라스 위의 시카라 탑신 형식(Sikhara shape stupas on rectangular multi terraces type)

기존의 연구에서는 본고의 연구 범위의 탑신부의 형태를 종형과 원통형(Tall cylindrical)으로 분류하였는데, 기존의 원통형으로 보았던 탑신은 바간 이전 시기의 원통형 탑신을 지닌 불탑에 비해 탑신의 비중이 줄어들고, 상대적으로 탑신 하부의 지름이 탑신 중부의 지름에 비해 커서 이 탑신의 형태를 종형으로 봐야 한다고 생각된다. 이는 퀴우 랏이 'Tall cylindrical Stupas on polygonal base(다각형 기단 위의 높은 원통형 탑신 형식)'의 대

| 표 3 | 버강 불탑 형식 분류

일반형			전래형		특수형
1. 다각형 기단 위 종형 탑신형	2. 사각형 테라스 위 종형 탑신형	3. 다각형 테라스 위 종형 탑신형	4. 인도 굽타 형식	5. 스리랑카 형식	6. 사각형 테라스 위 시카라 탑신형

표작이라 여겼던 로카난다 제디(LokaNanda, 1050)와 'Tall cylindrical Stupas on circular base(원형 기단 위의 높은 원통형 탑신 형식)'의 대표작으로 여겼던 보보지 제디(6c-7c)와의 비교를 통해서 알 수 있다. 그러므로 탑신의 형태는 종형으로 분류할 수 있다.

또한, 기존의 연구에서는 테라스 형태를 사각형, 다각형, 원형으로 분류하였는데, 이 중 원형의 테라스를 지닌 불탑은 전체적인 형식이 스리랑카 형식과 유사하므로 이를 스리랑카 형식으로 분류할 수도 있겠다. 그러므로 테라스의 형태는 사각형과 다각형으로 분류할 수 있다. 다각형의 테라스는 대체로 팔각형이나 담마야지카 제디(Dhammayazika, 1198)와 같이 오각형도 있다.

인도의 굽타형식은 다각형의 기단 위에 반구형의 탑신, 그 위에 하르미카(Harmika)가 있는 형식으로 대표적인 불탑으로 쉐난인(Shwenanyin, 13c) 제디를 들 수 있다.

스리랑카 형식은 원형의 기단 위에 반구형의 탑신 그 위에 하르미카가 있는 형식으로 대표적인 불탑으로 사파다 제디(Sapada, 12c)를 들 수 있다.

특히, 아난다 파토와 같은 형식을 버강 시기만의 독특한 유형의 '불전형 불탑'으로 생각하여 '사각형 테라스 위의 시카라 탑신 형식'으로 분류할 수 있겠다. 또한, 이러한 형식의 기단부는 여러 단의 테라스로 이루어져

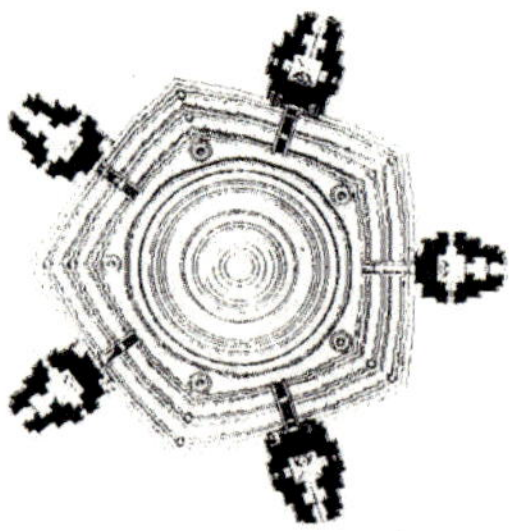

담마야지카 제디(Thet Oo 외 1명, 앞의 논문, p. 24)

있어서 기단부가 상대적으로 아주 큰 모습을 하고 있다. 이 경우는 당연히 기단부에 내부공간이 구축된 불전으로 전후좌후 중심에 불상을 모셔두고 방문객들이 사방으로 순회 경배할 수 있는 평면형식으로 만들었다.

2. 미얀마불탑의 구축방법과 재료

1) 불탑의 구성

기단부가 큰 바간의 탓빈뉴 파야

미얀마의 불탑은 한국 석탑의 명칭을 차용하여 구분하자면 통설적으로 기단부와 탑신부, 상륜부(相輪部)의 세 부분으로 구성되어 있다고 하겠다. 인도에서 출발하여 스리랑카를 거쳐 전래되고 변화된 양상을 지닌 미얀마의 전형적인 탑은 바간 양식의 복발을 중심 부분으로 하는 종형식(혹은 원추형)의 탑이다. 이는 미얀마에서는 바간의 쉐지곤에서 시작되어 양곤의 세다곤으로 대표되는 종형의 탑인데 미얀마에서 가장 일반적인 형태의 탑 형식이다.

이를 기준으로 하여 보면 미얀마 불탑의 구조는 기단부인 하부, 탑신부인 중부, 상륜부인 상부 혹은 하단부, 구체부(본체부), 첨탑부의 3단으로 되어 있다. 즉 기단과 종 모양의 복발, 그리고 상륜으로 나눌 수 있다. 대체적으로 미얀마 불탑은 여러 단의 테라스형 넓은 기단 위에 종 모양의 본체를 두고 그 위에 높은 첨탑형의 상륜부를 올렸다.

가. 기단부

기단부는 탑의 맨 아래에 위치하며 구조적으로 엄청난 상부의 하중을 받쳐주고 지반에 전달한다. 의미론적으로 기단은 땅을 상징하는 사각형으로 하는 것이 일반적이다. 그러나 예외적으로 오각이나 팔각 또는 원형인 경우도 있다. 물론 아난다파토처럼 각 면의 중앙부가 돌출하여 현관을 이룬 경우는 십자형이 되기도 한다.

대개 기단은 3개 층으로 구성되어 있으며 위로 올라가면서 줄어드는 층단(피라미드) 형태이다. 몇몇 탑의 기단에는 계단을 만들어 기단의 최상부까지 사람들이 올라갈 수 있도록 하기도 하고 각 단에 테라스(Terrace)를 두어 탑을 돌아 볼 수 있도록 한 경우도 있다. 1층 기단의 벽면에는 벽감(壁龕Niche)[161]을 만들어 불상을 모시거나 부처님의 본생담(本生譚, 자타카Jataka)를 조각한 조그만 면석(面石)을 두었는데 이는 대부분 도기로 만들어져 장식한다. 또한 각 층의 모서리에는 탑이나 항아리 모양, 마놐띠하[162] 등 다양한 형태의 구조물을 장식으로 배치하였다. 특히 기단이 사각형이나 팔각형일 때는 탑의 본체가 대부분 원형이므로 탑의 본체와 기단을 자연스럽게 연결하기 위해 모서리 부분을 들쑥날쑥한 모양의 리덴트형식으로 처리하여 차츰 원형으로 유도하였다.[163] 이러한 형식은 미얀마의 독특한 조형기법으로 다각형에서 원형으로 상승하는 접점에서 이루어지고 있다. 특히 슐레 탑은 팔각형 탑으로 팔정도(八正道)를 상징한다는 해석이 있다. 불교의 사상 가운데 하나가 사성제(四聖諦)인데 네 가지 성스런 진리, 즉 고집멸도(苦集滅道)로 도를 이룬다는 의미를 내포한다.

■ 싯따웅 파야의 내부공간은 기단을 이룬다.

나. 탑신부

■ 종형 불탑의 예, 쉐지곤 제디

탑신부는 탑의 몸체 부분으로 다리라 할 수 있는 기단과 머리라 할 수 있는 첨탑을 이어주는 필수적 구성요소이다. 탑의 형식을 결정하는 가장 중요한 부분으로 보통 아래는 아주 넓고 위로 갈수록 점점 좁아지는 모습으로 하늘을 향해 치솟아 올라가는 앙천적이고 수직적인 종교적 의미를 표출하는 형태이다.

미얀마 탑의 형태를 결정하는 탑신부는 종형(원추형), 복발형[164], 원통형, 피라미드형(보드가야형)[165], 시카라형(삼엽충형, 옥수수형) 등이 있다. 그러나 서성호는 종형, 피라미드형, 타원형, 사다리꼴형(마하보디식) 등으로 되

161 벽면에 뚫려진 움푹하게 후퇴한 부분으로서 그 안쪽은 보통 조각상이 놓여진다.

162 전체적인 모습은 마치 스핑크스와 같은 형태로 사람 몸통 하나에 사자의 엉덩이 둘을 합한 모양에 다리는 여섯 개로 안정을 상징한다.

163 서성호, 146쪽

164 1636년 두 번째 통일 왕국인 따웅구왕조의 타룬왕에 의하여 건립된 까웅무도 파야가 대표적인 예이다.

165 인도 보드가야의 마하보디사원과 바간의 구바욱지가 그 예이다.

166 서성호, 『황금불탑의 나라, 미얀마』, 두르가, 2011, p.146

어 있다고 하였다.[166]

미얀마의 불탑 중에서 본체인 탑신부가 종형의 본체에는 장식이 많지 않고 기하적 도식이나 금칠이 되어 있어 엄중하고 묵직한 느낌을 준다. 그리고 종형의 중간이나 윗부분에는 나뭇잎이나 연꽃 모양의 띠 장식을 둘러 변화를 주었으며 단순한 선을 돌리는 경우도 많다. 쉐다곤 파야, 쉐지곤 파야, 담마야지카 파야 등이 종형의 대표적인 예이다. 바간지역에서 가장 집중적인 분포를 보인다.

〈복발형〉은 인도나 스리랑카의 전형적인 불탑에서처럼 주요한 탑신부가 사발을 엎어 놓은 모습으로 된 형식이다. 이 경우로 미얀마에서는 그다지 많지 않지만 인도에 가까운 미얀마 서북부 므라욱 우 지방과 다양한 불탑이 수없이 많은 바간에서는 흔하다.

〈원추형〉은 "까꾸(Kakku)"와 "인 데인(In Dein)"에 있는 수천기의 불탑에서는 대부분 뾰족한 모습의 원추형이 보인다. 다른 지역에서는 보이지 않은 모습이나 한곳에 이처럼 수없이 많은 탑이 만들어진 것은 참으로 특이한 형식이라 하겠다. 샨족들이 주로 사는 산간이나 계곡에 흔히 분포되어 있다.

〈원통형〉은 흔치 않지만 가장 오래된 형식이다. 쀼족 왕국시대인 5~7세기에 건설된 보오보오지(Bawbawgyi) 탑은 원통형의 모습을 잘 보여주고 있다. 이탑은 미얀마에 남아 있는 탑 가운데 가장 오래된 것으로 생각된다. 바간에도 종형의 탑들이 남아 있는데 이는 바간 왕조가 들어서기 이전에 건설된 것으로 추정된다. 바간의 에야와디 강변에 자리한 로카난다(Lokanada)와 부파야(Bupaya) 탑도 그렇다.

인 데인의 첨탑형 불탑

반면 가파른 경사면으로 된 〈피라미드형〉은 본체 전체에 불상을 모신 소형벽감을 만들거나 위아래로 계속 리덴트식으로 변화를 주어 화려하고 현란한 느낌을 준다. 이러한 모습은 인도 보드가야와 유사한 모습을 미얀마에 도입한 것이다. 이는 인도 힌두사원의 중심공간인 시카라(sikhara)나 태국 불교사원의 옥수수모양인 쁘랑(prang)과 유사한 모습인데 서성호는 화석의 삼엽충과 같은 모습이라 표현하였다. 쁘랑은 옛날 앙코르 왓의 힌두교사원에서 사용되었던 형식으로, 후에 힌두교사원이 불교사원으로 변용되면서 자연스럽게 스투파로 변모되거나 크메르형식의 영향을 빌려 불탑을 만든 것이라 생각된다.

다. 상륜부

상륜부는 탑의 최정상부에 올라가 있는 첨탑 장식이다. 탑의 중요한 몸부분과 상륜부가 어디에서 나누어지는지 분명하지 않다. 즉 어디까지를 탑신부인 종 형식으로 하고 어디까지를 상륜부로 할 것인가 어렵다는 것이다. 다만 구태여 분절적으로 나눈다면 아래의 우산부분과 위의 티 부분으로 나누어 볼 수 있겠다. 뾰족한 창끝 모양이나 연의 씨앗 모양으로 되어 있다. 탑신부와는 연꽃잎 장식 띠를 기준으로 구분된다. 상륜부는 하늘을 찌르는 듯 위로 길고 뾰족하게 만들어 하늘과 탑이 연결되는 듯한 이미지를 연출한다. 상륜부에는 단순한 탑신부와는 달리 나뭇잎과 연꽃잎, 띠 장식 등을 여백 없이 가득하게 배치하였다.

가장 윗부분에는 왕관을 씌우듯 우산장식인 티를 씌운다. 티는 여러 단으로 이루어져 있으며 수많은 보석이나 종들을 달아서 화려하게 장식하였다. 티는 샨 양식, 미얀마 양식, 빠오(Bao) 양식 세 가지로 구분된다. 미얀마 양식은 위가 둥근 복발형이고, 빠오 양식은 원뿔형이며, 샨 양식은 두 가지 유형의 복합형이다.

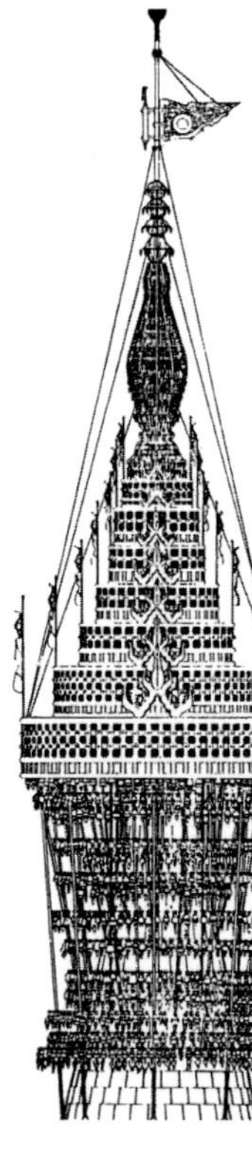

■ 상륜부 티 상세도 (*Shwedagon: Golden Pagoda of Myanmar*, p.136)

2) 버강 불탑의 재료와 구축방법

바간 유적의 주요 건축 재료는 벽돌이며, 석재와 목재가 일부 사용되기도 한다. 이와 함께 장식의 목적으로 불전도와 本生譚(Jataka)이 묘사된 陶器형식의 벽돌이나 타일이 부가된다. 벽돌의 시공은 일반적으로 약간의 모르타르로 붙여 공극이 적은 적층식이다. 두꺼운 벽돌 벽으로 쌓여진 구조체의 안쪽 벽은 석회로 마감하였고 다양한 불화를 그려 넣었다. 외벽도 석회로 마감하였는데 현재는 거의 떨어져 나가고 대부분 노출된 벽돌면이 보일 뿐이다.

가. 벽돌과 벽돌쌓기

외부 담장의 벽돌쌓기

벽돌은 미얀마의 건축에 있어서 가장 중요한 재료이다. 탑이나 사원 등을 건축하는데 벽돌 한 장 한 장은 보시이고 헌신이다.

벽돌은 일반적인 크기가 20cm 내의 넓은 판형으로 그 크기가 큰 편으로, 규모와 용도에 따라 서로 달리한다. 쌓기 방식은 막힌줄눈 쌓기로 접착제 없이 적층되는 방식으로 보이는데, 이는 중간에 채워지는 모르타르가 아주 얇게 사용된다. 이 형식은 미려한 외관을 보이나, 구조적으로 견고함이 약하다. 그러나 근래에 보수·복원되는 사원에는 벽돌 사이를 시멘트 접착과 접착재를 이용하여 쌓는 방식이 주로 이용되는데, 이는 원형의 유지라는 본질적 의미와 미관상으로 옳지 않은 방식이다. 그리고 벽돌쌓기에는 또 다른 특징적인 면을 보이기도 하는데, 적층된 벽돌을 자체적으로 조각하여 내외부를 장식하는 것이다. 이렇듯 벽돌로 쌓은 스투파는 그 규모가 거대하여 수많은 벽돌이 사용된다. 일례로 담마야지카 사원의 경우 600만개 이상의 벽돌이 사용되었다고 한다. 또 탓빈뉴 사원은 만 개의 벽돌이 사용될 때마다 하나씩 쌓은 벽돌로 사원 옆에 커다란 전탑을 세웠다 한다. 사원에 사용된 벽돌은 너무 많아 바간지역에서만 조달할 수 없어 다른 지역의 마을이름이 찍힌 벽돌이 사용되기도 했다. 사원에 사용된 재료는 거의 대부분이 철저하게 붉은 벽돌을 사용하였다. 석재는 사원 내부 바닥과 외부 모서리 부분에 아주 한정적으로 사용되었을 뿐이다. 당시의 일반적인 벽돌 크기는 36×18×6cm로 오늘날의 벽돌보다 조금 크다. 근자의 벽돌의 크기는 31*16.5*4.5 정도로 현대 사용된 일반적인 벽돌의 규모에 비하여 좀 적은 편이다.

전술한 바와 같이 벽돌을 쌓을 때 사용한 재료는 현지인들이 소위 진흙 mud라고 쉽게 말하는데 아주 가는 모래, limestone과 Lake mud, 꿀, 우유, toddy juice, 라임, 물소 뿔을 갈아서 만들거나 소가죽을 끓여 만든 접착제를 사용하였다 한다. 아마도 벽돌을 쌓을 때에는 좀 단순하고 벽돌벽의 외부 마감을 스터코(stucco)로 더 정교하게 하였을 것으로 보인다. 즉 줄눈부분에 사용된 것은 모래와 석회 등을 조합해서 쓰고 외벽마감을 더욱 부착력이 강한 재료를 사용하였을 것이다. 이 접착제의 두께가 너무 얇아 재료를 사용하였는지 확인이 불가능할 정도이다. 이 때문에 지진이 발생하면 파손이 쉽게 되는 경우가 있었다.

나. 벽돌과 스투코 마감

보초미 사원의 스투코 장식

바간지역 건축에서 사용된 재료로 빼놓을 수 없는 것의 하나는 스투코(stucco) 혹은 플라스터(Plaster)를 들 수 있다. 이 두 단어는 혼용되기도 하나 플라스터로 만든 스투코라고 하는 이해가 어울린다. 바간 스투파에서 스투코가 없는 것은 새로 만들어지거나 개보수 된 것을 의미한다. 스투코는 사원과 스투파의 외벽 위에 여러 재료를 혼합하여 벽돌을 덧입히는 마감재이거나 이로 만들어진 장식물을 말한다. 스투코의 역할은 두 가지로, 우수나 수분에 노출되는 벽의 이음새를 막아 누수를 방지하여 사원을 보호하는 역할과 건물 외부를 장식하는 것이다. 벽돌은 구조적으로 여러 가지 형태로 만들 수 있지만, 외벽의 표면이 단순하게 마감되므로 스투코를 통해 다양한 장식을 할 수 있다. 이러한 장식은 스투코를 바른 후 수작업이나 틀을 이용하여 문양을 부가한다. 그리고 스투코는 파토 내부에서도 마감재로 이용되었으며, 그 위에 벽화가 부가된다. 그러나 내부 마감을 플라스터로 하고 이 회반죽인 플라스터가 마르기 전에 프레스코벽화를 그렸다고 하는 것이 더 정확하다. 이미 상술한 바와 같이 벽돌 벽체는 회반죽 마감을 하였다. 이를 영어식으로 말하면 소위 플라스터(plaster)라고 부르는데 3겹으로 이루어졌다. 전체 두께는 약 2cm 정도인데 세 겹이다. 첫 번째 층은 얇게 두 번째 층은 보다 두껍게 세 번째 층은 또 얇게

167 서성호, 『황금불탑의 나라, 미얀마』, 두르가, 2011, p.151~152.

발랐다. 이 들 상호간에 부착은 잘 되었고 서로 색조가 다름으로 보아 이질적인 재료가 사용된 듯하다.

스투코는 두 단계로 칠해졌다. 우선 외벽을 전체적으로 완벽하게 칠한 다음 입체적인 장식이 필요한 경우 덧칠을 하였다. 형틀을 사용되기도 하였으나 대부분의 경우 나무나 금속도구를 이용한 수작업을 진행하였다. 이처럼 미얀마 건축의 조형미는 벽돌이 담당했고 외부는 스투코로 화려하게 장식했으며 내부는 프레스코화로 종교적 의미를 더했다. 물론 지금은 외부가 대부분 떨어져 나가 벽돌벽면만 남아 있어서 당시의 위용을 짐작할 정도이다.

바간 시대에는 모래와 물, 석회, 사탕수수로 만든 당밀(糖蜜), 라임, 소가죽을 끓여 만든 아교 등을 혼합해 스투코를 만들었다. 아난다 사원에 남아있는 기록에는 스투코에 사용된 라임과 소가죽의 양이 언급되어 있다.[167]

다. 석재

석재로 구축된 기단부 내부의 감실 (좌)
재단된 석재 (우)

또 다른 재료인 석재는 벽돌에 비해 강도가 강해 제작이 어렵고, 채취와 운반, 가공 등에서 많은 노동력과 경비를 요구한다. 그러므로 바간에서는 석재가 많이 이용되지 않았으며, 사용되더라도 부분적으로 작은 크기의 건축 보강재나 동식물 조각에 한정되었다. 석재의 사용은 통로의 바닥과 같이 통행이 빈번한 곳이나 문지방, 문설주 그리고 건물 외부의 모서리 등에 부가되는 것이 특징이다. 때로는 상부건축의 하중을 견디는 구조재나 화려한 장식이 필요한 린텔과 기둥에도 종종 사용되었는데, 이들 석재의 종류는 대부분 사암이 주를 이룬다. 이곳에 구하기 힘든 석재를 사용한 것은 벽돌이 마모되기 쉽기 때문에 이를 대체한 것이다.

석조 건축물로는 바간에 있는 쉐지곤 탑과 난파야(Nanpaya) 사원을 들 수 있다. 이들 건축물은 좀 더 자르기에 편한 사암을 벽돌 크기로 잘라서 사용하였다. 이 같은 방식은 비용이 많이 들어 희소성과 진귀함을 나타낸다. 불교 탑 가운데 가장 오래된 인도의 산치대탑이나 우리나라의 분황사 모전석탑은 돌을 벽돌처럼 잘라서 만든 소위 모전(模塼)석탑이다. 쉐지곤 탑은 산치대탑과 같은 방식으로 건설한 것으로 생각된다. 난파야는 미얀마에서 드물게 남아 있는 힌두교 사원이다. 인도의 힌두교 사원들이 석조 건물이기 때문에 그 영향을 받은 것으로 보인다.

라. 목재

■ 만달레이성

목재는 바간 초기에 일반적으로 사용되었고, 민가나 왕궁, 수도원과 같은 주거지 등에 실제적으로 주거 목적의 건축물에 이용되었다. 사원에서는 출입구의 인방이나 출입문에 주로 이용됐다. 현존하는 다수의 사원에서 이러한 목재 사용은 거의 보기 힘들고, 일부 사원의 수평부재인 인방(引枋)이나 출입문에 남아있다.

목재는 다른 재료보다 구하기 쉽고 가공하기가 용이하지만 문제는 화재에 취약하고 내구성이 약해서 오래 보존하는 데는 어려움이 있다. 따라서 왕궁은 오래전의 건물이 현존하는 것이 없으며 수도원의 경우 19세기에 지어진 건물만이 일부 남아 있을 뿐이다. 대표적인 목조건축은 만달레이성에서 잘 볼 수 있다.

특히 벽돌조 건축에 있어서는 당연히 건물의 출입문에 티크, 산달나무, 장미목 등의 목재가 사용되었다. 문에는 아름다운 조각이 되어 있다. 특히 사람이 사는 곳을 목재로 건축하는 이유는 지진과 같은 외부 충격을 벽돌에 비해 훨씬 더 잘 흡수하므로 인적인 피해를 최소화 하고자 하는 의도도 있었다.

마. 도기

전생담의 도기 장식

점토를 주재료로 낮은 온도에서 구워서 만든 도기는 바간 유적에서 주로 장식 재료로 사용되었다. 사원 건축에 유약을 칠한 도기가 본격적으로 사용된 것은 바간 왕조 때인 11세기 초라고 추정된다.

유약을 칠해 구워서 더욱 반짝거리는 도기는 일반적으로 사원의 바깥벽 하단과 위쪽 테라스 에 규모와 간격이 일정한 틀 안에 끼워져 있다. 보통 벽면에 부착한 타일 판 형식이고, 사각형과 반원, 원형으로 만들어졌다. 오랜 시간이 지나 외부면이 탈락해 버리는 것도 있지만 녹색 유약을 칠해 만든 것이 일반적이고, 노란색 유약을 사용한 것도 있다.

도기판에는 주로 부처님의 전생담, 자타카가 한 장면씩 표현되어 있어서 불교 설화를 함축적이고 예술적으로 나타내는 면모를 볼 수 있다. 초기의 자타카 도기는 유약 처리를 하지 않았으나 11세기 이후부터는 가열 방식의 발전과 구리성분의 결합을 통한 가마기술이 발달하여 녹색이 나도록 유약처리 되었다. 벽돌 벽면의 테라코타 사이에 도기가 규칙적으로 배치되어 이질적이면서도 조화로운 모습을 보인다.

바. 장식마감

사원을 지키는 동물장식

이외에 바간 역사유적의 장식은 대부분의 사원에서 스투코나 도기 장식이 주로 이뤄지고 있는데, 다양한 동식물 문양과 조형물이 부가되고 있다. 먼저 사원의 제디불탑형식은 조성 목적과 형태적인 단순함 때문에 그리 많은 장식이 부가되지 않고 있다. 스투파 자체의 장식에서 기단과 탑신, 복발에서는 장식이 작은 반면, 상륜의 티와 기단 외부에서는 다양한 조각이 부가되는 특징이다. 이는 제디 자체가 성스러운 건축이

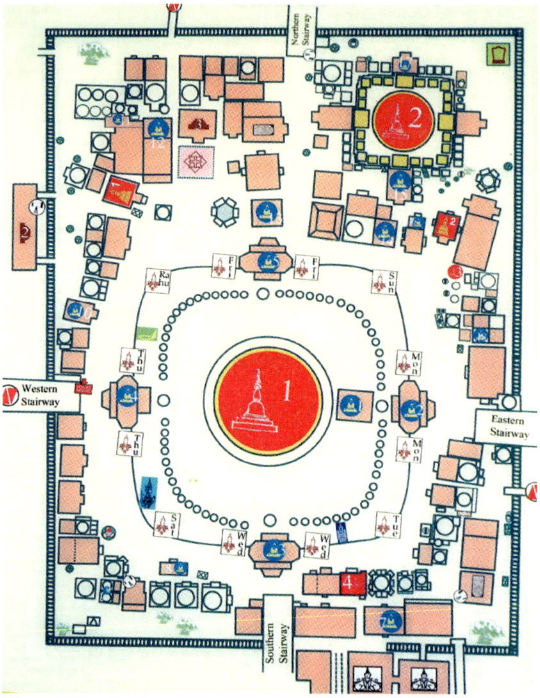

쉐다곤 불탑을 둘러싼 사원의 공간 구성(Guide Map of Shwedagon Pagoda Platform

되므로, 주변을 장식하여 신앙의 중심이 되는 대상을 부각시키기 위함이다.

한편 내부공간이 있는 파토의 경우에서는 조금 다른 양상을 보인다. 즉 파토는 신앙의 중심인 스투파가 건물 상부에 위치하고, 내부에 불상을 모시면서 제디에 비해 상부 스투파의 역할이 약화되고 있다. 그런 까닭에 파토의 외벽은 벽면에 넓은 빈 공간을 남겨 절제하며 장식했다. 외부 장식에서 가장 먼저 눈에 띄는 곳은 입구의 박공머리이다. 이곳은 아치형으로 되었고, 물결치는 기본 틀 위로 나뭇잎 장식이 불꽃처럼 생생하게 위로 일어서 있다. 때로는 좌우 양 끝, 악어모양의 수호신 마카라(Makara)와 나뭇잎 장식 사이에 바깥을 향해 키나리(Kinnari)와 키나라(Kinnara), 힌타백조 등이 보이기도 한다. 외부 장식을 적게 해 화려함보다는 장엄함이 느껴지는 가운데 박공머리 장식만은 과도할 정도로 장식적으로 강조되어 있다.[168]

그러나 여전히 불탑은 신앙의 가장 중요한 대상이 되고 파토의 내부에는 불상과 함께 벽화, 스투코 등 다양한 장식이 부가되는 양상이다. 파토의 외부 장식은 벽면의 빈 공간에 장식이 이뤄졌다. 특히 입구의 박공머리가 아치형으로 구성되면서 상부와 좌우에 나뭇잎이나 동물 장식을 부가하였다. 동물장식은 나가, 마녹띠하, 마간(마카라), 토나야, 나야, 빌루, 께인나리, 께이난야, 친테, 로카낫, 힌타(함사), 다웅(공작)[169] 등이 조각된다.

168 서성호, 『황금불탑의 나라, 미얀마』, 두르가, 2011, p.151~152.

169 나가는 몸통 하나에 머리가 여럿인 뱀이며, 마녹띠하는 미얀마 불교사원에서 주로 보이는 성물로 사람 몸통 하나에 사자의 엉덩이 둘을 합쳐진 형태로 다리가 여섯 개다. 마녹띠하는 일반적으로 건물 외부 모서리나 박공머리에 장식되어 사원을 수호하는 형태이고, 안정을 상징한다. 마간은 일반적으로 마카라라 하는데, 악어모양의 괴물이고 자비를 상징한다. 힌타는 함사, 백조로 힌두신 브라흐마가 타고 다니는데, 연합을 상징한다. 토나야와 나야는 용모양이고 네 개의 발을 가지고 있으며, 악귀를 몰아내기 위해 출입구 장식에 이용된다. 빌루는 도깨비 얼굴이며, 사원에 들어오는 악귀를 잡아먹는다. 친테는 사자의 모습으로 수호의 역할을 한다. 로카낫은 연꽃을 쥐고 왕관을 쓴 부처의 모습으로, 세계 평화와 미래불을 상징하면서 주 출입구에 조각된다. 다웅은 미얀마인의 원시신앙과 연계할 수 있는데, 자신들이 태양의 후손이라 믿어 태양과 닮은 공작새를 민족의 상징으로 여긴다. - 서성호,『황금불탑의 나라, 미얀마』, 두르가, 2011, p.151~152.

170 김소영, 천득염, 곽유진, 「쉐다곤 불탑의 상징적 의미와 구성 형식에 대한 연구」, 건축역사연구, 25권, 6호, 2016. 이 절의 내용은 위 논문을 참고로 하여 재편집하였음.

3. 미얀마의 중심, 쉐다곤 불탑의 의미와 구성[170]

1) 쉐다곤 파야(불탑)의 의미와 건립설화

불탑의 원류는 인도에서 비롯하여 위로는 간다라와 중앙아시아를 거쳐 중국으로 전래하였고, 아래로는 스리랑카, 또 한편으로는 인도 동북부에서 방글라데시를 거쳐 미얀마와 태국 등으로 전래하였다. 원래 불탑의 출현은 부처의 사리를 모시기 위해 조성된 것으로, 예배의 대상이자 성스러운 구조물로 인식되었다. 불탑은 단순한 조형물이기보다는 부처와 동일시되는 존재로, 공경과 숭배의 대상으로서 정신적인 측면을 강조한 건축물이라 볼 수 있다. 이러한 배경을 바탕으로 조성된 불탑은 독자적인 건축영역으로 뚜렷하게 자리매김하고 있음에도 불구하고 다른 불교건축물과 비교해 봤을 때 현시대에서는 금당의 부속 개념으로 주목성이 떨어진다. 그러나 미얀마의 경우는 사뭇 다르다. 거대한 불탑이 하나의 사원이 되어 그 안에 불상을 모시도록 조성되어 있다. 이러한 과정을 거치면서 시원적(始原的)인 스투파는 지역의 풍토와 조형의식에 따라 새로운 양상으로 변모하였다. 또한, 불교적 조형의식 역시 후대로 내려오면서 그 중심이 불탑에서 불상으로 옮겨가는 모습을 보인다.

쉐다곤불탑 전경

미얀마의 대표적인 불탑인 쉐다곤(Shwedagon)파야는 미얀마 불교 성지의 중심으로서 대표성과 상징성을 가장 명확하게 드러내는 대상으로 인식되고 있다. 또한, 미얀마의 정신적 지주로서 그에 적절한 규모와 위용을 자랑하는 쉐다곤 불탑은 시대를 거듭하며 형식상 많은 변모를 보여 왔다. 특히, 오랜 세월 동안 같은 자리에 위치하며 미얀마 토속 신앙인 낫(Nat)과 같은 전통사상을 포용하여 이어져 왔고, 미얀마 상좌부불교의 대표적 표상으로 자리하고 있으니 이와 같은 변모 양상은 미얀마 전역의 불탑에 영향을 미쳤다고 할 수 있다.

쉐다곤 불탑에 대한 논의는 시기적으로 앞선 쉐지곤(Shwezigon) 불탑을 계승하면서 변화하였기 때문에 탑의 양식적인 면에 집중되어 왔다. 이는 미얀마 불탑만의 양식적 특징이나 변모 양상에만 국한되어, 불탑의 내재적 의미와 형식을 규명하고자 한 연구는 소홀해 왔다. 이러한 관점에서 본 절에서는 쉐다곤 불탑이 가지고 있는 의미와 불탑 형식의 표현 양상에 대해 살펴보려고 한다. 쉐다곤 불탑의 상징적 의미와 가치에 대해서 검토해보고 불탑 형태의 표현에 있어 어떠한 형식과 의미가 나타나는지 각 구성 요소를 중심으로 분석하고자 한다. 한국에서는 미얀마의 불교미술에 대해서 아직 깊이 있게 연구된 적이 없기 때문에 단편적인 글들을 따라가지만, 불교 성지의 중심으로서 쉐다곤 불탑 형식의 의미와 건축적 형식을 규명해 보고자 하였다.

가. 쉐다곤 파야(불탑)의 건립 설화와 연혁

미얀마의 상징이자 미얀마인들의 불심의 총화인 쉐다곤 파야의 건립설화는 석가모니 붓다의 재세 시까지 거슬러 올라가 너무나 유명하다.

고타마 싯타르타[171]가 인도의 보리수나무 아래에서 수행하고 있을 무렵 미얀마의 남부 수반나부미(金地國)는 오칼랍파가 통치하고 있었다. 이때 그의 영지인 싱구타라(Singuttara)언덕은 과거삼불(過去三佛)의 유물[172]이 봉안되어 있어 신성하게 여겨온 곳이었다. 그러나 가섭불의 출현 이후 오랜 시간이 흘렀음에도 불구하고 어디에서도 새로운 부처의 출현을 알리는 징후가 없으므로 오칼랍파는 이 성지가 잊혀지지 않을까 염려하였다.

171 대각을 이루기 전이므로 붓다라 칭하지 않는다.

172 구류손불(Kakusandha)의 법장(法杖), 구나함모니불(Konagamana)의 정수대(淨水袋), 가섭불(Kassapa)의 가사(袈裟)가 봉안되어 있었다고 한다. 이 세분의 부처님은 석가모니 붓다와 함께 현겁사불(現劫四佛)로 불린다.

이때 인도 붓다가야의 보리수 밑에서 정진 중이던 고타마 싯타르타 수행자는 신통으로 왕의 앞에 나타나 걱정하지 말라 이르고는 선정에 들어 마침내 정각을 이루고 붓다가 되었다. 그 무렵 미얀마 남부 오칼라(Okkala) 마을의 상인이었던 따푸사(Tapussa)와 발리카(Bhalika) 두 상인형제가 마침 물건을 싣고 대각을 이룬 석가모니 붓다의 앞을 지나가다가 붓다에게 예를 올린 후 밀환(蜜丸) 공양을 올린 후 붓다의 설법을 듣고 귀의하게 된다.[173] 두 상인이 붓다에게 경배의 대상으로 삼을 수 있는 무언가를 요청하자 붓다는 두 사람에게 여덟 가닥의 불발(佛髮)을 주었고, 두 사람은 이 불발사리를 모시고 산을 넘고 강을 건너 미얀마로 돌아와 오칼랍파왕에게 전해주었다. 왕이 이 사리를 과거삼불(過去三佛)의 유물과 함께 싱구타라 언덕에 봉안한 후 탑을 세우니 이것이 쉬웨다곤 파야의 건립설화이다.[174] 그러므로 이 탑은 석가모니 붓다 재세 시 그의 불발을 봉안한 최초의 사리탑이 되는 것이다.[175] 여기에서 또 중요한 것은 두 형제 상인의 귀의이다. 이 설화는 미얀마 사람들에게 있어 불자로서의 긍지를 가지게 하는 가장 중요한 설화이자 자부심이다. 아직 삼보(三寶)가 갖추어지기 전 즉 이보(二寶)에 귀의한 최초의 재가신자가 미얀마 인이라는 자부심은 자신들이 석가족의 후예이자 붓다 재세 시에 이미 사리탑을 건립했다는 설화와 맞물려 미얀마 불교의 확립에 큰 영향을 주었다.[176]

따푸사와 발리카에 관한 설화는 미얀마 사람이라면 누구나 알고 있는 설화이지만 역사학자들 사이에서는 많은 논란이 있어왔다. 이것은 경전에 나오는 두 우바새(Upasaka)의 이야기에다가 따푸사와 발리카라는 상인을 등장시켜 미얀마식으로 각색한 것에 불과하다는 것이다.[177] 역사학자들은 오칼라(Okkala)가 웃카라(Utkala) 즉 인도의 오릿싸(Orissa) 지역이라고 주장한다.

그러나 미얀마인들의 쉬웨다곤 파야에 대한 자부심은 석가모니 붓다의 성도지인 부다가야에까지 이르고 있다. 붓다가야의 마하보디 대탑 주변에는 대각을 이룬 붓다가 7주야를 보낸 장소마다 이를 기념하는 비문이 세워져 있다. 이른바 7선정처(七禪定處)이다. 그중 6번째 주야를 보낸 장소에 따푸사와 발리카에관한 내용이 쓰여 있는데 이 자리에서 기도를 하

173 전재성 역주,『마하박가-율장대품』 Vinaya Piṭaka 제1권, 서울: 한국 빠알리 성전협회, 2014. pp.88~90: 이때는 녹야원에서의 초전설법 이전이기에 삼보가 갖추어지지 않은 때였다. 그러므로 따푸사와 발리카는 이보(二寶)에 귀의한 최초의 청신사(淸信士)가 되는 것이다.

174 1485년 한싸와디(Hanthawaddy) 왕조의 왕 담마제디는 쉬웨다곤 파고다의 건립에 관한 내용을 대리석판에 기록하여 경내에 세웠다. 버마어, 몬어, 빨리어로 새겨진 이 담마제디 비문(Dhammazedi Inscription)은 쉬웨다곤 파야의 건립유래에 관해 현존하는 가장 오래된 기록이라고 한다. 위 내용은 비문의 건립연대기 내용을 정리한 것이다.

175 불교사에 기록된 최초의 사리탑은 석가모니 붓다의 열반 이후 사리팔분설에 근거하여 붓다와 관련이 있는 여러 곳에 세워진 바 있다.

176 미얀마의 불교연대기인 Sāsanavamsa는 이 사건을 미얀마 불교확립에 있어 가장 중요한 일로 기록하고 있다.

177 양승윤 외,『미얀마』, 한국외국어대학교 출판부, 2005. p.37

거나 참선을 하는 사람들은 거의 미얀마 사람이라고 보면 될 정도이다.[178]

그러나 쉐다곤 불탑은 고고학적으로는 몬(Mon)족에 의해 6세기에서 10세기 사이에 건립되었을 것으로 추정된다. 쉐다곤 불탑이 미얀마 역사서에 본격적으로 등장하는 것은 11세기 이후부터이며, 바고 왕조의 담마제디 왕이 1485년에 건립한 비석에 관련 기록이 남아 있다. 석문(石文)에 따르면 아노라타 왕이 11세기에 수도 버강에서 쉐다곤 불탑을 방문했고, 바고의 왕 빈냐우도 그의 통치 기간에 이 탑을 18m 높이로 재건축하여 본격적으로 쉐다곤 불탑이 보수되고 웅장한 모습을 갖추어 갔다.

그리고 한싸와디 왕조의 빈야잔(1353~1358) 왕이 탑을 90m 높이로 올렸고 후임 왕인 신소부(Shinsawbu: 1453~1472) 여왕과 담마제디(Dhammaze, 1460~1492)왕대에 이르러 사원 주변을 확장하고 탑의 규모를 증대시켜 현재의 모습을 갖추었다.[179] 현재 높이 99.8m의 쉐다곤 불탑은 1768년에 일어난 강진으로 탑이 전부 붕괴되었다가 세 번째 버마 왕국인 콘바웅 왕조의 신뷰신(1763~1776) 왕이 탑을 재건축해 오늘날의 높이로 만들었다. 그의 아들 신구왕은 1779년에 23톤짜리 청동제의 종을 주조하여 사원에 헌납하였으며 타라와디왕은 40톤짜리 청동종과 금 20kg을 쉐다곤에 바쳤다.[180]

1842년 미얀마가 영국과의 1차 전쟁 후 2년 동안 쉐다곤은 영국에 의해 점령되었다. 그리고 2차 전쟁중이던 1852년에 다시 영국이 점령하여 군 본부로 사용되면서 영국군의 수중에 들어갔다. 1871년 민돈 왕은 영국의 통치하에 있던 쉐다곤에 탑의 상륜부인 우산장식 티 7개를 헌납하였다. 영국의 통치하에 있지만 미얀마의 상징 쉐다곤에 헌납함으로써 미얀마 전 영토에 대한 회복의지를 보여주고자 하였다. 영국 관리들은 반대하였지만 미얀마인들의 항의에 결국 왕을 대신하여 관료들이 티 교체식을 한다는 조건으로 헌납이 허락되었다. 왕이 보시한 화려하고 장엄한 티를 교체하는 행사에는 10만 명 이상의 미얀마인들이 참석하였다.

쉐다곤은 1931년에 일어난 화재로 심각한 피해를 보았다. 1970년 지진 이후에는 보다 장중하고 새로운 모습으로 대대적인 보수가 이루어졌다.

178 두 사람의 공양에 관한 이야기는 미얀마의 사원에 벽화나 조각으로 많이 소개되고 불탑주변에는 이들을 보여주는 조그만 공간도 마련되어 있다.

179 차장섭, 『아름다운 인연으로 만나다 미얀마』, 역사공간, 2015, 148쪽

180 서성호, 황금불탑의 나라 미얀마, 두르가, 56-76쪽

181 천득염, 『인도 불탑의 의미와 형식』, 심미안, 2013, 30쪽

182 미야지 아키라, 『인도미술사』, 김향숙·고정은 역, 다할미디어, 2006, 38쪽

나. 쉐다곤 파야의 상징적 의미

불탑의 사전적 의미는 단순하게 석가모니의 진신사리를 봉안하기 위한 축조물을 지칭하지만, 불교에서 쓰이는 불탑은 복합적인 의미를 갖는다. 경전에 등장하는 불탑은 석가모니의 진신사리를 모시는 성스러운 무덤이자 부처 그 자체를 상징한다.[181] 부처의 영원한 신체인 사리가 봉안된 곳이면서 부처의 가르침이 가득한 곳이 불탑인 것이다. 단순히 부처의 무덤이라기보다는 자꾸 반복되는 윤회의 세계를 벗어나 완전한 소멸, 반열반(parinirvana)을 달성하고 이른바 영원한 적정의 세계에 도달한 부처의 상징[182]으로 간주되었다.

불탑은 인도에서는 스투파(Stupa), 미얀마에서는 파고다(Pagoda)라고 부르며 스리랑카에서는 다고바(Dagoba)로 부르기도 한다. 미얀마에서는 사원을 파야(Paya)라고 하는데, 이는 중앙탑과 부속 건물을 통틀어 이르는 개념으로 불탑은 내부 공간의 유무에 따라 제디(Zedi)와 파토(Pato)로 나눌 수 있다. 쉐다곤 불탑은 내부 공간이 없기 때문에 제디 형식의 파야라고 할 수 있다.

구체적인 불교적 조형물이 나타나기 시작한 것은 아소카 왕 때부터로, 석가모니의 입멸(入滅) 이후 아소카 왕까지 약 200여 년 동안 부처의 모습을 구체적으로 나타내는 것을 삼가고 부처를 상징하는 석주나 주두, 법륜(法輪) 등을 신성시하는 무불상시대(無佛像時代)가 나타난다. 아소카 왕은 인도 전역에 불법에 의한 통치를 천명하며 이와 함께 근본팔탑(根本八塔)을 세우게 된다. 초기 시원적 불탑은 그 형식이 분구형(墳丘形)에서 가구적(架構的) 기단과 돔형의 복발(覆鉢)을 갖는 건축 형식으로 변하자, 여러 곳에 감실(龕室)이 생기고 그곳에 조그마한 불상을 안치하게 되어 결국 불탑에는 사리, 경전, 불상이 함께 봉안

■ 쉐다곤 불탑 주변에 자리한 낫 신상

되거나 장식되었다.

불탑은 불상과 함께 불교에 있어서 가장 큰 비중을 차지하는 예배 대상으로, 불탑을 숭배함으로써 부처에 대한 공양과 동시에 공덕을 쌓는다. 사원의 전체 영역을 이끌어가는 중심 요소인 불탑은 각 지역의 신앙적 성격과 조형 사상, 미적 감각에 따라 형태적으로 상이한 양상을 드러낸다.

미얀마의 불교와 그의 조형물인 불탑은 인도에서 스리랑카로, 다시 미얀마로 전래한 것으로 이해된다. 특히 미얀마에서는 불탑에 호화로운 금으로 치장하며 절대적으로 숭엄한 대상으로 삼는다. 미얀마인들에게 불탑과 탑이 위치한 사원은 모든 삶의 중심이 되며 사회와 생활 전반에 절대적인 영향을 미친다. 미얀마인들은 쉐다곤 사원 내에서 예불을 드리고 경전을 읽으며 기도를 한다. 가족과 앉아 담소를 즐기며 음식을 먹고, 누워서 휴식을 취하기도 한다. 미얀마 사람들 마음의 근원은 불심으로 가득 차 있으며, 미얀마인들의 생활에도 불교가 가득 차 있다. 미얀마에서 불교는 종교가 아니라 하루하루 일상 속에 녹아 있는 생활 그 자체로, 쉐다곤 불탑은 미얀마인들의 삶이며 미얀마 전체를 포용하는 정신적 지주의 역할을 수행한다.[183]

쉐다곤 불탑의 이러한 상징성은 불교적인 신성함이 미얀마 토속 신앙(낫)과 결합되어 나타난 결과로, 쉐다곤 사원 안에서 숭배의 대상으로서 신앙적인 일치점을 이룬 것으로 파악된다. 쉐다곤 불탑의 남서 방향에는 미얀마인들이 부처만큼이나 주의하고 경배하며 돌보는 낫 신상이 모셔져 있다.

미얀마의 종교는 상좌부불교이며, 궁극적 지향점도 불교적 가치관을 앞세우고 있지만 현실적으로 의존하는 대상은 토속 신앙의 본체인 낫 신앙이다. 낫은 탁월한 힘과 광채를 지닌 일종의 생명체로 현실적 욕망의 성취를 위해 신당에 봉안된 정령이다.[184] 이러한 낫을 미얀마에서는 불교의 윤회 사상을 이용해 수용해 왔다. 불교 속에 낫을 끌어들여 현세에서의 목적 성취를 기원하며, 이러한 융합은 자연스레 사람들의 발길을 불탑으로 향하게 하였다. 낫은 불교사원과 탑을 지키는 수호신의 역할을 하며, 현세적이고 급한 복은 낫에게 빌고 내세의 복은 붓다에게 기원하는 구조

183 차장섭, 앞의 책, 146쪽

184 정기선, 『미얀마 불교의 역사와 사회적 위상』, 동국대학교 불교대학원 석사학위논문, 2015, 32쪽

를 보인다. 미얀마 불교의 장점인 다양성이 발생함과 동시에 토속 신앙과 결합하며 복잡해지는 원인이 된다. 이렇게 됨으로 인해서 사원 내부 구성의 형태적인 측면에 있어서는 타 불교 국가와는 다른 이질적인 부분이 발생하게 된다. 즉, 신앙적인 맥락에서의 수용과 연결을 중시하다 보니 사원의 구성 형식에 있어서 불교적 공간을 바탕으로 낫 신상을 모신 사당 공간과 더불어 많은 부속 건물이 생기는 등의 차이가 나타나게 된 것이다.

이와 같은 양상은 후대에 세워진 미얀마 전역의 사원에서 나타나며, 변화를 능동적으로 수용하는 미얀마 불교의 유연성에 기인하는 것으로 보인다.

다. 쉐다곤 파야의 가치, 수용과 맥락

쉐다곤 불탑 주변에 자리한 낫 신상

쉐다곤 불탑은 사리가 봉안된 공간인 동시에 외부 부속 건물을 통해 예배 공간을 겸하여 사원의 역할을 수행하고 있다. 이는 미얀마 불교사원과 불탑이 지니는 특징이다. 특히, 부속 건물의 수가 후대로 내려갈수록 증가하고 있다는 점에서 다른 국가의 불탑과는 차이가 크다. 쉐다곤 불탑의 형태는 미얀마의 불교건축이 불교의 전래와 함께 인도와 스리랑카의 영향을 받으면서 독자적으로 성장하고, 주체적인 입장에서의 재해석을 통한 수용이 이루어졌기 때문으로 해석된다. 그러다가 불탑을 둘러싼 예배 공간의 기능이 확대되고 보시(布施)를 통해 부속 건물과 불상이 세워지게 되기 때문에 쉐다곤 불탑의 규모가 거대화하고 양곤(Yangon)의 중심으로 자리하게 되었다.

또한, 쉐다곤 불탑은 미얀마 불탑 건립의 정점에서 정형화된 불탑 중

아름다움을 가장 잘 드러낸 탑이라고 할 수 있다. 얇은 순금으로 도금되어 태양에 빛나는 모습은 감히 똑바로 바라볼 수가 없다. 기단부 - 탑신부 - 상륜부로 유기적으로 연결되는 부드러운 상승감의 구현은 거대한 규모의 높은 탑을 바라봄에 황홀감만을 느끼게 한다. 쉐다곤 불탑이 위치한 싱구타라 언덕은 양곤 어느 곳에서나 불탑을 바라볼 수 있도록 가시적 관계를 나타내는 도시의 정점으로 의도되어 있다. 더욱이 쉐다곤 불탑의 존재 가치는 양곤 전체를 포괄하는 하나의 고유한 미적 존재로 작용한다.

쉐다곤 불탑에 드러난 가치는 절대적 규범이 아니라 불탑에 대한 다양한 인식과 이에 근거한 속성이기 때문에 이 탑에 필연적으로 드러난 아름다움은 종교적인 상징으로 잘 구현되어 있다. 쉐다곤 불탑의 묘사에는 부처에 대한 한없는 공경과 숭배의 의미가 나타난다. 건축물의 양식을 따르면서 부처를 상징하는 조형물로서의 탑을 만든다는 것은 고도의 비례와 균형을 요하는 종교적 숭배의 표상으로 볼 수 있겠다.

그래서 쉐다곤 불탑의 의미와 가치를 이해하는 것은, 미얀마 불교의 중심으로 자리 잡음과 동시에 쉐다곤이 어떻게 최초의 모습에서 바뀌고 변해갔으며 거대한 공간을 운영해 나갔는지에 대한 총체적인 고찰을 요구하고 있다.

2) 쉐다곤 파야(불탑)의 구성 형식

대좌부를 둘러싼 소형 탑군

미얀마 불탑 연구에 있어 우선해야 할 것은 불탑이 담고 있는 내용과 형식적 측면의 구성이다. 따라서 쉐다곤 불탑이 어떻게 의미론적으로 표현되어 왔는지 살펴볼 필요가 있다. 다만, 기존의 자료는 쉐다곤 불탑의 형식과 건축적 구조 등을 알 수 있는 내용은 거의 없고, 건립 신화를 비롯한 역사적 사실 정황에 대한 내용이 대부분이다. 이에 대해서는 이미 기존의 선행 연구[185]에서 고찰된 바 있다. 따라서 이를 바탕으로 쉐다곤 불탑의 다양한 형식적 표현 양상을 크게 기단부의 구성과 탑신부의 종형(Bell Shape) 구조, 상륜부 티(Hti)의 표현, 마지막으로 버강의 쉐지곤 불탑 형식과의 차이점으로 나누어 고찰함으로써 미얀마 불교건축의 중심인 쉐다곤 불탑이 현재까지 어떠한 의미와 형식을 보여 왔는지에 대해 고찰하고자 한다.

가. 피라미드형 기단부의 구성

〈 표 〉 요일별 상징 분류 (*Shwedagon: Golden Pagoda of Myanmar*, p.107의 표를 재구성)

요 일	방위	행 성	띠 (동 물)
일 요 일	북 동	태 양	금시조(Garuda)[186]
월 요 일	동	달	호 랑 이
화 요 일	남 동	화 성	사 자
수요일(오전)	남	수 성	상아가 있는 코끼리
수요일(오후)	북 서	나후(Rahu)[187]	상아가 없는 코끼리
목 요 일	서	목 성	쥐
금 요 일	북	금 성	기니피그(guinea pig)[188]
토 요 일	남 서	토 성	뱀

현재 쉐다곤 불탑의 기단부는 하부 테라스, 중간 테라스, 상부 테라스의 세 부분으로 되어 있으며 하단은 대좌의 형식을 하고 있다. 거대한 기단 위 각 방향의 정중앙에 네 개의 큰 탑이 자리하고, 또 중간 크기의 네 탑은 각 모서리에 위치해 있으며, 60개의 나머지 불탑들은 그사이에 배열되어 있다. 대좌 위에는 사람이 충분히 걸어 다닐 수 있을 만큼의 넓은 공간이 형성되어 있는데, 여자들의 출입은 금지이고 남자들의 출입만 허용되었다.[189] 현재는 대좌로의 출입은 남녀 구분 없이 제한된 상태이다.

높이 6.5m 대좌의 모서리에는 작은 테라스가 형성되어 있다. 얇은 층단이 중첩되어 구성된 형식으로 리덴트식[190] 변화를 주면서 올라간 구조이다. 대좌의 저층부에는 일반적으로 석가의 본생담(本生譚)인 자타카(Jakata)의 내용을 담은 작은 판형 타일이 끼워져 있는데, 쉐다곤에는 분

185 U Win Maung, The Ancestral Stupas of Shwedagon, International Buddhist Conference, Brastagi, Indonesia, 2010
김소영·천득염·곽유진, 『쉐다곤 불탑의 양식 고찰』, 한국건축역사학회 춘계학술발표대회논문집, 2016

186 인도 및 미얀마 신화에 등장하는 상상의 새. 머리와 날개가 황금빛인 탓에 금시조(金翅鳥)라고 불리며, 뱀과 용을 잡아먹는다.

187 해와 달을 가려 일식이나 월식을 일으키는 악마를 의미한다. 인도에서 온 범어(梵語)인 Rahu에 유래한다.

188 쥐목에 속하는 포유류

189 Donald M. Stadtner, Sacred Sites of Burma, River Books, Thailand, 2011, p.72

190 Redent style: 주로 기단부에 장식적 요소로 사용되며, 연속된 지그재그 형태의 장식을 말한다.

홍색의 도기판이 자리하고 있다. 이 도기판과 칠의 상태를 볼 때 최근에 보수한 것으로 보인다.

중첩된 층단 위로 금색 연꽃 장식이 전체를 두르고 있으며, 그 상부에는 모서리 끝마다 불꽃처럼 물결치는 화려한 장식이 둘러져 있다. 대좌는 6.5m로 조성되어 전체 높이에 비해 그리 높은 편은 아니지만, 장식이 절제되어 있는 쉐다곤 불탑의 전체적인 의장에 비해서 과도할 정도로 강조되어 있다.

그 옆으로는 대좌를 둘러싼 두 겹의 탑군(群)이 형성되어 있다. 안쪽 탑들은 흰색으로 칠해져 화려한 장식을 지닌 불탑들이며, 바깥쪽에는 금칠을 한 8개의 요일별 탑[191]이 둘러져 있고, 요일을 상징하는 불상들, 탑신부에 감실을 만들어 불상을 모시고 있는 불탑들, 과거 사불(四佛)을 모시고 있는 불당 개념의 공간, 그리고 수호상 등이 있다. 대좌의 이러한 탑군들은 완벽한 균형에 의해 조성되었거나 연대순으로 정리된 것이 아니다. 먼저 조성된 탑들과 비교하여 부분적으로 동일하게 건립되는 선에서 오랜 기간에 걸쳐 만들어진 것으로 파악된다.

요일별 탑을 살펴보면 탑의 방위와 요일, 의미하는 행성, 띠(동물)로 나눠지는데, 미얀마에서는 중국식의 십이지(十二支)를 사용하지 않고 8가지의 동물로 표시하고 있다. 또한, 태양계의 행성을 요일 탑과 연관 지어 구성함으로써 모든 배치와 움직임이 궤도를 순회하는 유동적인 우주의 이치에 따르고 있음을 나타내고 있다.[192] 불탑의 배치와 관련된 자료는 거의 전무하나, 이러한 해석을 통해 복잡한 전체 탑의 구성에서도 일련의 체계가 있음을 말해 준다. 이러한 개념은 복합적이고 다차원적인 내용으로, 인간의 행동이 우주와의 조화 속에 이루어진다는 미얀마식 우주관을 함축적으로 담고 있기도 하다.

이러한 관점에서 예외 되는 탑이 하나 있는데, 쉐다곤 사원 전체 구역을 봤을 때 북동쪽에 위치한 나웅도지(Naungdaw Gyi) 불탑이다. 나웅도지 불탑은 석가모니의 머리카락을 쉐다곤불탑에 안치하기 전에 모셨던 곳으로 쉐다곤 불탑의 축소판과 같은 형태로 조성되어 있다.[193] 쉐다곤 불탑의 전체 공간은 직사각 구조로, 나웅도지가 자리한 북 쪽 부분을 제외하면 정

191 미얀마에서는 자신이 태어난 날의 요일을 중시하여 생일이 되면 태어난 요일을 의미하는 불상과 불탑, 동물에게 꽃을 바치고 소원을 빌며 나이만큼 물을 붓는 의식을 행한다. 미얀마의 요일은 8일이었는데, 7일로 바뀌면서 수요일이 오전과 오후로 구분되어 총 8개의 요일별 탑이 있다.

192 Elizabeth Moore et al., Shwedagon: Golden Pagoda of Myanmar, River Books, Thailand, 1990, p.108

193 Elizabeth Moore et al., op. cit., p.106

쉐다곤 불탑 기단부(리덴트식 중첩)

사각 구조를 형성한다고 할 수 있다.

대좌 위의 기단부는 중간 기단부와 상부 기단부로 나눌 수 있는데, 중간 기단부는 얇은 층단이 쌓여 사각형의 테라스를 이룬 형태이다. 테라스의 모서리에는 7각의 뚜렷한 리덴트 스타일이 나타난다. 상부 기단부는 팔각형의 테라스로 모서리에 5각의 리덴트 스타일이 나타난다. 쉐다곤 불탑에서는 리덴트 스타일을 적용함으로써 장식적인 역할과 함께 기단부의 모서리각을 줄여서 사각형의 기단부가 마치 8각을 형성한 것처럼 보이는 시각적 효과를 준다. 쉐지곤불탑의 네모난 테라스는 쉐다곤에서는 팔각 테라스로 변했다.

미얀마의 불탑은 대개 기단부의 규모가 커지고 높아져 기단이 강조된 형태를 하고 있는데, 쉐다곤 불탑은 기단부가 단순한 의장을 갖고 3단으

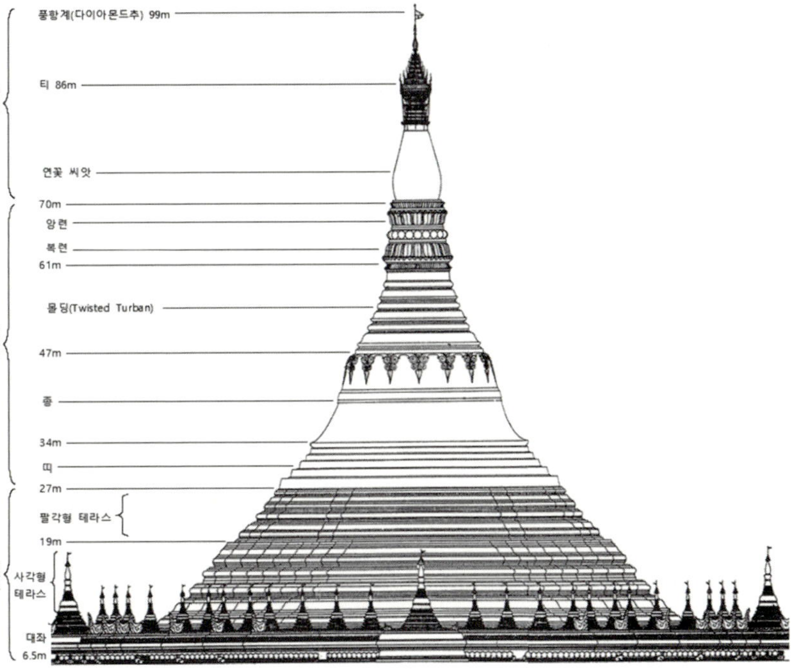

쉐다곤 불탑 (*Shwedagon: Golden Pagoda of Myanmar*, p.133의 도면을 재편집)

로 구성되어 시각적으로 부담스럽지 않으며 상륜부로 올라가는 모양이 피라미드 형태를 이룬다.

쉐다곤의 기단부는 내부 공간이 없는 순수한 불탑의 의미와 기능을 갖는 것으로 사각의 대좌와 사각 테라스, 팔각 테라스로 이루어졌으며, 그 위에 원형의 종형 탑신을 놓아 상승감을 강조하고 있다. 대좌 위에 놓인 68개의 탑들을 비롯한 쉐다곤 불탑의 전체 구성은 자카르타에 있는 보로부두르(Borobudur)와 같은 만다라적 불교관을 나타낸 것으로도 이해된다. 또한, 동양적 우주관이라고 할 수 있는 방형과 원형, 즉 땅과 하늘의 만남(天圓地方)을 의미하기도 한다고 해석할 수 있겠다.

나. 탑신부 종형 구조

인도와 스리랑카의 불탑은 반구형 복발이 탑의 중심인 탑신을 이룬다. 한편 쉐다곤의 종 모양 탑신은 동남아시아 불교국가, 특히 미얀마와 태국에서 매우 일반적인 형태로 자리 잡았다. 쉐다곤의 탑신 부분은 엎어놓은 발우의 형태로 비유하기도 하지만 오히려 종 모양을 하고 있다. 이때 아래 기단에서 종형 탑신으로 올라오는 상승감은 성도(成道)에 이르는 과정을 나타내며,[194] 분명히 반구형이라기보다는 약간 굽은 형태의 종 모양을 하고 있다. 이때 종 모양의 탑신부 장식은 다소 절제된 느낌을 보이며, 특히 부드러운 형태의 종형 곡선은 상승감과 우아미를 배가시킨다.

종형 탑신의 상부는 연꽃 모양으로 장식되어 상륜부와 구분이 가능하며, 꽃잎이 아래로 향해 있는 복련(覆蓮) 위에 꽃잎이 위를 향해 있는 앙련(仰蓮)의 장식이 상륜부와 자연스럽게 연결된다고 할 수 있다. 여기에서 연꽃은 부처가 탄생할 때 발자국에서 피어난 이래로 불교를 상징하는 꽃으로 등장한다. 그 가장 위쪽에 수많은 보석을 달아서 화려하게 장식한 티가 있다.

불교에서는 종교적 성스러움을 표현하거나 복합적인 의미를 전달하기 위해 다양한 상징을 사용하는데, 아마도 역사적으로 최고의 종교적 가치를 함의하고 있는 상징이자 이미지는 결국 연꽃일 것이다. 연꽃은 그 모습을 통해 불교의 교의를 설명하기도 하고 활짝 편 연꽃잎은 우주 그 자체나 깨

194 lizabeth Moore et al., op. cit., p.134

달음의 완성을 상징하기도 한다.[195] 연꽃만의 특성, 즉 진흙 속에서도 진흙에 물들지 않는 청정함이 부처의 가르침을 만나 이루어지는 깨끗함으로 이어지는 것이다. 즉, 성스러운 인간의 활동과 맞물러 그 상징적 의미가 극대화되어 쉐다곤 불탑에도 장식적인 요소로 연꽃이 등장한다고 볼 수 있다.

195 권기현,『불교예술에 나타난 연꽃의 상징성 연구』, 密敎學報, 8집, 2006, 117쪽

다. 상륜부 티의 표현

상륜부의 가장 위쪽에는 티(Hti)가 있다. 티는 우산 장식이라고도 하며, 여러 단으로 이루어져 있고 수많은 보석과 종을 달아서 화려하게 장식하였다. 10m 높이에 무게 1톤에 이르는 티는 철제 띠를 이어붙이고 금판을 붙여서 제작되었다. 티 하부에는 1,065개의 금종과 420개의 은종이 달려 있다. 그리고 윗부분의 풍향계에는 278캐럿의 다이아몬드와 1,300개가 넘는 루비·사파이어 등의 보석이 달려 있고, 삼각형의 풍향계 표면에는 금·은판이 덮여 있다. 특히, 다이아몬드의 총 무게는 278캐럿에 이른다. 티의 맨 위에는 금으로 만든 원구가 있다. 원구는 열반을 의미하는 상징물로 76캐럿짜리 다이아몬드를 정점으로 총 1,800캐럿인 4,351개의 다이아몬드로 장식되어 있다. 티를 가득 메운 엄청난 양의 금은보화는 미얀마인들의 보시로 만들어진 것이다.

티에 대한 기록이 정확하게 남아 있지는 않지만, 1492년 Byinnyayam 왕이 쉐다곤 불탑에 우산 장식과 왕관 장식을 꾸민 것을 시작으로, 1619년에 Anaukpetlun 왕이 쉐다곤에 티와 왕관 장식을 설치한 것을 연대기에서 확인할 수 있다.[196] 1664년에는 지진으로 인해 큰 피해를 입어 1665년에 새로운 티를 설립하고 이후 주기적으로 티를 보수한 것으로 파악된다. 티를 장식하기 위한 문양 역시 연꽃을 위주로 사용하였다.

196 Elizabeth Moore et al., op. cit., p.185

인도의 스투파로부터 "미얀마 파고다"라고 불리는 다층탑으로의 변형은, 상륜부의 발달에서 영향을 받아 높은 탑형 건조물의 조성이 이루어졌을 가능성도 있다.[197] 이러한 상륜부는 최초의 인도 유형에서 유래한 불탑이 수직으로 상승하며 거대한 형태로 만들고자 하는 경향에서 비롯된다고 볼 수 있다.

197 디트리히 제켈,『불교미술』, 이주형 역, 예경, 2002, 150쪽

티는 버강 왕조 이전의 몬족 지역의 불탑에서 나타난 상륜부의 구성 요소로 추정된다. 퓨(Pyu)족 지역의 불탑은 미얀마 최초의 탑인 보보지 불탑과 파야지 불탑에서 볼 수 있듯이, 비교적 단순하면서 커다란 긴 원통형 또는 종형의 탑신 위에 탑신부와 자연스럽게 연결되고 차츰 줄어들면서 맨 위에 연꽃 모양의 봉오리(또는 연꽃 씨앗)가 올려 있는 상륜부로 구성되어 있다. 유명한 불탑의 경우에는 연꽃 모양의 봉오리 위에 티가 올라간 경우도 있지만, 이는 후대에 올린 것이다.

보보지 불탑의 티(Hti)

반면, 몬족 지역의 불탑은 스리랑카의 영향을 받은 원추형의 상륜 맨 위에 자연스레 티가 올라가 있는데, 이는 몬족 지역의 대표적인 불탑이라 할 수 있는 마웅디, 짜익티요, 슈레 불탑 등에서 살펴볼 수 있다. 버강 왕조는 아노라타 왕이 몬족의 상좌부불교를 수용하면서 자연스레 그들의 불탑 양식도 수용하였을 것이다. 이는 쉐산도(Shwesandaw) 불탑에서부터 나타나는 넓고 높은 기단부를 통해 살펴볼 수 있다. 더불어 탑신부와 자연스럽게 연결되며 상승감을 부각하는 원추형의 상륜과 맨 상단의 티 또한 몬족 지역의 불탑에 영향을 받았다고 추정된다. 이후 티는 미얀마 정형 양식의 불탑에서 공통적으로 나타나는 구성 요소가 된다. 쉐다곤 불탑 역시 상부에 티를 위치시킴으로써 수직성을 강조하고 하늘과 가장 가까운 곳에 부처를 위한 성물을 바치는 것으로 해석할 수 있다.

라. 쉐지곤 파야(불탑) 형식과의 비교

대개 미얀마 불탑의 전래를 말할 때, 쉐산도 불탑 - 쉐지곤 불탑 - 쉐다곤 불탑으로 이어지는 연속선상의 구조로 파악을 한다. 이는 시기적으로

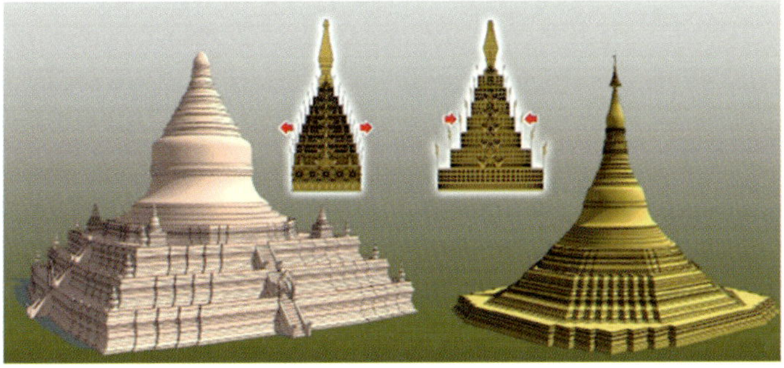

■ 쉐지곤불탑과 쉐다곤불탑
(U Win Maung, *The Ancestral Stupas of Shwedagon*, p.15)

앞선 불탑을 조성 연도순으로 나열한 것이지만, 불탑의 형식적인 면에서 종형 탑신이 이어지는 과정을 이야기하기도 한다. 그중 바로 전 단계의 쉐지곤 불탑과 쉐다곤 불탑 형식과의 차이점을 살펴보고자 한다.

미얀마 초기 버강 시기의 쉐지곤 불탑 조성 이후 미얀마 탑파건축이 전해오는 동안 많은 변화가 있었지만, 쉐다곤 불탑처럼 후대에 이어져 오는 동안 건축 형식의 변화가 적고 그 명성을 유지하는 탑은 많지 않았다. 쉐지곤 불탑의 기단부는 사각형의 테라스 형태로 테라스 전체가 같은 사각형 모양을 유지한다. 불탑 전체 비율을 봤을 때 기단부의 비중이 큰 편이며, 테라스 입면부는 화려한 몰딩이 둘러져 있다. 사방의 중간에 기단부 상층까지 올라갈 수 있는 계단이 설치되어 있는 것도 쉽게 확인할 수 있다.

그에 반해 쉐다곤 불탑의 테라스는 사각형 테라스에서 상층으로 올라가면서 팔각형 테라스로 변했다. 테라스의 모서리에는 연속적으로 리덴트 스타일 장식이 나타나는데, 이는 쉐다곤으로 오면서 좀 더 변화된 양상으로 모서리각을 깎는 지그재그 모양이 발달하였다.

탑신부로 올라가면 쉐지곤 불탑의 탑신과 쉐다곤 불탑의 탑신은 동일한 종형(Bell Shape)을 보인다. 이러한 미얀마식 종형 구조는 인도의 반구형 복발 스투파에 상응하는 불탑 형식으로, 기단을 계단처럼 쌓아 초기에는 스리랑카식 원추형 상륜 탑신을, 후기에는 길쭉한 티를 정상에 올리는 형식의 변화를 보여주는 과정으로 파악할 수 있다.

쉐지곤 불탑 전경 (좌)
쉐지곤 불탑 상부 (우)

종의 중간에 띠가 둘러져 있고 그 위에 화관 모양의 장식이 있는 것은 두 개의 탑에서 동일하게 나타나지만, 쉐지곤 불탑에서는 전체적으로 매우 화려하고 섬세한 장식으로, 쉐다곤 불탑은 절제된 느낌으로 보인다. 특히 띠의 장식이 마름모꼴을 하고 있어 성스러운 공간, 즉 불단이나 대좌 위를 꾸미는 휘장과 일치함을 알 수 있다.

앙련과 복련 장식, 줄지어 늘어선 구슬 장식은 같은 모양으로 구성되어 있다. 쉐다곤 불탑에 와서 전체적인 길이가 상승한 것으로 보이며, 가장 큰 변화는 티 아래에 위치한 연꽃 씨앗 부분이다. 쉐지곤에서 연꽃 씨앗 부분의 표현은 매우 짧게 나타나는데, 이는 미얀마 위쪽 지방에서 나타난 특징으로 대개 짧은 형태로 조성이 된다.[198] 하지만, 미얀마 아래쪽 지방으로 내려오면서 좀 더 길이가 긴 형식으로 변형된다. 쉐다곤 불탑에서 연꽃 씨앗 부분은 유려한 곡선 형태로 길게 나타나며, 넓은 기단에서 상승하면서 정점에 이르는 상승감과 역동성은 쉐다곤 불탑의 백미(白眉)라고 할 수 있다. 연꽃 씨앗 부분은 전체가 금판으로 새겨져 있는데, 16m를 넘는 높이로 탑 상륜의 티 장식이 커지면서 티를 지탱하는 데 필요한 높이로 제작된 것으로 보인다.

마지막으로 티 형식의 변화이다. 쉐지곤 불탑의 티는 볼륨감 있게 가

198 U Win Maung, The Ancestral Stupas of Shwedagon, International Buddhist Conference, Brastagi, Indonesia, 2010, p.14

운데 부분이 올라온 곡선을 이루면서 구성된 우산 형태이고, 쉐다곤 불탑은 반대로 가운데 부분이 들어가면서 길어진 형태이다. 형태적인 모습은 매우 큰 차이를 보이지만, 티는 대개 후대에 제작되며 보수 및 중건이 이루어지는 경우가 많기 때문에 건립 시기의 영향을 직접적으로 받았다고 보기는 어렵다.

3) 쉐다곤 파야(불탑)의 가치

아시아불교유적 중에서 규모나 장엄함으로 보아 3대 유적이라 할 수 있는 것은 인도네시아의 보로부드루(8-9세기)와 캄보디아의 앙코르와트(12-13세기), 그리고 미얀마의 바간을 들 수 있다. 보로부드르와 앙코르와트가 독립적이고 인공적인 석조의 장대함이라면 바간의 불탑 유적은 광대하고 붉은 벽돌과 프레스코의 조합이 빚어낸 아름답고 신비스러운 작품이다. 특히 11세기 바간왕조 때 민중들이 자발적으로 참여하여 광활한 대 평원에 이룩한 장관은 현세에서 할 수 있는 지성을 다한 불심의 흔적이다. 2,000여기의 불탑과 사원이 발하는 영롱함은 일출과 석양의 햇빛과 어울려 형용할 수 없는 분위기를 연출한다. 끝이 없이 이어진 지평선과 숲, 배경이 되는 하늘과 어울려 경이로운 대서사시를 만들어낸 것이다.

쉐다곤 불탑 상부

그러나 미얀마를 대표하는 최고의 불탑인 쉐다곤 파야는 고대역사 도시 바간이 아닌 양곤에 자리하고 있다. 옛 수도였고 항구도시인 양곤은 현재 미얀마에서 가장 큰 중심도시이다. 양곤은 '전쟁의 끝 또는 평화'라는 의미이다. 원래의 이름은 한국인에게 참담한 아웅산묘소 폭탄테러사건으로 잘 알려진 랑군이었으나 국호를 버마에서 미얀마로 바꾸면서 도시의 이름도 양곤이 되었다.

쉐다곤은 세계에서 탑이 가장 많아서 탑의 나라인 미얀마에서도 가장 우아하고 아름다운 최고의 탑이며, 미얀마 불교성지 가운데 가장 성스러운 3대 성지이다. 나머지 하나는 만달레이 마하무니사원의 불상이며, 또 다른 하나는 짜익띠요 파야(불탑)이다. 마하무니사원의 불상은 미얀마인들이 살아 있는 불상이라고 생각하는데 석가모니의 생전 모습과 똑 같이 만들어지고 그의 정기가 담겨 있는 불상이라고 전한다. 금을 발라 호화로운 짜익띠요 파야는 짜익토 산 정상 낭떠러지에 아슬아슬하게 걸쳐있는 기이한 형상의 거대한 흔들바위인데 수행자의 머리를 닮았다.

이 성지들은 종교적이고 예술적인 가치를 지니고 있을 뿐만 아니라 미얀마인들의 기원을 들어주고 심리적인 위안을 주는 현세적 의미를 가짐과 동시에 내세의 보다 나은 삶을 보장해주는 정신적 측면의 보물인 것이다.

이러한 입장에서 쉐다곤 불탑의 의미와 구성 형식에 대하여 살펴본 바를 정리하면 다음과 같다.

- 쉐다곤 불탑은 부처의 사리를 모시고 있는 절대적인 예배의 대상으로 내부 공간이 없는 파토 형식이며, 사원(Paya)의 역할을 수행하면서 미얀마 토속 신앙과 결합한 많은 부속 건물과 함께하고 있다.
- 쉐다곤 불탑의 미적 가치는 아름다운 종교적인 상징으로 구현되어 부처에 대한 한없는 공경과 숭배의 의미로 나타난다. 쉐다곤 불탑의 의미는 불교적 다양성을 발전시키며 토속 신앙을 습합(習合)하고 변화를 능동적으로 수용한 미얀마 특유 불교의 유연성에 발맞추어 나아가는 데 있다.
- 쉐다곤 불탑의 기단은 삼단의 테라스로 나누어지고, 위로 오르면서 사각에서 팔각으로 변화되며 장차 원형 종이 올라가기 위한 평면적 전이 과정을 거치고 있다. 특히 땅을 방형으로, 하늘을 원으로 표현한 동양적 사상을 보인다. 또한, 이는 불교의 상징체계라 할 수 있는 만다라식 표상으로 이해된다.
- 대좌의 하단부에 작은 테라스가 나타나고 리덴트식 변화를 주며 화려한 장식으로 조성되어 있다. 대좌를 둘러싼 탑군에는 요일별 탑들과 불상이 자리하고 있는데, 요일별 탑은 쉐다곤에서 유일하게 나타

난 표현 양상으로 미얀마식 우주관을 담고 있으며 일련의 체계로 형성되었음을 파악할 수 있다.

- 종형 탑신의 상부는 연꽃 장식으로 구성되어 있으며, 이러한 형식은 종교적 성스러움을 표현하는 것으로 미얀마 불탑에서 장식적인 요소로 자주 나타난다. 상륜부에 나타난 티에도 연꽃 장식이 나타나는데, 이는 부처를 위한 성물을 바치는 표현으로 생각된다. 100m에 이르는 쉐다곤 불탑의 높이와 발달한 티 형식은 강한 수직성을 드러내며 절대자를 향한 염원의 발로(發露)이자 표현이라 할 수 있다. 또한, 중요한 거점으로 가시성을 확보하고 있다.
- 쉐지곤 불탑과 쉐다곤 불탑의 형식을 비교한 결과, 기단부 테라스의 형태가 다각형으로 변화하며 규모가 축소되었고 장식적 요소가 절제됨을 알 수 있다. 종형 탑신은 동일한 형태로 나타나지만 쉐다곤 불탑의 탑신은 좀 더 부드럽고 절제된 느낌의 종형으로 나타나며, 상륜부 연꽃 씨앗 부분과 티의 표현에 있어서 전체적인 상륜부의 길이가 증가하며 유려한 곡선 형태로 형식이 변화하였음을 확인할 수 있었다. 쉐지곤 불탑에서 쉐다곤 불탑으로 가면서 전체적인 불탑의 높이가 높아지며 상승감을 주는 의장적 요소가 발달하였고 간결한 구성 형식으로 변화함을 알 수 있다.
- Sanchi불탑과 같은 반구형 돔 형식 불탑은 마우리아 왕조로 부터 인도에서는 가장 초기 형태의 불탑형식이다. 이러한 산치불탑형식은 Amaravati stupa와 나가르주나콘다와 같이 인도 동부 안드라 지역에서는 불탑형식의 변화가 적었지만, 인도 서북부 간다라에서는 쿠샨 왕조 동안 드럼(drum)이나 둥근 테라스 위에 복발형 돔을 둠으로써 큰 변화가 이루어졌다.
- 이러한 복발형 돔은 굽타시기(3-7세기)에 높은 원통형 형태로 바뀌어 네모난 기단 위에 놓여졌다. 물론 기단에는 계단이 설치되는 경우도 있었다. 이는 미얀마 Sri Ksestra지역의 초기 Pyu 건축양식에 영향을 준 것으로 보인다.
- 바간 시기에, 특히 Anawrahta왕(1044~1077) 대에 완전한 종 모양 사리

탑이 창안되어 조성되었다. 탑은 먼저 4각형 기단과 팔각형 테라스 위에 놓여졌다. 바간양식 종 모양 사리탑의 기단부, 테라스는 Mon형식의 영향을 받아 발전했을 것으로 여겨진다.[199]

199 U Win Maung, The Ancestral Stupas of Shwedagon, International Buddhist Conference, Brastagi, Indonesia, 2010

| 참고문헌 |

- 김성원, 『미얀마 왕조사』, 부산외국어대학교출판부, 2001
- ______, 『미얀마의 종교와 사회』, 부산외국어대학교출판부, 2005
- ______, 「버간(Bagan) 시기를 통해 본 미얀마 신앙체계의 기원」, 비교문화사학, 제10집, 1999, 2월
- ______, 『미얀마의 이해』, 부산외국어대학교출판부, 2014
- 이은구, 『버마 불교의 이해』, 세창출판사, 1996
- 신봉길, 『시간이 멈춘 땅 미얀마』, 한나래, 1991
- 개산 스님, 『미얀마 가는 길』, 타타르, 2002
- 양승윤 외, 『미얀마』, 한국외국어대학교출판부, 2005
- 김형규, 『붓다의 나라, 미얀마』, 운주사, 2005
- 서성호, 『바간 인 미얀마』, 두르가, 2006
- ______, 『황금불탑의 나라 미얀마』, 두르가, 2011
- ______, 『골든 미얀마』, 두르가, 2017
- 차장섭, 『아름다운 인연으로 만나다 미얀마』, 역사공간, 2013
- ______, 부처를 만나 부처처럼 살다, 역사공간, 2012
- 시우 송강, 『송강스님의 미얀마 성지순례』, 도서출판 도반, 2015
- 류영수, 인조이 미얀마, 넥서스 Books, 2015
- 조용경, 『뜻밖에 미얀마』, 메디치, 2018
- 정범래, 미얀마 100배 즐기기, 랜덤하우스, 2008
- 세가와 마사히토, 정금이 옮김, 버마와 미얀마 사이, 푸른길, 2008
- David I. Steinberg, 장준영 역, 버마/미얀마: 모두가 알아야 할 사실들, 높이깊이, 2011
- 정기선, 「미얀마 불교의 역사와 사회적 위상」, 동국대학교 불교학 석사학위논문, 2015
- 최병욱, 동남아시아사 - 전통시대, 도서출판 산인, 2018
- 염승훈, 천득염, 김소영, 「버강 시기 불탑의 형식적 특성과 분류」, 건축역사연구, 25권, 5호, 2016

- 김소영 외 2인, 「쉐다곤 불탑의 양식고찰」, 한국건축역사학회 춘계학술발표대회논문집, 2016.5
- 조준호, 「미얀마불교의 역사와 현황 -동남아시아불교 집중 탐구-」, 불교평론, 69호, 2017
- 주경미·강민지, 「미얀마 버강시대 로카테익판 사원 연구」, 불교미술사학, 21권, 2016
- 디트리히 제켈(Dietrich Seckel), 『불교미술』, 이주형 역, 예경, 2010
- 미야지 아키라, 『인도미술사』, 김향숙·고정은 역, 다할미디어, 2006
- 박순관. 『동남아 건축문화 산책』, 한국학술정보, 2013
- 이미림 외 5명, 『동양미술사 하권』, 미진사, 2009
- 마츠바라 사브로, 『동양미술사』, 김원동 외 5명 역, 예경, 1993
- 石井米雄, 박경준번역, 『동남아시아의 불교수용과 전개』, 불교시대사, 2001
- 이희봉, 「탑의 원조 인도 스투파의 형태 해석」, 건축역사연구, 18권, 6호, 2009
- 천득염, 『인도 불탑의 의미와 형식』, 심미안, 2013
- 천득염 외, 『인도불탑의 형식과 전래양상』, 심미안, 2018
- 허지혜, 「스리랑카 불탑의 구성요소와 형식」, 전남대학교 건축공학 석사학위논문, 2016
- 천득염, 허지혜, 『동양의 진주 스리랑카의 역사와 문화』, 심미안, 2017
- 천득염, 염승훈, 『미얀마 불탑의 기원과 형식 유래에 대한 고찰』, 2018, 건축역사연구 Vol.27 No.2

- Donald M. Stadtner, *THE MON OF LOWER BURMA, Siam Soceiety*, 2008.
- _______, Sacred Sites of Burma, River Books, Thailand, 2011.
- DEPARTMENT OF HIGHER EDUCATION MINISTRY OF EDUCATION RANGOON, *ARCHITECTURAL DRAWINGS OF TEMPLES IN PAGAN*, 1989.
- Elizabeth Moore 외 2명, *Shwedagon Golden Pagoda of Myanmar*, River Books, Thailand, 1990.
- 『The Glass Palace Chronicle"(유리궁전연대기, 유리궁전왕조사)』
- Kyaw Lat, *Art and Architecture of Bagan And historical background*,

Maharbandula Housing, Myanmar, 2010.

- PAMELA GUTMAN, *BURMA'S LOST KINGDOMS : Splendours of Arakan*, Orchid press, Bangkok, 2001.
- Richard M. Cooler, *The art and culture of Burma*, Northern illinois University.
- Thein Sein, *THE PAGODAS AND MOUNMENTS OF BAGAN*, Translated by Dr. Khin Maung Nyunt, Printing & Publishing Enterprise, Myanmar, 1994.
- Thet Oo 외 1명, *Architectural Aspects Of Stupas During The Region of King Narapatisithu In Bagan, Myanmar*, ASIA PACIFIC SOCIOLOGICAL ASSOCIATION, 2015.
- U Win Maung, *THE ANCESTRAL STUPAS OF SHWEDAGON*, Proceedings of the International Buddhist Conference, Bangkok, Thailand, 2007.
- Adrian Snodgrass, The Symbolism of The Stupa, Motilal Banrsidass, 1992
- Donald M. Stadtner, Ancient Pagan: Buddhist Plain of Merit, River Books, 2013
- Gordon H.Luce, Old Burma-Early Pagan, J.J Augustin Publisher, 1969
- Kyaw Lat, Art and Architecture of Bagan and Historical Background, Mudon Sarpay, 2010
- Sujata Soni, Evolution of Stupas in Burma Pagan Period: 11th to 13th centuries A.D, Motilal Banrsidass, 1991
- Than Tun, "Religious Buildings of Burma: A.D. 1000-1300", Journal of Burma Research Society, vol. 42, December, 1959
- U WIn Maung, "Evolution of the Stupas in Myanmar", Proceedings of the International Buddhist Conference, May, 2007
- Roger Bischoff, 『Buddhism in Myanmar』, The Wheel Publication, 1995
- Gayatri Sen Majumdar, 『Early Buddhism and Laity』, Maha Bodhi Book Agency , 2009
- Niharranjan Ray, 『An Introduction to the Study of Theravada Buddhism in Burma』, Orchid Press, 1946
- R. Mookerji, 『Asoka』, Delhial Banarsidass Publishers, 1989
- U. Ottara Nyana, 「Sanha and Royalty」, A thesis submitted for the degree

of Doctor of Philosophy of Delhi University, 1977

- Joe Cummings, 『Buddhist Temples of Thailand』, Marshall Cavendish Editions, 2014
- James Fergusson, 『History of Indian and Eastern Architecture Vol.1,2』, Dodd, Mead & Company, 1876
- S. Paranavitana, 「The Stupa in Ceylon」, Memories of Archeological Survey of Ceylon, volume 5, Colombo, 1946
- Dr. Thet Oo, 「Architectural Aspects Of Stupas During The Reign Of King Narapatisithu In Bagan, Myanmar」, Asia Pacific Sociological Association Conference, 2010
- Ba Shin, 『Lokahteikpan : Early Burmese Culture in a Pagan Temple』, The Burma Historical Commission Ministry of Union Culture, 1962
- A.H.Longhurst, 『The Story of The Stupa』, Aravali Books International, 1936
- Thein Sein, 『The Pagodas and Monuments of Bagan Vol 1,2』, Translated by Khin Maung Nyunt, Graphic Training Centre, 1995
- Than Tun, 「Pagan Restoration」, Journal of Burma Research Society, vol. 42, December, 1976
- 村田治郎, 『東洋建築史』, 建築學大系4, 彰國社, 1980
- 逸見梅榮, 『印度佛教美術考: 建築篇』, 甲子社, 1929

불탑의 아시아 지역 전이양상4
미얀마의 역사문화와 불탑

인쇄 2020년 2월 24일
발행 2020년 2월 28일

저자 천득염 · 최정미 · 염승훈 · 김소영
사진 오희옥
발행인 정병석
발행처 전남대학교출판문화원

등록 1981. 5. 21. 제53호
주소 61186 광주광역시 북구 용봉로 77
전화 (062) 530-0571~2 마케팅 530-0573
팩스 (062) 530-0579
홈페이지 http://www.cnup.co.kr
이메일 cnup0571@hanmail.net

값 27,000원

ISBN 978-89-6849-714-8 (93540)

이 저서는 2019년 대한민국 교육부(NRF-2018R1D1A1B07043033)와 한국연구재단(NRF-2018S1A5A2A01028850), 2019학년도 전남대학교 학술도서출판지원사업의 지원을 받아 수행된 연구임